本书为国家社科基金项目"农村失能老人家庭照护者的社会支持研究"（结项证书号：20161140）成果

在生计与照护之间

农村失能老人家庭照护者的社会支持研究

熊吉峰 著

中国社会科学出版社

图书在版编目(CIP)数据

在生计与照护之间：农村失能老人家庭照护者的社会支持研究／熊吉峰著．—北京：中国社会科学出版社，2019.6
　ISBN 978-7-5203-0646-1

　Ⅰ.①在… Ⅱ.①熊… Ⅲ.①农村—老年人—社会工作—研究—中国 Ⅳ.①D669.6

　中国版本图书馆CIP数据核字（2017）第155661号

出 版 人	赵剑英
责任编辑	田　文
特约编辑	张冬锐
责任校对	张爱华
责任印制	王　超

出　　版	中国社会科学出版社
社　　址	北京鼓楼西大街甲158号
邮　　编	100720
网　　址	http://www.csspw.cn
发 行 部	010-84083685
门 市 部	010-84029450
经　　销	新华书店及其他书店
印　　刷	北京君升印刷有限公司
装　　订	廊坊市广阳区广增装订厂
版　　次	2019年6月第1版
印　　次	2019年6月第1次印刷
开　　本	710×1000　1/16
印　　张	17
插　　页	2
字　　数	278千字
定　　价	69.00元

凡购买中国社会科学出版社图书，如有质量问题请与本社营销中心联系调换
电话：010-84083683
版权所有　侵权必究

目 录

第一章 引言 …………………………………………………… (1)
 一 研究背景、目标与意义 ………………………………… (1)
 二 理论基础与国内外研究综述 …………………………… (6)
 三 核心概念界定与研究内容架构 ………………………… (17)
 四 研究方法与数据资料来源 ……………………………… (21)
 五 研究的创新点与局限性 ………………………………… (24)

第二章 调查地区农村失能老人特征分析 …………………… (25)
 一 调查地区农村失能老人的人口学特征 ………………… (25)
 二 调查地区农村失能老人的失能特征 …………………… (27)
 三 调查地区农村失能老人的生存状态特征 ……………… (30)
 四 本章结论 ………………………………………………… (37)

第三章 农村失能老人家庭照护者的核心生计资源与外围支持网
   分析 ……………………………………………………… (38)
 一 照护者核心生计资源与外围支持网分析框架 ………… (39)
 二 我国老年人家庭照护者社会支持现状 ………………… (40)
 三 调查地区农村失能老人家庭的基本信息 ……………… (44)
 四 调查地区农村失能老人家庭照护者的核心资源 ……… (52)
 五 调查地区农村失能老人家庭照护者的外围支持网 …… (57)
 六 本章结论与农村失能老人家庭照护者的社会支持 …… (77)

第四章 调查地区农村失能老人家庭照护者的照护与生计均衡
   研究 ……………………………………………………… (80)
 一 农村失能老人家庭照护者生计与照护均衡的理论分析 …… (81)

二　调查地区农村失能老人家庭照护者的生计破坏 ……………（84）
　　三　调查地区农村失能老人家庭照护者的照护行为的影响
　　　　因素研究 …………………………………………………（95）
　　四　本章结论与农村失能老人家庭照护者的社会支持 ………（109）

第五章　调查地区农村失能老人家庭照护者的照护压力研究 ……（113）
　　一　调查地区农村失能老人家庭照护者的照护压力分布 …（113）
　　二　调查地区农村失能老人家庭照护者的照护压力的影响
　　　　因素研究 …………………………………………………（116）
　　三　调查地区农村失能老人家庭照护者压力的影响因素的
　　　　作用力比较 ………………………………………………（124）
　　四　调查地区农村失能老人青壮年与老年家庭照护者压力
　　　　比较 ………………………………………………………（129）
　　五　调查地区子女生计与农村失能老人的配偶照护 ………（137）
　　六　本章结论与农村失能老人家庭照护者的社会支持 ………（142）

第六章　调查地区农村失能老人家庭照护者的抱怨研究 …………（145）
　　一　调查地区农村失能老人家庭照护者抱怨影响因素的
　　　　质性研究 …………………………………………………（146）
　　二　调查地区农村失能老人家庭照护者抱怨影响因素的
　　　　定量分析 …………………………………………………（160）
　　三　调查地区农村失能老人的配偶与子女照护者的抱怨
　　　　比较 ………………………………………………………（167）
　　四　本章结论与农村失能老人家庭照护者抱怨化解的社会
　　　　支持 ………………………………………………………（173）

**第七章　调查地区农村失能老人家庭照护者对社会服务的需求
　　　　研究** ………………………………………………………（176）
　　一　调查地区农村失能老人家庭照护者对社会服务需求的
　　　　一般特征 …………………………………………………（177）
　　二　调查地区农村失能老人家庭照护者对社会服务需求的
　　　　影响因素 …………………………………………………（195）

三　调查地区农村失能老人家庭照护者对社会组织的需求
　　　　比较 ………………………………………………………… (205)
　　四　本章结论与农村失能老人家庭照护者的社会支持 ……… (206)

第八章　农村失能老人子女对家庭照护者的支持研究 …………… (209)
　　一　样本描述与农村失能老人子女对家庭照护者的支持内容
　　　　比较 ………………………………………………………… (210)
　　二　农村失能老人子女提供照护及影响因素 ………………… (215)
　　三　农村失能老人子女提供食物及影响因素 ………………… (221)
　　四　农村失能老人子女提供资金及影响因素 ………………… (225)
　　五　农村失能老人子女提供问候及影响因素 ………………… (230)
　　六　本章结论与农村失能老人子女尽孝的社会支持 ………… (234)

第九章　研究结论与展望 ………………………………………………… (236)
　　一　研究结论 …………………………………………………… (236)
　　二　农村失能老人家庭照护者社会支持的对策建议 ………… (239)
　　三　研究展望 …………………………………………………… (242)

附录一　《农村失能老人家庭照护者的社会支持研究》调查问卷 … (243)
附录二　《子女生计与失能老人的配偶照护》调查问卷 …………… (249)
附录三　《农村失能老人子女对家庭照护者的支持研究》调查
　　　　问卷 ………………………………………………………… (252)

参考文献 ………………………………………………………………… (255)

第一章 引言

改革开放以来，随着我国城市化与老龄化的快速发展，家庭发展与老年人照护之间的矛盾冲突日益突显。一方面，失能老人的居家照护仍是我国目前乃至今后较长时间内主要的照护模式，长期而又繁重的照护往往使家庭生计遭受沉重的冲击；另一方面，在当前我国未富先老的背景下，家庭作为整个社会的细胞，仍然面临发展经济与养育后代等多重责任。家庭照护与家庭生计之间的这一对矛盾将长期困扰我国的广大家庭，而农村失能老人家庭照护者面临的矛盾与问题更为尖锐。

如何通过构建有效的社会支持体系，使农村失能老人家庭实现照护与生计发展之间的均衡？换言之，如何使农村失能老人得到应有的、体面的照护，同时，又保障农村家庭的可持续的生计发展能力？这是我们新的历史时期急需解决的一个长远而又紧迫的问题。

一 研究背景、目标与意义

（一）研究背景

1. 人口迁移与城市化的快速发展，使农村老龄化问题更加突出

表1.1　第六次人口普查中，城市、镇与乡村老龄化率比较

	城市	镇	乡村
60岁及以上人口比例（%）	11.48	12.00	14.98
65岁及以上人口比例（%）	7.69	7.93	10.06

数据来源：国家统计局（http://www.stats.gov.cn/tjsj/pcsj/rkpc/6rp/indexch.htm）。

从表1.1可见，从城市、镇到乡村，60岁及以上人口比例与65岁及

以上人口比例都呈逐渐增加的趋势。表明我国乡村比镇、城市的人口老龄化问题都更加严重。

表1.2　第六次人口普查中，城市、镇与乡村生活不能自理老人比例比较

	全国	城市	镇	乡村
60岁及以上人口生活不能自理比例（%）	2.95	2.35	2.60	3.17

数据来源：国家统计局（http://www.stats.gov.cn/tjsj/pcsj/rkpc/6rp/indexch.htm）。

从表1.2可见，从城市、镇到乡村，60岁及以上人口生活不能自理的比例逐渐上升，表明我国乡村失能老年人照护问题更加突出。

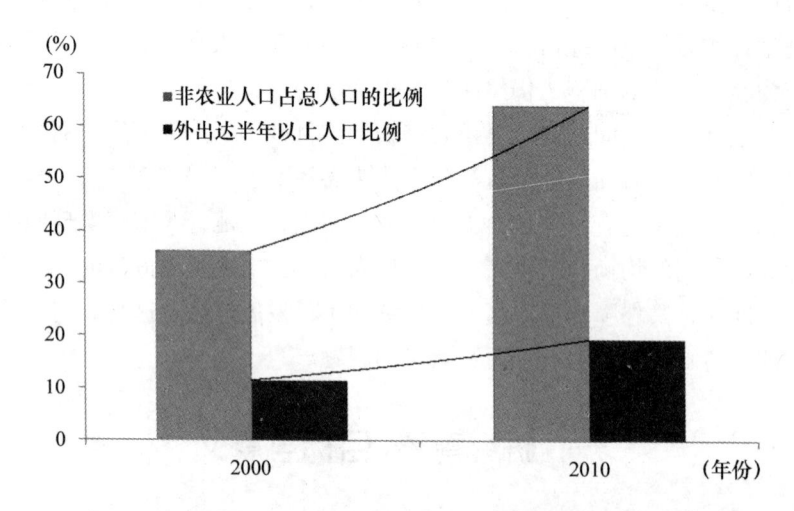

图1.1　城市化与人口迁移变化趋势

城市化与人口迁移对农村老年人的照护问题也形成了一系列影响与冲击。当前，我国正处于城市化与工业化的中期，这一阶段正是农村人口快速流向城镇的关键时期。从图1.1可见，2000年以来，我国城市化与人口迁移呈加速发展趋势。据第五次人口普查数据，2000年，我国非农业人口占总人口的比例达36.1%，外出达半年以上人口比例达到11.4%。第六次人口普查数据表明，2010年，我国非农业人口占总人口的比例达到63.9%，外出达半年以上人口比例达到19.3%。城市化与人户分离愈演愈烈的趋势使得大量的农村青壮年劳动力资源流向城市，农村老年人的

照护资源将日益短缺。

2. 少子化以及家庭结构的小型化，使传统的家庭照护难以为继

表1.3　　　　我国老年人口与14岁及以下人口变化趋势

	第五次全国人口普查	第六次全国人口普查
60岁及以上人口比例（%）	10.50	13.31
65岁及以上人口比例（%）	7.10	8.91
14岁及以下人口比例（%）	22.90	16.61

从表1.3可见，第六次全国人口普查与第五次全国人口普查相比，60岁及以上人口与65岁及以上人口比例明显提高，而14岁及以下人口比例明显降低。这表明，随着我国老龄化与少子化的发展，我国老龄化程度正在不断加深。

表1.4　　　　　　历次人口普查家庭规模比较

普查年份	1953	1964	1982	1990	2000	2010
家庭平均人口数（人）	4.33	4.43	4.41	3.96	3.44	3.10
家庭户数（户）	13726	15678	22116	27695	34837	40152

数据来源：历次人口普查资料。

从表1.4可见，从1964年以来，我国家庭平均人口数正逐渐减少，计划生育政策的直接结果，导致家庭规模日益小型化。

表1.5　第六次全国人口普查中，城市、镇与乡村家庭3代及以上户数比例

	城市	镇	乡村
家庭3代及以上户数比例（%）	11.67	16.70	22.70

数据来源：国家统计局（http://www.stats.gov.cn/tjsj/pcsj/rkpc/6rp/indexch.htm）。

从表1.5可见，从城市、镇到乡村，家庭3代及以上户数比例逐渐提高，表明乡村家庭结构更加复杂，老年人照护问题也更加突出。

由以上的分析可见，我国农村几千年来相对稳定的家庭结构正发生显

著变化。可以预见，随着我国人口老龄化问题进一步加深，"四二一"家庭结构应对老年人照护问题将更加困难，农村老年人照护资源必将面临短缺困境，家庭的照护功能也将进一步受到削弱，家庭将日益无法应对失能老人的长期照护。

3. 激烈的市场竞争与生存压力，使广大农村家庭面临着艰巨的发展任务

近年来，我国广大农村居民收入得到了显著提高，生活水平不断改善，但绝大多数农村家庭负担沉重，家庭的发展与生计的压力仍然非常紧迫。

表1.6 农村家庭负担情况

年份	2000	2010	2011	2012
平均每个劳动力负担人口（含本人）	1.52	1.39	1.40	1.40
平均每人年总收入（元）	3146.2	8119.5	9833.1	10990.7
平均每人年纯收入（元）	2253.4	5919.0	6977.3	7916.6
总支出占总收入比重（%）	84.3	86.17	87.9	87.4
总支出占纯收入比重（%）	117.7	118.1	123.9	121.3

数据来源：国家统计局（http://www.stats.gov.cn/tjsj/ndsj/2013/indexch.htm）。

从表1.6可见，自2000年以来，我国农村家庭平均每个劳动力所负担的人口并没有发生显著变化，平均每人年均纯收入仍然在较低的水平徘徊。从家庭总支出占总收入的比重看，用于家庭经营、购置生产性固定资产、税费、日常消费、财产性支出以及转移性支出等总支出占总收入的比重都在85%左右，而占纯收入的比重则在120%左右。换言之，这些年我国农村居民收入虽然有所增长，但绝大多数家庭在完成了农业生产、住房建设、子女读书升学、结婚生子等日常应酬支出之后，已经所剩无几，仍然处于维持简单再生产状态。家庭生存的压力是照护者不得不考虑的问题。

4. 社会化支持体系严重滞后，使农村失能老人家庭陷于孤立无助境地

根据中国老龄科学研究中心统计，2010年年末，全国城乡部分失能与完全失能老人已经达到3300万人（占老年人口总数的19.0%）。而且，

随着我国老龄化程度的不断加深，到"十二五"期末，预计我国部分失能与完全失能老年人将增长到 4000 万人（占老年人口总数的 19.5%）。从城乡区域比较看，2006 年，城市失能老年人占城市老年人口的 5%，而农村失能老年人占农村老年人口的 6.8%，农村高于城市。在失能老人数量增长方面，2000—2006 年期间，农村失能老人的照护需求上升了 51%，显著大于城市老人照护需求相对增长的 15%（中国老龄科学研究中心课题组，2011）。可见，农村比城市失能老人的照护需求更高。

失能老年人口数量巨大，他们迫切需要得到来自政府与社会的全方位支持，但我国对失能老人家庭的各种支持十分有限。现有的养老机构承担失能老人照护的比例十分低，绝大多数失能老人还很难在养老机构安度余生。尤其是我国中西部农村地区，居家养老服务与长期照护体系几乎是空白，家庭承担了所有照护责任。如何强化家庭照护者的照护能力，使老人体面地走完自己的人生暮年，是当前一个亟待解决的社会问题。

（二）研究目标与意义

1. 研究目标

失能老人作为一个灾难性事件，必然对于家庭的核心生计资源产生冲击性影响（其中，通过人力资源，又会冲击到家庭的生计行为），而家庭核心生计资源受到冲击后，照护者的显性表现就是产生压力、抱怨、消极照护以及需要服务等。

本项目的研究目标是通过构建农村失能老人家庭照护者社会化支持体系，强化照护者的支持网：一方面，缓解失能老人对家庭照护者核心生计资源的冲击；另一方面，提升家庭照护失能老人能力、使失能老人得到更好的照护。具体目标包括以下几点：

（1）了解农村失能老人家庭照护现状。

（2）了解农村失能老人家庭照护者的核心生计资源与外围支持网现状。

（3）提出并尝试构建一个失能老人家庭照护者生计与照护之间的均衡模型。

（4）探讨不同类型照护者的照护压力、抱怨、照护行为等的影响因素，并比较分析核心生计资源、外围支持网等的影响作用力。

（5）比较分析家庭照护者现有的支持网对照护者的保护作用。

（6）比较不同类型照护者家庭对社会服务需求的差异及影响因素。

（7）构建农村失能老人家庭照护者社会支持体系对策建议。

2. 研究意义

（1）理论意义

本项目从理论上研究面对农村失能老人这一灾难性事件的冲击，家庭照护者在生计与照护之间的均衡问题，回答农村失能老人家庭照护者面临的困境及其对社会服务的需求。研究成果对于建构农村失能老人家庭照护者社会支持体系具有一定的理论意义与参考价值。

（2）实践意义

本研究紧密结合我国农村失能老人家庭照护者实际，构建了农村失能老人家庭照护者影响因素与社会支持需求模型。为政府提高社会支持政策的瞄准性与支持效率提供了重要参考与借鉴。

二 理论基础与国内外研究综述

（一）理论基础

1. 家庭理论

马克思从爱的角度来理解家庭，并将爱欲作为人类社会发展的终极动力与联结现代家庭成员的唯一纽带。他在《致燕妮》中写道："对亲爱的你的爱，使一个人变成真正意义上的人。"因此，在马克思主义的家庭理论中，特别注重通过营造家庭成员之间的民主关系，实现家庭成员全面发展。

恩格斯从人类发展的需要来理解家庭的起源与发展。在家庭的起源方面，恩格斯认为，在原始社会时期，人类个体的自卫能力是不足的，从而，需要个体通过"群的联合"来弥补这一缺陷，这个"群的联合"即"家庭"。而对于家庭的发展与未来，恩格斯在《家庭、私有制和国家的起源》第二章的末尾指出，家庭是社会制度的产物，它"一定要随着社会的发展而发展，随着社会的变化而变化"。

依据马克思主义伦理价值理论，我们可以顺理成章地推论，家庭仍然是老年人养老与照护的基础，在家庭没有消亡之前，靠社会养老与照护则是人性的异化与倒退，而社会养老与照护至多是一种不得已的辅助措施。

黑格尔同样把爱规定为家庭的首要原则。黑格尔还从家庭发展与老年人赡养两个方面论述了老年人的赡养问题。非常有意义的是，黑格尔并不从消极的角度看待老年人与老年人的赡养。他认为，老年人不仅不是当前大多数人所理解的负担与累赘，反而因为其丰富的人生阅历，具有"理性的伟力"，因此，老年人"应该得到合理的安置"，而家庭对老年人的赡养，正体现了家庭"爱的精神和伦理性的统一"。

家庭理论构成了加里·S. 贝克尔理论体系的重要内容。不同于马克思、恩格斯与黑格尔的方法与观点，贝克尔较少从伦理学角度谈论家庭之爱，他更多地运用经济学方法与理论框架来分析家庭及家庭中的利他行为。在《人类行为的经济分析》中，贝克尔认为，家庭成员追求的是满足，而并不一定是经济利益。家庭成员追求的这种满足具有利他性，但这种利他行为的出现和存在，仍然是根源于理性经济人的收益算计，绝非真正无私的利他行为。无疑，贝克尔的分析思路为老年人的家庭照护提供了一个更具有操作性的视角与方法。

2. 老年社会保障与老年福利理论

老年社会保障是社会保障的重要组成部分，马克思经济学、福利经济学、凯恩斯主义经济学、货币主义经济学等都十分注重社会保障体系的建立，并进行过相关阐述。

老年人丧失劳动能力之后，一般不再创造价值，马克思从社会再生产的角度专门论述了老年人的保险基金问题，认为利润（即剩余价值的一部分）"必须充当保险基金"，而老年人的收入则来源于这个保险基金。至于老年人的保险基金占社会基金的比例到底有多大？则应当根据现有的物质和力量来确定。

美国学者 F. 莫迪利安尼（Franco Mordiglianl）与 R. 布伦贝格（Richand Brumberg）创立的生命周期假说也论述了老年人的收入与消费问题。显然，老年人处于他们生命周期的末期，进入老年期的老人已经没有了收入，他们人生余年的消费则只能来靠"工作期的储蓄"来维持。

1912 年，英国经济学家庇古（Arthur Cecil Pigou）出版了《福利经济学》一书，1939 年 N. 卡尔多（N. Kaldor）出版了《经济学的福利命题和个人之间的效用比较》。这两部福利经济学的标志性著作都阐述了老年人福利问题，并第一次把是否提高包括老年人福利在内的社会福利作为衡量一个社会进步的重要标准。对于一些家庭无力照护的失能老人，Macnicol J. (2010) 认为，"应通过政府的领导与社会各界的共同参与，……为老人提供诸如照料、医疗康复、娱乐以及教育等方面的服务"。南京大学彭华民教授则更全面地界定了老人社会福利,并将老年人社会福利作为与残疾人社会福利、儿童社会福利、妇女社会福利并列的福利内容。

从社会保障与福利经济学的角度看待老年人问题,主要体现在以下几个方面:其一,强调社会保障的代际公平性。以社会公平为出发点论证社会福利最大化问题,从而,把社会保障作为每个生命周期年龄段的公民的基本权利和义务,并由法律手段加以保障和强制实施。其二,强调社会保障的普遍性。认为社会保障是一项基本人权,社会全体成员都应当享有。其三,强调社会保障的福利性,保障费用应由企业、社会与政府共同分担。

3. 可持续分析框架

可持续发展是联合国环境和发展大会(UNCED)首次提出来的一个目标模式。1992年,UNCED首次将稳定家庭生计作为消除家庭贫困的一个主要目标。

Scoones(1998)提出的农村可持续生计分析框架(Sustainable Rural Livelihood)中,将生计资产分为4类:自然资本(Natural capital)、经济资本(Economic or Financial capital)、人力资本(Human capital)和社会资本(Social capital)。2000年,英国国际发展部(DIFD)进一步对该生计框架进行了拓展,将经济资本细分为金融资本与物资资本,从而,形成了包括自然资本、物资资本、金融资本、人力资本、社会资本5部分在内的一个分析框架。2007年,我国学者李小云等还专门为英国国际发展部(DIFD)构建的生计框架设计了一套生计资产的定量指标评价体系。英国国际发展部(DIFD)构建的生计框架分析方法得到了国际上许多组织和学者的广泛认可,一些发展中国家的学者常常运用此框架对农村家庭问题展开研究。

图1.2是DIFD的可持续生计分析框架,图中展示了可持续生计的5个核心要素及各个要素之间的结构关系。图1.2所描述的可持续生计框架是以人为中心的,从这个框架中可以看出,在制度和政策等因素引起的风险性环境中,生计资产、生产策略与生计后果之间存在相互影响的关系。家庭生计资产的性质与状况决定了家庭的生计策略,并因此产生相应的生计后果。反之,生计后果反过来又会影响生计资产,使其发生相应的改变与变化。

可持续生计框架强调影响家庭生计的不同因素之间的互动作用,从而,为厘清照护与生计之间的联系提供了一个清晰的脉络,它时刻提醒着人们应当把注意力放在关键的影响和过程上。因此,在本研究中,我们运用可持续分析框架,来研究家庭照护对照护者生计的破坏性冲击以及家庭照护者社会化支持体系的构建问题。

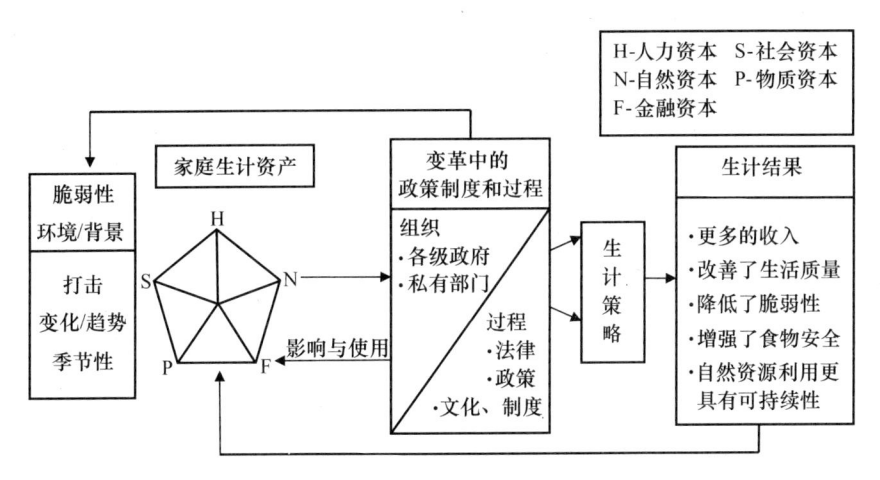

图1.2 可持续生计框架示意图(DIFD)

(二)国内外研究综述

1. 关于工作—家庭冲突与家庭政策的研究

工作—家庭之间的矛盾冲突是一个世界性难题。国外一些学者较早开始关注工作—家庭之间的冲突与平衡(J. A. Conger, R. N. Kanungo, 1988; G. M. Spreitze, 1995; R. J. Blitzer, C. Petersen, 1993)。近年来,我国的一些学者研究了工作与家庭之间的平衡问题。随着我国人口流动快速发展,一些学者研究了工作—家庭关系和谐的重要意义(刘玉新、张建卫,2010;钱文荣、张黎莉;2009)。国外的一些学者认为工作与家庭之间的关系是零和游戏(Stewartdf, Perryc, Jessicad, 1998),但我国的一些学者从积极视角研究了工作—家庭关系,并试图破解这种零和游戏(张伶、李慧,2011)。佟新(2012)主张,组织创造家庭友好型工作环境,改变工作至上的伦理价值观。为应对农村老年照料危机,石人炳、宋涛(2013)认为,政府或村民自治组织主导实施"支持支持者计划""困难家庭养老支持计划""老年照料市场培育计划"和"邻里互助计划"等。

我国以前的家庭政策大多是补缺的、扶弱的。近年来，我国一些学者提出了构建普惠的、发展型家庭政策。张秀兰、徐月宾（2003）认为，社会政策要以支持和满足社会成员的发展需要为出发点，只有建立在家庭功能及其需要之上才能为社会成员提供有效的帮助。穆光宗（2012）认为，应对老龄化的家庭政策包括：家庭发展政策、家庭关怀政策、家庭服务政策、家庭保障政策。彭希哲、胡湛（2011）认为，应当从社会整合和长期发展的视角来重构当前的公共政策体系，并结合中国的国情，妥善解决老年人养老问题、支持老龄化社会的可持续发展。陈卫民（2012）认为，我国的发展型家庭政策要以提升家庭发展能力为重点，包括就业支持政策和供养家庭支持政策两大类。刘中一（2011）认为，当前，我国传统的家庭结构、规模、功能已发生了深刻的变化，家庭政策应当支持家庭照顾能力，分担家庭照顾责任。吴帆、李建民（2012）建议，积极构建家庭友好型社会环境与制度，全面促进家庭发展能力。为了提升不同代际家庭成员的生存质量，王跃生（2009）建议，应当从家庭内在制度和社会外在制度建设与完善两方面着手。

评述：可能因为家庭政策以顶层设计为主，国内关于工作—家庭冲突以及家庭政策的研究文献中，理论上的争论较多，实地调查等经验研究相对较少。但学术界取得广泛认同的观念是，应当构建发展型、普惠型家庭政策，通过扶持家庭以应对老龄化对家庭的冲击。

2. 关于老人照护资源与照护方式的研究

老年人照护资源代表性文献如下表1.7所示。国内的文献主要研究了农村老年人家庭照护资源以及人口流动对家庭照护资源的影响。

表1.7　　　　　　　　　老人照护资源代表性文献

研究者	研究问题	研究结论	数据与计量方法
丁志宏（2011）	高龄老人照料资源现状	在农村，高龄老人的照料资源几乎都集中在家庭内部，社会服务和保姆的利用率非常低	描述统计方法
中国老龄科学研究中心课题组（2011）	失能老人照料资源	（1）承担失能老人照料责任的顺序依次为：配偶、儿子、儿媳、女儿。（2）传统家庭为失能老人提供的支持单一而且薄弱。（3）传统伦理、熟人关系以及价值交换是农村失能老人寻求帮助的主要方式	描述统计方法

续表

研究者	研究问题	研究结论	数据与计量方法
张文娟（2006）	高龄老人的照料中的性别差异	高龄老人的日常照料中，高龄老年人有接受来自同性别子女帮助的倾向	中国老年人健康长寿调查（2002）；Logistic 回归
高建新、李树茁（2012）	子女对老年人的支持与照料	对父母的经济支持与生活照料方面，兄弟姐妹分担程度越高，子女个体越有可能提高对老年父母的支持	西安交通大学人口与发展研究所2001年、2003 年、2006 年、2009 年调查数据；Logistic 回归
伍小兰（2009）	农村老年人的照料需求满足程度	农村老年人日常照料的稳定性和充分性难以保障，对社区照料的"服务需求"和"已利用的服务"之间存在着很大差距	中国老龄科研中心"中国城乡老年人口状况追踪调查"（2006年调查）
高建新、李树茁（2012）	外出务工对农村老年人家庭子女养老分工影响	儿子全部外出务工，子女之间倾向不平均分担对老年父母的经济支持；女儿全部外出务工，子女之间倾向于共同平均分担经济支持；儿子全部外出务工或女儿全部外出务工，子女之间都倾向于不给予老年父母生活照料	西安交通大学人口与发展研究所2009年调查；Logistic 回归
宋璐、李树茁（2008）	劳动力迁移对农村养老的影响	子女外出使子女代际支持的性别差异正在缩小，女儿在家庭养老中的作用提高	西安交通大学人口与发展研究所 2001 年、2003 年调查数据；Logistic 回归

在老年人的照护方式方面，老年人是实现"机构照护"还是实现"居家照护"，这两个模式到底哪个适合中国国情，在学术界存在广泛争议。在研究方法方面，现有的文献主要侧重于理论探讨，实地调查研究的文献相对较少。穆光宗（2012）分析了机构养老与居家养老的优势与劣势，认为，机构养老在国家养老服务体系中具有"支撑"地位而不仅仅是"补充"。另有一些学者通过实地调查，对机构养老的影响因素进行了研究。左冬梅、李树茁、宋璐（2011）利用西安交通大学人口研究所2006 年在安徽省巢湖地区进行的抽样调查数据，研究了农村老年人对养老院的需求意愿，研究结果表明，相当一部分老年人对机构养老抱有期待。而黄俊辉、李放（2013）的研究表明，农村老年人对养老院的入住意愿主要受文化水平、收入、健康状况、存活儿女数、共同生活人数以及晚年生活满意度等多方面因素的影响。

但更多的学者研究了居家照护的优势。顾大男、柳玉芝（2006）的研究表明，机构养老老人虽然生活满意度高，但老人的总体健康状况差、死亡风险相对较大。桂世勋（2008）专门论述了非正规照料服务的重要意义，主张积极倡导生活能够部分自理的老人居家照料。

大多数学者主张构建的养老与照护服务是一个多元化体系。陈友华（2012）认为，居家养老与机构养老各有其优缺点，不存在孰轻孰重问题。肖金明（2012）认为，完善的老年人社会照料体系应以居家照料为基础、以社区照料为依托、以机构照料为辅助。郑雄飞（2012）认为，应当从家庭、社会、政府和市场四个维度打造一个全方位的多维服务体系，以满足老年人的长期护理需求。杜娟、徐薇、钱晨光（2014）认为，应提供以社区为基础的照顾服务，从而满足家庭照顾者的社会支持需求。随着我国人口流动加剧，照护者与老人之间空间距离加大，一些学者还探讨了远距离照护（石人炳，2008）。

评述：从老年人照护资源看，学术界达成共识的研究结论是，老年人照护主要以家庭照护为主，而我国社区（尤其是农村）以及养老机构对老人的照护作用相当有限。随着城市化与农村人口快速流动，农村老年人照护资源日益匮乏、家庭照护压力日益增长。

在老年人的照护方式方面，现有的研究理论上的争论以及对国外经验借鉴方面的研究相对较多，国内经验上的研究相对较少，但总的来看，构建以家庭、社区与机构养老照护的多元化养老照护体系已经成为学术界的共识。

3. 关于养老与照护服务体系建构的研究

刘晓梅（2012）建议，通过加快我国养老服务的社会化、专业化进程，加快养老服务产业的发展。董红亚（2012）认为，社会养老服务体系可以重构为"为老人提供有效照护，以居家为基础，机构为支撑，社区为平台，社会服务为依托"。姜长云（2010）认为，应当在国民经济和社会发展的全局中通盘考虑家庭服务业发展问题。在长期照护服务体系方面，长期照护体系包括长期照护保险制度和长期照护服务。杜鹏（2011）认为，影响老年人生活质量最重要的问题将是长期照护。裴晓梅（2009）认为，形式多样的长期照护服务应贯穿养老过程的始终。王德文（2012）认为，应在经济发达地区率先创建居家照护社区养老服务体系（LTC）的试点工作。杨团、李振刚、石远成（2009）为构建融入社区健康服务的中国农村老年人照护服务体系进行了制度设计。

评述：现有研究文献中，关于养老与照护服务体系构建的文献主要以理论分析为主，从体系的构建内容看，国内需要构建的服务体系包括：建立包括长期照护保险制度和长期照护服务的长期照护体系、养老服务的社会化与专业化。

4. 关于老年人照护提供及影响因素的研究

一些学者从孝道伦理等方面看待照护者行为（吕红平、李振纲，2008；肖群忠，2008）。但更多的学者运用统计学与计量经济学方法，从社会与经济方面对照护者行为进行了相关研究，典型的研究文献见表1.8所示。

表1.8　　　　　　　老年人照护供给的影响因素代表性文献

研究者	因变量	主要自变量	研究结论	数据和计量方法
陈欣欣、董晓媛（2011）	中国半失能与失能老人的照料类型	年龄、性别、婚姻状况、教育年限、职业、家庭经济状况、存活的儿子与女儿数量、最年长孩子的年龄、城市虚拟变量	社会经济地位越低的老人得到社会化照料的可能性越低，更多的是依赖于家庭照料。农村的老年女性得到照料的选择更少，得到子女的照料也更少	2005年中国老年人口健康状况调查数据；Tobit模型
宋璐、李树茁（2008）	经济支持、生活照料、情感支持	成年子女特征、老年父母特征	子女外出没有改变农村传统家庭养老的性别分工模式，但女儿的作用在提高	西安交通大学人口研究所2001—2003年安徽省老年人跟踪调查数据；Logistic模型
贺聪志、叶敬忠（2010）	起居照顾、家务帮忙、农忙帮助、购物帮忙	自己、老伴、本村未外出子女、本村外出子女、其他家人、邻里、朋友村委会、其他人	农村劳动力的大量外出减少了老人能够获得的照料资源	2006年中国农业大学"中国农村留守人口研究"课题组；描述统计法
伍小兰、李晶（2013）	家庭内老年人受虐待问题	教育水平、最主要收入来源、自评健康	社会经济地位、健康以及家庭代际关系状况是老年人遭受虐待的重要影响因素	全国妇联、国家统计局"第三期中国妇女社会地位调查"；Logistic模型
姜向群、刘妮娜（2014）	长期照料模式	人口学特征、社会学因素、代际支持	居家照料是主要模式、社区照料非常必要、接受机构长期照料的群体相对较少	2008年中国健康长寿纵向调查（CLHLS）；Logistic逐步回归分析方法

续表

研究者	因变量	主要自变量	研究结论	数据和计量方法
夏传玲(2007)	老年人日常照料介入的概率和程度	照料者角色、照料者与老人之间的空间距离、照料成本	老年人日常照料介入受照料老年人的成本、与被照料者的地理和社会邻近度、责任感等影响	2000年"中国城乡老年人口状况一次性抽样调查";多元正态概率模型
陶裕春、申昱(2014)	农村老年人身心健康状况	非正式社会支持指标、正式社会支持指标、控制变量(年龄、婚姻状态)	农村老年人获得子女提供的经济支持、日常照料对老年人的身心健康具有积极影响;非核心亲属和朋友对农村老年人身心健康具有增益作用;正式社会支持对农村老年人身心健康发挥了"缓冲器模型"效应	中国健康与养老追踪调查(2013)数据;因子分析、Logistic回归模型
刘汶蓉(2012)	成年子女对父母的支持态度	个人特征(性别、年龄、受教育程度、收入、健康、独生子女、婚姻、子女数)、代际资源、社区压力、价值驱动	城乡代际失衡的主要原因是青年人普遍面临的社会压力向父母的转嫁	2008年上海市社会科学院与兰州大学课题组在上海与兰州进行的调查;线性回归模型
曹艳春等(2013)	老年人对通过社会交换以获得长期照护服务的意愿	劳动收入、给子女的无偿服务、给社会的志愿服务、给国家的税收或社会保险、可交换的特殊价值或商业资产	农村老年人最主要的交换方式是家庭内部交换	上海、湖北农村老年人入户调查数据;描述统计方法
熊波、石人炳(2012)	城市长期失能老人的照料决策	长期失能老人的个人资本	城市长期失能老人的照料决策受到资本不平等与资源收益最大化两个方面因素的影响	武汉市和广州市13名居家和21名居住在养老院调查样本;半结构式访谈方法

评述:不同于以往文献仅仅从孝道伦理等方面研究老年人照护供给,现有的文献大多从社会与经济等物质方面来研究老年人的照护问题。在老年人照护供给方面,不同的学者研究了不同的供给内涵,这些内涵包括:经济支持、生活照料以及照料介入概率与程度等,而影响因素则包括:人口流动、经济收入、年龄、教育程度、个人资源等社会学、人口学、经济学等各方面变量。从研究结论看,在当前社会急剧转型期,社会与经济等方面变迁对老年人的照护供给产生了深远影响,急需采取相应的对策措施以增进老年人的照护供给。

5. 关于老年人照护对照护者的影响的研究

国外的学者较早开始研究照护给照护者带来的影响。一些学者研究了照料提供者面临的经济、心理、身体和家庭等方面的挑战（Stoneet et al., 1987; Brody, 1981; Stephens and Tow send, 1997; Zarit et al., 1980）。

近年来，我国的一些学者对此问题展开了相关研究。典型的文献如下表 1.9 所示：

表 1.9　　研究中国老年人照护对照护者影响的代表性文献

研究者	因变量	主要自变量	研究结论	数据和计量方法
蒋承、赵晓军（2009）	老年人照料者的照料成本	年龄、年龄的平方、性别、城乡、居住安排、婚姻、受教育程度、自评健康、子女上学负担、家庭财富	我国老年照料对于成年子女的就业概率与工作时间有着显著的负向影响	2005 年中国老年人口健康长寿跟踪调查；Probit 模型与两阶段最小二乘法
薛伟玲、陆杰华（2012）	老年人日常健康照料成本	老年人的人口变量、区位变量、社会经济地位变量、健康变量、存活子女数变量	女性老人的多重弱势地位增加了她们对日常健康照料的需求，但日常健康照料需求受到压抑	"全国老年人口健康状况调查"（2008年）；稳健回归模型
刘柏惠（2014）	子女照料老人的成本	工资、工作、年龄、年龄的平方、性别、户口、婚姻、文化水平、工作经验、工作经验平方、家庭规模、房产、配偶工作	老年照料会降低子女的劳动力市场参与率	2002 年和 2005 年"中国老年人口健康长寿跟踪调查"数据；Heckman 两阶段模型
顾和军、刘云平（2012）	老年人照料过程中农村已婚妇女健康状况	已婚妇女（受教育水平、年龄、每周工作时间、干家务时间）；配偶（健康、受教育水平、每周工作时间、干家务时间）；家庭中 0—5 岁、6—12 岁孩子的数量、家庭月收入、家庭生活在当地水平等	与不照料老年父母的妇女相比，照料老年父母的农村妇女健康状况更差	2002 年、2005 年"中国老年人健康长寿影响因素调查"（CLHLS）数据；Probit 模型
刘岚、陈功（2010）	老年父母照料中，城镇已婚妇女的健康状况	照料者（教育、年龄、年龄平方）、丈夫（教育、年龄、年龄的平方）、非劳动收入、0—5 岁孩子数量、6—12 岁孩子数量、13—18 岁孩子数量、当地有酬照料者的工资、当地普通女工工资、当地普通男工工资	与不照料老年父母相比，照料老年父母的已婚妇女更倾向于报告较差的健康水平	1997 年、2000 年、2004 年和 2006 年中国营养与健康调查（CHNS）数据；Ordered Probit 模型

续表

研究者	因变量	主要自变量	研究结论	数据和计量方法
刘岚、董晓媛、陈功、郑晓瑛（2010）	老年父母照料中，我国农村已婚妇女劳动时间	人口学变量（教育、年龄）、经济资产变量（非劳动所得收入、家庭土地、家庭资产总和）、劳动收入率变量（当地有偿照料者的工资、当地普通女工工资、当地普通男工工资）	照料老年父母对已婚妇女的农业劳动时间与非农劳动时间都没有显著影响；照料公婆对妇女的非农劳动时间有显著的负向影响	2000年、2004年和2006年中国健康和营养调查（CHNS）；二阶段模型
黄枫（2012）	城镇女性职业劳动参与	是否从事照料、年龄、已婚、是否照料6岁及以下儿童、受教育年限、健康、家庭其他成员收入、家庭人数、与父母（公婆）同住、社区普通男工日收入、社区普通女工日收入、社区家庭保姆日收入、兄弟姐妹数量、父母公婆是否需要照料	高强度照料活动对女性劳动参与的影响更大，劳动参与率下降0.695	1991—2009年"中国营养与健康调查"（CNHS）数据；二阶段模型
袁小波（2009）	成年子女照料老人的积极体验	性别、年龄、婚姻状况、文化水平、工作状况、照料时间、照料对象	积极的照料体验能够强化成年子女的照料责任感，帮助成年子女对抗和克服照料压力	2008年7—8月，咸阳市某中型国有企业社区；深度访谈
袁小波（2009）	成年子女的照料负担	性别、年龄、家庭经济条件、文化水平、健康状况、照料能力、居住状况、现有的兄弟数量、现有的姐妹数量、被照料老人年龄、ADL、对子女的指望程度、对子女的依赖性、问题行为	成年子女在经济、社会交往与参与、身体健康以及家庭关系等方面都有消极影响	2005年北京大学的高龄老人健康长寿追踪调查；Ordinal Logit回归分析
楼玮群、桂世勋（2012）	亲属照顾者的生活满意度	家庭照顾者（年龄、性别、婚姻、就业、教育程度、日常生活能力、社交需要、情绪支援、经济支援）、家庭照顾者资源	经济资源充分、家庭和朋友支持较多、健康自评好、应对策略积极的照顾者有较高的生活满意度	上海城区697对75岁及以上的体弱老人及其家庭亲属照顾者抽样调查；多元回归分析
吕群等（2013）	农村老年慢性病病人家庭照顾者心理负担	照顾压力、经济压力、社会压力、照顾态度压力	家庭照顾者心理负担主要来源为经济压力	2011年5月—2012年5月绍兴县的老年慢性病病人家庭照顾者调查；非参数检验与单因素方差分析

评述：老年人照护对照护者的影响主要集中在工作就业、家庭经济、身体与心理健康等方面。现有的文献也有关于照护成本度量等的相关研究。在自变量的选择方面，主要包括：人口流动、经济收入、年龄、教育程度、个人资源等社会学、人口学、经济学等各方面变量。从研究结论看，虽然也有关于照护者成功体验方面的积极性研究，但绝大多数研究表明，老年人照护对照护者带来的负面影响更多。因此，应当通过制定相应的政策措施，以减少老年人照护对照护者的负面影响与冲击。

三　核心概念界定与研究内容架构

（一）核心概念的界定

1. 家庭的界定

看待家庭的视角不同导致了学术界对家庭概念与定义存在差异与分歧。国外的学者往往从社会团体、社会协议与基本功能等方面来理解家庭。Murdock·G. P（1975）认为，家庭就是一个社会团体，而这一社会团体包括"两个及以上彼此结婚的不同性别的成人，亲生的或收养的一个及以上孩子"。而 Stephens（1963）将家庭看作一个社会协议，而这一社会协议包括"确认父母的职责、父母和子女在一起居住生活以及夫妻间的责任与义务等"。Eichler（1990）则从家庭的基本功能来理解家庭的含义，而这些基本功能包括"社会化、居住、经济、情感、性和延续后代等"。以上三位学者对家庭的定义实际上是一个核心家庭，且这个家庭由配偶及其未成年的子女构成。

在中国，家庭成员的范围远比西方广泛得多，中国的"家"除了包含西方学者认可的家庭成员之外，往往还包括已婚成年子女与其他亲属。中央民族大学林耀华教授（2000）从血缘与地缘角度来定义家庭，在林耀华看来，在一个灶上吃饭、只要是衣食共同，"无论其为夫妇、父子、祖孙、叔侄、姑媳、妯娌等，就是同一家庭"。显然，林耀华的定义代表了大多数中国人对传统家庭的认识。

本研究对于家庭的定义参考了中外学者的两种理解，并考虑到我国农村的实际情况以及被调查对象自己的观点。当前，我国农村正处于人口快速流动时期，家庭成员天各一方成为普遍现象。因此，本研究对家庭成员进行分层：第一层是小家庭，即在一起吃饭、居住、生活的所有家庭成员组成一个小家庭；第二层，是老人自己理解的大家庭，即不与老人、照护者在一起居住与吃饭，但是老人的子女，老人自己也认同的家庭成员，组成一个大家庭；第三层，是亲属（即老人的兄弟姐妹）。

2. 失能老人的界定

学术界与实际部门对失能老人的界定主要包括以下三种标准：

第一种标准：美国国家长期照料调查（National Long—term care Survey NLTCS）将长期失能老人定义为：65 岁及以上，且存在至少一项日常生活自理能力（ADL）或日常活动能力（IADL）指标的完成需要他人帮助，并且这种状态持续或预期会持续 90 天及以上，即判定为需要长期照料的老人（Michael，Berit，2004）。

第二种标准：中国关于失能的定义仍然基于医学模式。《中华人民共和国残疾人保障法》（2008）认定，"在心理、生理、人体结构上，某种组织、功能丧失或者不正常，全部或者部分丧失以正常方式从事某种活动能力的人"。

第三种标准：Sidey 和 Katz 于 1963 年首先提出了日常生活自理能力（Activities of Daily Living，ADLs）作为测定老年人独立生活的能力，该表将吃饭、穿衣、上下床、上厕所、室内走动、洗澡 6 项指标，指定为三个等级：一项到两项"做不了"的，定义为"轻度失能"，三项到四项"做不了"的定义为"中度失能"，五项到六项"做不了"的定义为"重度失能"。老人如果 6 项指标都能独立完成，但有一定困难，则被定义为半失能。

本研究中，对失能老人的界定同时参考了以上三种标准。具体而言，老人失能的等级标准依据第三种标准，年龄标准是 60 岁及以上，时间标准是 6 个月及以上。

3. 家庭照护者与家庭照护支持者的界定

Family Caregivers 在现代汉语中常常被译为照顾者、照料者与照护者等，但国内不同的学者采用了不同的说法。佟新（2008）、楼玮群、桂世勋（2012 年）等学者采用"照顾者"说法，夏传玲（2007）、石人炳（2008）等采用"照料者"说法，杜鹏（2011）、王德文（2012）等采用"照护者"说法。值得一提的是，即便是同一学者，也常常在三个说法之间通用。如姜向群、刘妮娜等（2014）在《人口学刊》（2014 年第 1 期）、《老龄科学研究》（2014 年第 7 期）两个杂志上发表的两篇文章中分别采用了"照护者"与"照料者"说法，可见，这三种说法之间并无显著差异。本研究采用"照护者"说法。

关于家庭照护者的定义，比较典型的界定有以下几种：Anderson（1995）将家庭照料者界定为"与需要照料的对象在一起居住生活，并为其提供家庭照料的人"。2000年，美国家庭照顾者支持法案提供了一个更为细化的定义："在家中，负责为需要照顾的家庭成员提供诸如日常起居生活、情感交流以及经济开支等方面支持与服务的人。"关于老年人照护者，Harris（1998）的定义为："那些为老年父母与亲朋邻里提供了照料或者支持的人。"

本研究对于家庭照护者的定义同时参考了以上三个标准，但在实际照护中，常常有几个家庭成员都表示自己曾经提供了不同程度的照护劳动，则以提供照护劳动最多的照护者的调查数据为主。

家庭照护支持者是指在家庭照护者在履行失能老人照护过程中，为承担了主要照护责任的家庭照护者提供诸如暂替服务、经济、劳务、心理慰藉等方面支持的个人或者组织，照护支持者包括照护者直系血亲、邻里、亲友、社会化服务组织等。当前，在我国农村（尤其是中西部农村）社会化组织为家庭照护提供的支持较少，传统的家庭成员与社会资源仍然是主要的家庭照护支持者。

（二）研究内容架构

1. 研究内容

（1）农村失能老人家庭照护者生计与照护之间的均衡问题

尝试构建一个农村失能老人家庭照护者生计与照护之间的均衡模型，并探讨农村失能老人家庭照护者生计与照护之间均衡的实现条件。

（2）不同类型家庭照护者的照护压力、抱怨、照护行为等差异及其影响因素

从照护者整体与个体两个不同层面，对不同特征家庭照护者的照护压力、抱怨、照护行为等差异进行比较与分析，并运用单因素分析与多因素分析方法，研究差异产生的影响因素，并对这些影响因素的作用力进行比较与排序。

（3）分析外围支持网对失能老人家庭照护者的支持作用

分别运用多元回归分析法与差异显著性检验方法，比较分析失能老人

的子女、邻里以及村委会等照护者可及的支持网对照护者的支持作用力。

(4) 不同类型家庭照护者对社会服务的需求差异及其影响因素

分别运用单因素分析与多元回归分析法，比较不同类型家庭照护者对社会支持的需求差异，并对这些影响因素的作用力进行比较与排序。

2. 研究架构

本研究的组织架构如下：

第一章，引言。首先，提出研究问题，在此基础上确定研究目标与阐述研究意义，然后对家庭、失能老人以及家庭照护者等关键概念进行界定。对本研究涉及的基本理论进行了回顾，如家庭理论、老年社会保障与老年福利理论以及可持续分析框架等。对国内外学者的研究进行了述评，如工作—家庭冲突与家庭政策、老人照护资源与照护方式、养老与照护服务体系、老年人照护提供及影响因素、老年人照护对照护者的影响等。对调查过程与研究样本的采集进行了描述。其次，分析了本研究的创新之处与研究的局限。

第二章，主要研究农村失能老人的基本特征。首先，运用实地调查数据介绍了调查地区农村失能老人的人口学特征、失能特征以及生存状态特征。其次，对本章进行小结。

第三章，主要研究农村失能老人家庭照护者的核心生计资源与外围支持网。首先，分析了失能老人家庭照护者的人力资源、土地资源以及经济资源，其次，分析了家庭照护者的外围支持网。最后，对本章进行小结。

第四章，主要研究农村失能老人家庭照护者的照护与生计之间的均衡问题。首先，从理论上构建了农村失能老人家庭照护者生计与照护之间的一个均衡模型，并运用实地调查数据研究了农村失能老人家庭照护者生计破坏及其影响因素。对农村失能老人家庭照护者的照护行为进行了计量分析。其次，对本章进行小结。

第五章，主要研究农村失能老人家庭照护者的照护压力问题。首先，运用描述统计方法分析了照护者照护压力的分布特点。其次，运用计量经济学方法研究了照护者的照护压力的影响因素。再次，对照护者压力的影响因素的作用力进行了比较与排序，并对青壮年与老年照护者两个有代表性的群体的照护压力的影响因素进行了比较。最后，对本章进行小结。

第六章，主要研究农村失能老人家庭照护者的抱怨问题。首先，运用案例分析法，研究了农村失能老人家庭照护者抱怨的影响因素。其次，运用统计学与计量经济学方法，从照护者资源与生计角度对影响因素进行进一步探讨，并比较分析子女照护者与配偶照护者抱怨的来源异同。最后，对本章进行小结。

第七章，主要研究农村失能老人家庭照护者对社会服务的需求问题。首先，比较分析了农村失能老人家庭照护者对社会服务的需求。其次，运用最优尺度回归分析方法研究了照护者对社会服务需求水平的影响因素。再次，对五种社会服务需求的影响因素进行了比较。最后，对本章进行小结。

第八章，主要研究农村失能老人子女对家庭照护者的支持问题。首先，对农村失能老人子女对家庭照护者的支持内容进行了比较。其次，分别分析了老人子女提供照护、食物、资金以及问候等方面的影响因素。最后，对本章进行小结。

第九章，总结出本项目的研究结论，并对未来的研究进行展望。本章对本项目的主要结论发现进行了总结，并提出了农村失能老人家庭照护者社会支持的对策建议。

四　研究方法与数据资料来源

（一）研究方法

1. 文献回顾研究方法

科学上的任何一次进步都是因为站在前人的肩膀上，对前人的研究文献进行系统性回顾与分析是科学研究不可或缺的过程与基础。在本项目开展初期，课题组成员就系统阅读相关文献共计1000余篇，各成员分工合作，对文献进行了归纳整理。对既有文献的总结与归纳为本研究奠定了坚实的理论基础。

2. 实地调查研究方法

类似于自然科学的实验研究，实地调查是社会科学研究的一个基本要求。实地调查研究又分为问卷调查法与深度访谈两种。两种方法各有利弊，问卷调查方法耗时短，能够在短期内获得较大规模的样本，但数据一般比较粗糙。而深度访谈能够获得更为详细的数据，并有助于研究者查明定量调研中被忽略的问题或无法获得的信息，但用时较长。本项目调查综合采用了这两种方法。每户用时在40分钟左右，从而，获取了大量的定量数据。本研究中农村失能老人家庭照护者及其成员的一些基本情况、照护情况、压力以及对社会支持的需求等，都是通过这一途径获得的。

3. 定性案例研究方法

定性分析本身也是实证分析中一种不可或缺的研究方法。现实中有些问题难以通过量化评估来进行定量研究，而运用定性的案例分析法则能更好地还原事件的本质与真相。在本研究中，家庭照护者的抱怨、困难以及对社会支持的需求等，有些是不可量化的，有些如果用案例分析则能更为清楚地说明问题。因此，在本研究中，大量选择了案例表述方法来加以证明。

4. 定量研究方法

定量分析的最大特点是通过量化的标准去比较与计量事件的作用与影响，从而，能够有助于人们更加科学地揭示规律，把握本质，厘清关系。也正是因为这一优点，定量分析方法成为社会科学中最常用的研究方法。

社会科学研究中的定量分析主要有统计分析方法和计量模型方法，其中，统计分析方法又分为描述统计方法和推断统计方法。本研究中，在对失能老人、照护者的基本信息、资源与生计等方面的考察中，都采用描述性统计分析方法。推断统计方法能够帮助人们初步了解不同特征农户之间的差异，本研究在比较不同特征照护者的照护压力、对社会支持的需求、照护行为以及对社会支持的需求方面的差异时，广泛使用了差异显著性检验方法。

本研究广泛采用的另一种分析方法是计量模型方法。在对照护者压力选择上，本研究将采用有序多分类 Logistic 回归模型、最优尺度回归模型等对影响因素进行分析。

另外，在以下将要进行的定量分析中，本研究利用的软件是 SPSS 16.0 软件和 Eviews 6.0 软件。

5. 比较研究方法

"有比较才有鉴别"，比较研究方法通过对两个或两个以上的对象进行比较，能够直观地发现它们之间的相似性与差异性，因此，比较研究也是科学研究中的一种常用方法。在本研究中，也大量运用了这种方法来分析不同性别、不同年龄组、不同家庭状况等照护者在照护压力、生计、照护者行为、抱怨、对社会支持的需求等方面的差异。这就为深入地分析照护者行为等问题提供基础证据。

(二) 数据资料来源

1. 样本收集阶段与完成人

研究样本来源于社会调查，共分为两个阶段：

第一阶段：2012年8月—2013年1月，由项目主持人亲自完成

本研究所使用的数据来源于国家社科基金《农村失能老人家庭照护者的社会支持研究》（12BRK007）调查项目。调查地点是湖北省潜江市老新镇、熊口镇、龙湾镇、浩口镇4个镇。潜江市在湖北省属于经济比较发达的一个县级市，2011年，全市综合经济实力位居湖北第3位，同时，潜江市农村青壮年劳动力外出务工现象也非常普遍。而调查的4个镇经济水平在潜江市属于中等程度。调查对象为60岁及以上且失能时间达6个月及以上的农村失能老人的家庭照护者。2012年8月—2013年1月，笔者完成了以上调查。共获得数据309个（其中，老新、熊口、龙湾与浩口样本数分别为81个、69个、80个与79个）。用于数量分析的样本数据共303个（其中，老新、熊口、龙湾与浩口样本数分别为78个、69个、79个与77个）。在本研究报告的第二、第三、第四、第五、第六、第七章中，使用了此调查样本数据。

第二阶段：2013年6—8月，由研究生与本科生完成

2013年6—8月，笔者组织武汉科技大学文法与经济学院部分优秀研究生、本科生，经过系统培训，利用暑期进行了调查。共获得数据201个。在本研究报告的第八章中，使用了此调查样本数据。

2. 样本收集方法

（1）第一阶段样本收集方法

调查镇与村庄的选取由笔者随机抽样，在村民小组选择方面，则无法做到随机抽样（因为调查地区前几年正在进行新农村建设，很多村民小组已经打散了，没有再像以前同一小组居住在一起了）。在失能老人确定方面，由于失能老人作为一个弱势群体，很不受社会主流群体的关注，例如，青壮年与村委会干部不关注老年人问题，而老人们在同一个村庄生活了几十年，对村里哪些老人丧失了生活自理能力比较关注。因此，笔者亲自问一些老人，向他们打听哪些老人丧失了生活自理能力，以此方法寻找失能老人样本，从而，开展问卷调查。

（2）第二阶段样本收集方法

笔者组织武汉科技大学文法与经济学院部分优秀研究生、本科生，对他们传授了样本抽样方法。然后，由学生利用暑期返乡时间按照指定方法，在自己熟悉的村庄确定调查样本。

五 研究的创新点与局限性

（一）研究可能的创新点

1. 本研究从理论上构建了一个照护者生计与照护之间的均衡模型，并运用核心生计资源与外围支持网分析框架（改进的可持续生计分析框架），探讨照护者的核心生计资源与外围支持网对照护者的照护压力、抱怨、生计、对社会支持的需求等问题的影响作用力，以期回答以下两个问题：照护者的哪些资源更需要得到社会支持？照护者现有的支持网对照护者的支持作用到底如何？学术界虽然对这两个问题有所研究，但运用实证的调查数据，对照护者的各种资源与支持网的影响作用力大小顺序的比较研究相对较少。

2. 与以往多数文献进行的定性研究不同，本研究从照护者家庭角度，对不同类型照护者的社会支持问题进行了定量研究，丰富了老年社会学的知识体系。

3. 首次对农村失能老人子女对家庭照护者的支持内容进行了比较，为制定子女扶持照护者的家庭政策提供了基础证据。

另外，本研究过程与结论都是来自 2012—2013 年深入农村调查获得的一手数据，这些数据都是比较新和全的，从而，为本研究的结论的先进性提供了证据保证。

（二）研究的局限性

1. 由于家庭成员的分散与流动性较强，家庭成员与照护者之间关系的异质性和复杂性，从大家庭层面考察照护者得自家庭内部的支持问题在定量分析上实际操作难度较大，在分析层面上的深度挖掘比较困难。

2. 由于本研究主要基于一个横截面的样本数据，对老人的家庭照护及相关因素变化趋势无法进行比较与预测，因此，未能把握研究问题的动态规律。

第二章　调查地区农村失能老人特征分析

学术界对失能人口规模、失能率以及长期照护需求等问题进行过广泛研究。中国老龄科学研究中心课题组（2011）分城乡研究了失能老人规模，并预测到2015年年底，我国失能老人总数将达到1239.8万人左右（占老年人口的6.05%），而农村失能老人为828.9万人（占农村人口的6.73%）。尹尚菁、杜鹏（2012）分析了性别间、年龄组间、城乡间失能及失智分布的特点，并预测老年人需要的长期照护服务量处在一个上升的趋势中。潘金洪、帅友良等（2012）分省区、年龄、性别、城乡等对老年人口失能率进行了推算。景跃军，李元（2014）研究了我国城乡失能老人的生存状态，并就失能老人对生活照料与护理服务的需求进行了预测。从研究结论看，以下几点几乎成为学术界共识：一是农村比镇与城市失能问题更为严峻；二是女性比男性失能率更高；三是随着年龄上升，老年人口失能率也会上升，高龄失能老人问题日益突出；四是从全社会看，失能率与照护需求有上升的趋势。

但现有的文献以宏观资料数据为主，对失能老人的生存状况更为深入的分析需要微观调查资料进行充实。本章利用实地调查数据，运用描述统计与案例分析方法，全面考察农村失能老人的人口学特征、失能特征以及生存状态特征，以期对失能老人特征进行更为细致的考察。

一　调查地区农村失能老人的人口学特征

本项目调查共获得调查样本309个，有6个属于由保姆照护、孙子女照护、邻里照护等，本节拟对309个样本老人基本信息进行分析。

(一) 农村失能老人年龄特征

表2.1　　　　　　农村失能老人样本的年龄结构分布

年龄段（岁）	60—69	70—79	80—89	90—99	100岁及以上
人数（个）	55	114	102	36	2
构成比（%）	17.80	36.89	33.01	11.65	0.65

从表2.1可见，失能老人样本中，最低年龄为60岁，这主要是因为本研究中，界定老人最低年龄为60岁，最高年龄为104岁，平均年龄为78.26岁，表明大多数老人失能的原因是年龄较大。

从年龄分布来看，60—69岁失能老人为55个，所占比例为17.80%；70—79岁失能老人为114个，所占比例为36.89%；80—89岁失能老人为102个，所占比例为33.01%；90—99岁失能老人为36个，所占比例为11.65%；100岁及以上失能老人2人，所占比例为0.65%。从比例分布看，各年龄段失能老人比例呈倒"U"形，究其原因，随着年龄增长，从60岁到79岁，失能比率越来越高，而80岁以后，随着老人死亡率增加，失能老人样本逐渐减少（如图2.1所示）。

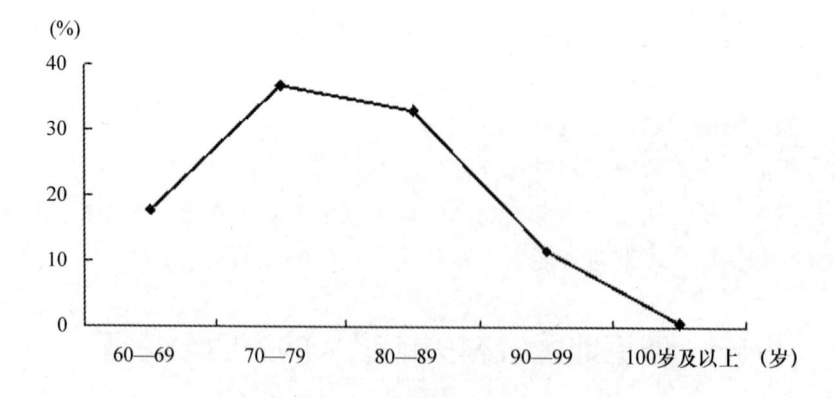

图2.1　农村失能老人年龄段比例分布

(二) 农村失能老人性别特征

表 2.2　　　　　　　　农村失能老人性别特征分布

性别	女	男
人数（个）	183	126
构成比（%）	59.20	40.80

从表 2.2 可见，调查样本中，女性失能老人 183 个，占 59.20%，男性失能老人 126 个，占 40.80%。女性失能老人所占比例明显高于男性，可能是因为女性比男性更为长寿，同时，失能现象更加普遍。

二　调查地区农村失能老人的失能特征

(一) 农村失能老人失能等级特征

表 2.3　　　　　　　　农村失能老人失能等级分布

失能等级	部分失能	轻度失能	中度失能	重度失能
人数（个）	81	57	71	100
构成比（%）	26.20	18.40	23.00	32.40

从表 2.3 可见，调查样本老人中，部分失能老人样本数为 81 个，所占比例为 26.20%；轻度失能老人样本数为 57 个，所占比例为 18.40%；中度失能老人样本数为 71 个，所占比例为 23.00%；重度失能老人样本数为 100 个，所占比例为 32.40%。中度失能与重度失能合计比例达到 55.40%。在调查过程中，调查员更加注重了对中度与重度失能老人的样本选取。

(二) 农村失能老人失能时间特征

表 2.4　　　　　　　农村失能老人失能时间结构频数分布

失能时间	0.5—1 年（含）	1—3 年（含）	3—5 年（含）	5—10 年（含）	10 年以上
人数（个）	58	77	53	70	51

续表

失能时间	0.5—1 年（含）	1—3 年（含）	3—5 年（含）	5—10 年（含）	10 年以上
构成比（%）	18.77	24.92	17.15	22.65	16.50

从表2.4可见，失能老人最低失能时间为0.5年，这主要是因为在本研究中，界定老人最低失能时间为0.5年。最长失能时间为60年，平均失能时间为7.1年。之所以平均失能时间较长，最高失能时间达到60年，主要是因为调查样本中有些失能老人从小就失能，例如，老新镇龚家湾村龚某（编号：LX049），现年70岁，失能等级为重度失能。该老人自从13岁开始，由于医疗条件差，双眼失明，以后又先后失去双腿与双手，因此，失能时间达57年。老新镇红星村刘某（编号：LX068），现年64岁，失能等级为部分失能，该老人从14岁开始，双目失明，失能时间已经达50年。

失能时间为0.5—1年（含）的样本数为58个，所占比例为18.77%；1—3年（含）的样本数为77个，所占比例为24.92%；3—5年（含）的样本数为53个，所占比例为17.15%；5—10年（含）的样本数为70个，所占比例为22.65%；10年以上的样本数为51个，所占比例为16.50%。由上可见，失能时间达5年及以上的比例达到39.15%，而失能时间达3年以上的比例达到56.3%。

表2.5　　　　　　　不同失能等级老人失能时间频数分布　　　单位：年，个

失能等级	平均失能时间	样本数	标准差
部分失能	10.60	81	11.07704
轻度失能	9.49	57	10.94743
中度失能	4.89	71	4.01888
重度失能	4.48	100	6.09415

从失能等级与失能时间交叉分析看，在表2.5中，部分失能老人平均失能时间为10.60年，轻度失能老人平均失能时间为9.49年，中度失能老人平均失能时间为4.89年，重度失能老人平均失能时间为4.48年。

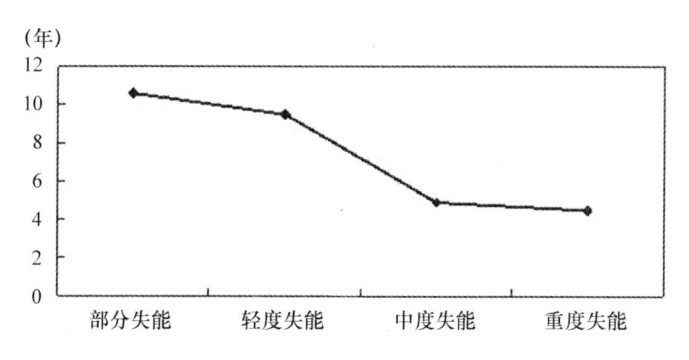

图2.2 失能时间与失能等级关系图

在失能等级与失能时间关系方面,失能等级越高,失能时间越短(如图2.2所示),而且部分失能与轻度失能老人失能时间明显高于中度失能与重度失能老人的失能时间。这也反映出:在农村,部分失能与轻度失能已经成为一个十分普遍的现象,而老人一旦达到中度或者重度失能等级之后,存活时间明显减少。

迫于生计的压力,农村老人失能之后,仍然要从事力所能及的劳动。一些部分失能、轻度失能老人虽然不能下地从事重体力劳动,但仍然要在家中摘棉花、洗衣服、做饭等。熊口镇马场村田某(编号:XK027)属于轻度失能,但看到丈夫在田地里辛苦劳动,仍然硬撑着拄着拐杖到地里摘棉花。笔者在调查期间,正值农村棉花采摘的高峰期,一些老人已经90多岁,老眼昏花,行走不便,但还是硬撑着在家中摘棉花。

案例2.1(编号:HK078) 生计的压力迫使失能老人要学会自强自立

浩口镇艾桥村3组何某(男,80岁,轻度失能,失能时间为3年,丧偶)。老人独自住在一栋破旧的老式平房中,笔者在调查时,老人正坐在轮椅上。妻子3年前去世,育有2个儿子和3个女儿。但因为几个儿女都不在身边,住在邻里的侄子承担了重要的照护职责。调查员与其侄子之间进行了访谈与交流。

老人的长子在浩口卖衣服,曾将老人接过去住了一段时间,但老人在那里不习惯,又回来了。次子在张金服装厂打工,也不常回来。因为两个儿子较少管老人,所以,老人怨气较大。3个女儿中,年龄大的已经60

岁了，小的也40多岁了，都在农村务农。都有自己的家，管老人较少。老人有一个亲侄子住在老人房屋后，有些老人做不了的事，比如，没有米了，当侄子从老人家门前路过时，老人就叫侄子打电话通知儿子们过来帮忙。而一些小菜，则是侄子做好了之后，送过去，有时也送一些菜给老人自己做。但最近老人已经好长时间没有理发了，叫儿子们过来，儿子们都没有过来，因此，老人很生气。

老人身体半侧瘫痪，平时行走很困难，经常坐在轮椅上，如果有人照看，可能会中度失能，但由于儿女不在跟前，做饭、洗脸、洗衣、穿衣、上厕所等都是老人用能够行动的半边肢体进行自理，而室内行走则是坐在轮椅上靠车轮滚动。因此，何某实际履行的是半失能老人的职责。

三 调查地区农村失能老人的生存状态特征

（一）农村失能老人的疾病与治疗情况

表2.6　　　　　　　　农村失能老人疾病频数分布情况

是否有病	否	是
人数（个）	73	236
构成比（%）	23.62	76.38

从表2.6可见，报告失能老人有病的人数为236个，所占比例为76.38%；而报告失能老人没有病的人数为73个，所占比例为23.62%。概言之，23.62%的老人之所以失能，并不是由疾病引起的，而是由于年龄较大，生理功能退化所致。

表2.7　　　　　　　　是否有病失能老人平均年龄比较

是否有病	平均年龄	标准差
否	80.1	9.028
是	77.7	8.659

从表2.7可见，没有病的失能老人平均年龄为80.1岁，有病的失能

老人平均年龄为 77.7 岁。没有病的失能老人年龄更大,这表明,随着农村经济水平与生活水平改善,老人无病但失能现象将逐渐增加。

在有病的 236 个失能老人样本中,本研究调查了近一年以来,医疗费用最高的一个月的治疗情况。其治疗地点与方式如下:

表 2.8　　　　农村失能老人疾病治疗地点频数分布(最高级别)

治疗地点	样本数(个)	构成比(%)
村卫生室	16	6.78
乡镇卫生院	2	0.85
县级及以上医院	3	1.27
药店	72	30.51
村卫生室、药店	24	10.17
乡镇卫生院、药店	14	5.93
县级及以上医院、药店	5	2.12
放弃治疗	96	40.68

由表 2.8 可见,在 236 个失能老人中,96 个(所占比例为 40.68%)已经放弃了治疗,这主要是因为很多家庭照护者认为老人已经进入了生命的末期,治疗已经没有必要,"治疗也是在白费钱",所以,放弃治疗的比例明显偏高。甚至有些老人失能几年之后,照护者也对老人治疗丧失信心,就不再为老人办理新型农村合作医疗。从调查结果看,在调查的 309 个样本中,有 21 个失能老人没有参加新型农村合作医疗,其中,有些照护者就认为老人太老了,"活不了多长时间了",给老人办理新型农村合作医疗是在浪费钱。

在村卫生室治疗的 16 个(所占比例为 6.78%),而在乡镇卫生院、县级及以上医院治疗的分别为 2 个(所占比例为 0.85%)、3 个(所占比例为 1.27%)。可见,老人失能之后,到乡镇以及县级以上医疗机构进行治疗的较少,可能是因为人老之后(尤其是老人失能之后),家庭照护者的治疗方式一般比较消极,即使治疗也会选择村卫生室这样价格最低廉、最方便的地方。

值得注意的是,仅仅在药店买药的人数为 72 个,比例达到 30.51%,如果加上一些在村卫生室、乡镇卫生院以及县级及以上医院治病,并同时在药店买药的样本数,从药店买药进行治疗的样本数共115个,比例达到48.73%。即将近一半的有病失能老人把药店作为失能老人治疗疾病的一个重要途径。这主要是因为很多失能老人所患疾病是诸如高血压、中风之类的慢性病,在药店买药是一个明智的选择。

在进行了治疗的139个失能老人中,近一年来,老人一个月最高医疗费用分布情况如下:

表2.9　　农村失能老人(有病并治疗)治疗费用频数分布

医疗费用(元)	0—100(含)	100—200(含)	200—500(含)	500—1000(含)	1000以上
人数(个)	66	41	21	9	2
构成比(%)	47.48	29.50	15.11	6.47	1.44

从表2.9可见,在139个失能老人(有病并治疗)的治疗费用中,最高费用达3000元,而最低费用为0元。老新镇三桥村鲁某的妻子,因村上为他的妻子办了低保,所以,治病可以免费(这也成为农村居民到村委会争办低保的一个重要原因)。从农村失能老人(有病并治疗)的治疗费用分布情况看,治疗费用在0—100元(含)的失能老人样本数为66个,比例为47.48%;治疗费用在100—200元(含)的失能老人样本数为41个,比例为29.50%;治疗费用在200—500元(含)的失能老人样本数为21个,比例为15.11%;治疗费用在500—1000元(含)的失能老人样本数为9个,比例为6.47%;治疗费用在1000元以上的失能老人样本数为2个,比例为1.44%。76.98%的失能老人治疗费用在0—200元,而500元以上的仅占7.91%。这表明大多数农村失能老人治疗费用集中在200元这个相对而言并不太高的水平上。

当前,在农村医疗服务市场化程度仍然较高的背景下,一些医生为了谋利,一般都愿意为一些患者提供上门医疗服务(尤其是小孩、中青年等)。但老人失能之后,生病找医生看病就成为一件困难之事。从医生是否为有病失能老人上门治疗看,在139个有病并治疗的农村失能老人中,只有20个照护者(所占比例为14.39%)反映医生能够上门为失能老人提供医疗服务。119个照护者(所占比例为85.61%)反映医生及医疗机构不愿意提供上门医疗服务,一个重要原因就是,很多医生怕把老人治病治死之后,老人家属找麻烦。也有一些医生嫌老人脏,给钱都不愿意为老人看病。

(二) 农村失能老人收入情况

表 2.10　　　　　　农村失能老人年收入频数分布情况

年收入（元）	0	660	1000—2000	2000 以上
人数（个）	4	227	69	9
构成比（%）	1.29	73.46	22.33	2.91

由表 2.10 可见，在 309 个调查样本中，227 个老人（所占比例为 73.46%）年收入为 660 元，即主要收入来源于新农保。表明大多数农村失能老人除了新农保之外，没有其他稳定的收入来源。这也说明，如果仅仅从经济上看，家庭成员照护失能老人，多半都是要"亏损"的，在经济上也是不划算的。笔者在调查中也发现了一种现象，即子女在老人照料中，也按经济能力进行了相应的分工。例如，老新镇关桥村娄某（编号：LX070），共有兄弟二人，他们的母亲已经失能。兄长由于比较善于经营，在惠州养猪。弟弟能力较差，只会种地，就在家负责老人的日常照护。而兄长每年补贴给弟弟 1000 多元。熊口镇中务垸村吴某的母亲（编号：XK029）失能多年，老人有 2 个儿子 2 个女儿，2 个儿子分别从事教师职业和在北京务工，小女儿则在本镇中学担任会计，而大女儿年近 60 岁，没有稳定的职业。经 4 人协商，由大女儿主要负责照护老人，其他 3 人每月给大女儿 500 元作为补偿。这也反映了子女照护老人分工中的一种按经济能力分工的倾向。因此，随着商业化程度的不断提高，由于农村失能老人收入低，很多家庭成员都把失能老人当作负担和累赘，而那些还在尽心尽力照护老人的家庭成员，其照护动机也主要来源于亲情与良知。年收入在 1000—2000 元的老人为 69 个（所占比例为 22.33%），这些老人之所以有高于新农保的收入，主要是因为家里为老人办了低保，或者有儿女每年能定期给老人一点钱。收入在 2000 元以上的老人为 9 个，数量较少，所占比例为 2.91%。其中，最高收入为老新镇刘场村陆某（编号：LX081），年收入为 12000 元。因陆某曾经在老新镇一个乡镇企业上班，因此有一些退休费，再加上村上为老人办了低保，所以，收入较其他老人高。值得注意的是，有 4 个老人（所占比例为 1.29%）年收入为 0，主要

原因是老人及家庭成员因不懂办新农保程序，因此，没有办理新农保，而儿女们也不给老人钱，因此，收入为0。

（三）农村失能老人的配偶是否健在

表2.11　　　　　　　　配偶是否健在频数分布

配偶是否健在	是	否
人数（个）	172	137
构成比（%）	55.66	44.34

从表2.11可见，在309个调查样本老人中，172个老人的配偶健在（所占比例为55.66%），137个老人的配偶已经过世（所占比例为44.34%）。配偶成为照护失能老人的重要资源。俗话说，"半路的夫妻强过亲生的儿女"，正是在配偶精心照料下，一些失能老人能够获得更加干净、舒适的生活。而一些老人失能之后，还常常对配偶发脾气，有配偶这样对调查员说："他成这个样子了，还有我在照护，以后我成这样子后，谁来照护我啊？"言语中流露出对未来生活的担忧。

值得注意的是，在172个配偶健在样本中，实际上有些老人已经处于失能状态。比如，老新镇烈士村4组张某的父母亲（编号：LX053）同时失能，两个老人一起睡在一间破烂的小房子中，实际上根本无法相互关照了。

（四）农村失能老人的最近子女距离

生计的压力使儿女们不得不四处奔波，这就加剧了子女照护老人的难度。

表2.12　　　　　　　　最近子女距离频数分布

距离（米）	0—100（含）	100—500（含）	500—3000（含）	3000—10000（含）	10000以上
人数（个）	216	39	30	5	19
构成比（%）	69.90	12.62	9.71	1.62	6.15

一些国家（或地区）为了方便子女照护老人，提出了老人与子女之间"一碗汤"的距离这一方便老人照料的政策。而在湖北潜江农村，这"一碗汤"的距离大概相当于500米。由表2.12可见，与子女最近距离为500米之内的为255个，构成比例达到82.52%，这表明，绝大多数老人与子女的距离在"一碗汤"的距离之内。

空间距离无疑为家庭成员照护失能老人增加了难度。老新镇直路河村李某（编号：LX012），只有两个女儿，且都已经出嫁，小女儿嫁在离老人较远的熊口农场，大女儿嫁在邻村的老新镇边河村。老人的照护责无旁贷地落在大女儿身上。该女还比较孝顺，每天骑电动摩托车为老人送两顿饭，平时还能对付，但在农忙时就吃不消。至于洗澡、洗衣服等，在夏天以及农忙时节，就无法及时提供。

随着子女外出谋生日益成为常态，子女之间在空间上的距离将越来越大。在调查样本中，有19个老人（所占比例为6.15%）子女在10公里之外。老新镇马长岭村熊某（编号：LX047），共6个子女，全部在广东惠州养猪，失能老人的照护主要靠老伴。儿女们除了平时出一些钱给老人，有时打一下电话问候之外，其他方面根本无法为老人提供服务性的照护帮助。可以预见，随着我国严重少子化时代的到来，尤其是人口流动性日益频繁，子女与老人之间的空间距离将不断扩大，子女为老人提供服务性照护将变得更加艰巨。因此，如何发展子女对老人的远距离照护，将成为我国必须面对的一项课题。

案例2.2（编号：LX017） 两个老人不愿意与儿子儿媳们住在一起

老新镇田李村10组周某（男，67岁，中度失能，失能时间为6年），照护者为其妻子（56岁），但患有小儿麻痹症。育有1儿1女。儿子37岁，在田李村种田，并开挖掘机。住在熊老公路边的楼房上。女儿35岁，嫁在田李村，也在种田，住在熊老公路边的楼房上。而周某夫妇二人住在离熊老公路1公里的小河边，四周到处都是杂草，是一间低矮的小三间平房。访谈是在调查员与两个老人之间进行的。

照护者体力不济，有一次，她正在田里割菜籽，听到老头子摔倒在地上，腿没有力，搬老头子搬不动，就跑到公路上叫来儿子，才搬起来。儿子也要他们去一起住楼房，但两个老人与儿媳不和，不愿意儿媳照料，就住在这里了。

(五) 农村失能老人居住情况

本研究将居住的住宅情况分成5个等级，分别用1、2、3、4、5代表很差、较差、一般、较好、很好5个等级。并按照基数效用论的思想，假定这些等级都可以运用数学方法进行计算。

表2.13　　　　　失能老人与子女住宅情况频数分布比较

住宅等级	很差	较差	一般	较好	很好	等级平均
子女（个）	2	62	44	89	112	3.80
构成比（%）	0.60	20.10	14.20	28.80	36.20	
老人（个）	120	109	28	34	18	2.10
构成比（%）	38.80	35.30	9.10	11.00	5.80	

从表2.13可见，失能老人住宅平均值为2.10，略高于较差水平；而子女住宅平均值为3.80，接近于较好水平。老人住宅明显差于子女。从住宅情况分布看，子女住宅情况很差的样本仅2个，占0.60%；较差与很差之和样本数为64个，占20.70%。而失能老人住宅情况很差的样本数为120个，占38.80%；较差与很差之和样本数为229个，占74.10%。将近3/4的失能老人住在较差的房子中。而住宅情况较好和很好的样本数仅为52个，仅占16.80%。

之所以失能老人一般住宅情况较差，主要是一些子女认为失能老人脏，住在好房子里面不卫生，外人看到了也不雅观。也有一些子女认为，反正老人快要死了，死在楼房中不吉利。因此，特意将老人放在较差的房子中居住。而一些没有为老人专门盖砖瓦房的家庭，也常常将老人放在厨房中生活。

案例2.3　失能老人还活着，但没有尊严

潜江在湖北省属于经济比较发达的地区，在潜江农村，9成以上的家庭都盖起了小洋楼。但老人（尤其是失能老人）对社会与家庭经济发展的成果分享比较少。"子女住小洋楼，老人住窝棚"的现象十分普遍。

龙湾镇李台村老人李某（编号：LW023）有4个儿子，这4个儿子并排盖起了4栋三层小洋楼。但老人与老伴老两口就住在一间低矮、破旧、

昏暗的小砖房中。老新镇龚家湾村龚某（编号：LX049），儿子们住在一间砖瓦房中，而老人则住在他家门口的一间废弃的猪圈中，猪圈没有一人高，走进去还要弯腰。熊口镇莲市村吴某（编号：XK048）家是一间3层小楼，而失能老人则住在楼房旁边搭起来的一个低矮的临时性农具棚里，这间农具棚中放着一辆手扶拖拉机、农药水桶、犁、锄头等农具，而且四面透风。失能老人是重度失能，在这里竟然住了3年多。

四　本章结论

《老年人权益保障法》（2012年版）第三条规定，老年人有参与社会发展和共享发展成果的权利。但从以上的分析可以发现，失能老人对社会与家庭发展成果的分享十分有限，生存状态恶劣，一些失能老人的生活甚至缺乏基本的人格尊严，体现在以下几个方面：一是收入低，一些老年人除了每月55元的新农保之外，没有稳定的收入来源；二是有病家人不想治疗、医生不愿意治疗现象十分普遍，相当多的失能老人处于等死状态；三是居住环境差。如何维持失能老人基本生存权、保障失能老人人生暮年的人格尊严，实现赡养尊严化是当前亟待解决的一个问题。

第三章　农村失能老人家庭照护者的核心生计资源与外围支持网分析

核心生计资源与外围支持网是照护者在应对失能老人这一灾难性事件冲击时所能运用的物质基础，无疑，保护照护者核心资源与强化外围支持网对于照护者具有重要意义。随着城市化、工业化的快速发展，我国养老照料资源稀缺已成为现代家庭面临的共同挑战（宋健，2013）。近年来，学术界对照护者的资源与支持问题进行了深入的研究。楼玮群、桂世勋（2012）研究了照顾者经济、健康、心理、社会等资源对于提升家庭亲属照顾者的心理健康的作用。赵怀娟（2013）研究了失能老人的经济资本、人力资本、代际关系以及婚姻状况等资源禀赋对家庭照护质量的影响。中国老龄科学研究中心课题组（2011）研究了失能老人照护资源的作用与存在的问题，研究结果表明，中国城乡失能老人照料主要依靠家庭成员，而照护者得到来自社区、非政府组织、政府以及养老机构的支持作用十分有限。还有一些学者比较了我国农村老年人的子女资源对老年人的照护作用问题（丁志宏，2011；张文娟，2006；高建新、李树茁，2012）。在强化照护者资源的对策建议方面，陈友华（2012）指出，政府在保障失能、半失能老人养老服务中具有不可推卸的责任。在社区服务方面，杨团（2014）认为，以家庭为本、社区服务为基础建设社区长照体系是设计我国长照体系社会政策的核心目标。另外，也有一些学者针对农村低保中村委会道德风险问题提出了一些政策建议（朱梅，2011）。

但现有的文献中，从家庭照护者角度出发，专门研究农村失能老人家庭照护者可以利用的资源与支持网的文献相对较少。本章拟对此问题展开研究。

本章的研究目的是考察照护者的核心资源与外围支持网现状。本章首先，介绍照护者核心生计资源与外围支持网分析框架；其次，分析了我国老年人家庭照护者社会支持现状以及调查地区样本农村失能老人家庭的基本信息；再次，运用描述统计方法分析了调查地区失能老人家庭照护者人力资源、土地资源与经济资源，并分别介绍照护者的非正式支持网与正式支持网；最后，对本章基本结论进行了小结，并提出了农村失能老人家庭照护者社会支持体系的构建对策。

一 照护者核心生计资源与外围支持网分析框架

英国国际发展部（DIFD）的可持续生计分析框架包括自然资本、物质资本、金融资本、人力资本与社会资本五个部分，而 Hsiu H. T. & Yun F. T. (2007) 将资源又分为家庭内在资源与外在资源两个方面。但这两种分析框架都是一种静态视角。本项目拟从动态视角，对 DIFD 的可持续生计分析框架进行改进。

本项目从家庭照护者应对失能老人这一灾难性事件冲击的措施与策略视角来考察与界定家庭资源问题。从此视角出发，DIFD 的可持续生计分析框架中的资源在家庭照护者心目中的地位与作用实际上可以分为两个层次：核心生计资源与外围支持网。照护者首先受到冲击的是自然资本、物质资本、金融资本、人力资本四个部分，而这四个部分也是家庭照护者最为关注的、最核心的、必须加以保护的部分，因此，本项目将这四个部分界定为家庭核心生计资源。而当家庭核心生计系统受到冲击之后，照护者必然利用社会资本对之加以保护，因此，本项目将照护者的社会资本界定为外围支持网（如图 3.1 所示）。

根据本项目的研究目的以及实际数据的可得性，本项目所考察的核心生计资源包括照护者的人力资源、土地资源与经济资源。本项目中，人力资源则主要考察照护者与老人关系、照护者性别、年龄、健康状况、文化水平、职业等，经济资源主要考查照护者家庭年经济收入，土地资源主要考查家庭耕地面积。照护者的家庭外围支持网主要考查失能老人的子女、亲戚邻里等非正式支持网以及政策法规、保障与服务体系、政府机构以及村委会等正式支持网。

需要特别说明的是，本研究在以下表述中，将外围支持网与社会支持两种概念与表述完全等同，不作区分。

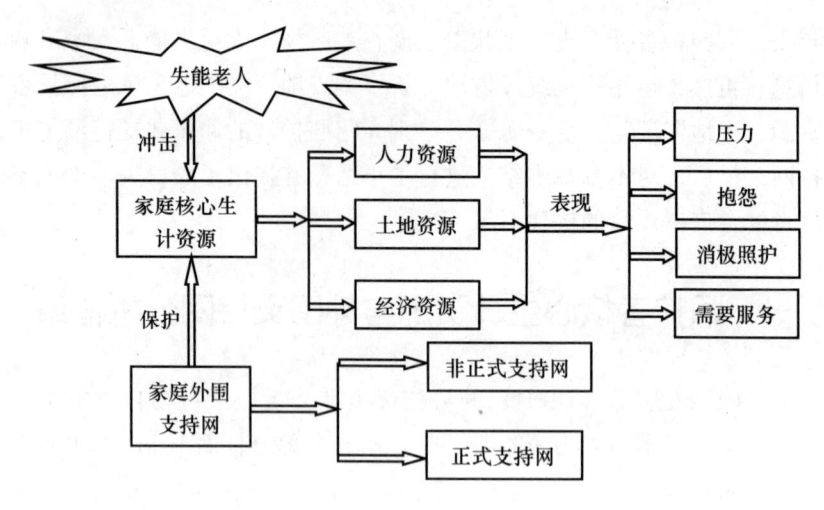

图 3.1　失能老人冲击下的外围支持网对核心生计资源进行保护

二　我国老年人家庭照护者社会支持现状

（一）社会支持的定义、来源、内容

所谓社会支持，指个体在面临外来灾难性事件冲击与影响时，可获得的资源支持。20 世纪 80 年代以后，社会支持网络逐渐成为西方社会学的一个重要分析框架。

从社会支持的来源看，提供这种支持的主体包括他人、群体、社区、政府机构等（Lin et al.，1981），因此，社会支持可以分为正式与非正式两个基本类型。家人亲戚、邻里、朋友等提供的支持为非正式支持，社区、机构和国家等提供的支持为正式支持。

从社会支持的内容与功能看，包括经济与物资支持、照护与劳务支持、情感交流支持等（Wan, ChoiK et al.，1996）。

（二）我国老年人家庭照护者社会支持的现状

表 3.1　　　　　　　我国家庭照护者社会支持体系现状

项目	已取得的进展	存在的问题
法律支持	出台了《老年人权益保障法》（2012 年版）	居家养老服务、长期照护保险、家庭照护与工作平衡等方面的政策法规还没有出台

续表

项目	已取得的进展	存在的问题
制度支持	长期照护保险正在研究中	长期照护保险与长期照护服务还是空白
经济支持	家庭照护者财税政策正在探索中	家庭照护者财税政策具体措施没有出台,长期照护保险在全国都没有建立。对家庭照护者的补偿机制还没有建立起来
服务支持	城市以及东部沿海地区农村居家养老服务体系初步建立 城市以及东部沿海地区农村部分民营养老院发展较快	中西部地区农村居家养老服务体系还是空白,农村养老机构数量少,大多数为镇办机构,而且大多不收养有子女的失能老人,职能需要转型
非正式支持	城市"老帮老"服务体系与邻里互助体系正在探索中	农村"老帮老"服务体系与邻里互助体系还是空白。对非正式资源的激励机制没有建立起来

1. 在顶层设计方面,对老年人照护者的支持问题正在有序开展,但法律、政府职能等严重滞后于老年照护需求,且缺乏专门针对失能老人家庭照护者的顶层设计

表3.1列举了当前我国家庭照护者社会支持体系建设方面已经取得的进展以及存在的问题。

在法律方面,《老年人权益保障法》(2012年版)的颁布有助于强化老人家庭照护者的支持网,具体如下:①在第二章第十三条至第十九条中,对老年人子女对老人在经济、生活照料、精神慰藉等方面进行了规定,有助于失能老人的子女支持照护者。②在第三章第二十八条至三十六条中,对各级政府机构对老人在保险、医疗、经济、补贴、居住等方面进行了规定,有助于各级政府机构分摊照护者负担。③在第四章第三十七条至五十一条中,对社区养老服务、专业机构组织及其邻里互助等提供照护服务等方面进行了规定,有助于社会组织与服务机构减轻照护者的照护压力。

在政府职能与机构方面,各省、市、县、乡镇、村委会等都有专门负责老龄问题的领导机构,在省、市、县民政部门都有专门的老龄工作科以及城乡居民最低生活保障工作职能科室。但对老年人以及家庭的支持没有纳入政府政绩考核范围。总体而言,政府对老龄工作重视程度不够。

失能老人的家庭照护问题显然是一个更为严峻的问题,但现有的法规与部门职能中,虽然少数发达地区针对失能老人提供了一定数量的补贴,

但在国家层面还没有专门针对失能老人家庭照护者的支持政策，长期照护保险、家庭照护与工作平衡等方面的政策法规还没有出台，政府职能也还需要完善。

2. 在支持供给能力、城乡统筹、失能老人的专门支持政策等方面，区域差距明显

表3.2　上海、江苏、苏州与湖北家庭照护者支持体系现状比较

	上　海	江　苏	苏　州	湖　北
地方性政策法规	沪民老工发〔2001〕4号、沪民老工发〔2015〕4号、沪民老工发〔2015〕7号、沪民福发〔2015〕2号	苏政办发〔2013〕110号、苏财社〔2014〕254号、苏政办发〔2014〕72号	苏府〔2011〕195号、苏府办〔2013〕196号、苏府〔2014〕108号、苏老办〔2015〕3号	没有出台地方性政策法规
资金补贴	①2007年起，60岁以上的老年农民每人每月发放老龄补贴，并逐年增加。②2010年起，对轻度、中度与重度失能老人每人每月补贴150元、200元与250元，不分城乡	2014年，建立了失能等老年人补贴制度，但仅限于低保家庭	同江苏省政策	没有建立
服务体系	①以居家为基础，社区为依托，机构为支撑的格局正在形成，智慧型虚拟养老院已经初步建立。②公办、民营等多元化养老照护机构数量多，管理规范、服务能力强。③2015年起，对失能老人照护服务进行补贴，并随逐年增长调整（数据来源：沪民老工发〔2015〕7号）	①70%的农村开展了居家养老服务。②所有农村养老院完成"三有三能六达标"升级改造任务。③建立实施政府购买养老服务制度、建立养老服务与护理补贴制度	①90%的农村社区建有居家养老服务中心。农村托老所和虚拟养老院占总数的20%以上。②正在积极推进老年人长期护理保险制度的建立	①截至2014年年底，城市社区居家养老服务中心和农村老年人互助照料活动中心覆盖率分别仅有45.2%和16.3%，且运营经费难以落实。②政府购买服务正在研究中，尚未实施。③社会办养老机构发展滞后，床位缺口较大
非正式支持网	互助养老正在探索中	互助养老正在探索中	互助养老正在探索中	互助养老正在探索中

数据来源：上海老龄网、江苏民政网、苏州民政网、《2014年湖北民政事业发展报告》。

表 3.3　上海、江苏、苏州与湖北家庭照护者支持体系能力比较

	上　海	江　苏	苏　州	湖　北
支持供给能力	资金、服务等方面的支持能力最强	资金、服务等方面的支持能力次之	在江苏最强	较弱
城乡统筹	城乡统筹步伐快	城乡统筹步伐较快	在江苏城乡统筹程度最高	城乡差距较大
失能老人专门政策	有专门针对失能老人的资金、服务支持	仅针对低收入家庭有失能老人资金支持，服务支持正在研究中	与江苏省政策相同	没有建立

表3.2与表3.3分别比较了上海、江苏、苏州与湖北等地在家庭照护者支持体系现状与能力方面的差异。

在家庭照护者社会支持能力方面，上海最强，江苏次之，湖北最弱。上海方面，上海凭借其雄厚的经济实力，在全国率先出台了一系列地方性政策法规，资金补贴与养老服务体系等都走在全国前列。对失能老人以及养老服务提供了经济补贴，而且实现失能老人全覆盖。在服务方面，不仅服务体系比内地健全、服务供给能力也比较强，居家养老、虚拟养老与智慧养老体系完备。《社区居家养老服务规范实施细则（试行）》（沪民老工发〔2015〕4号）对社区服务细则进行了详细规定。因此，上海支持能力最强。江苏方面，2014年，江苏全省对失能老人提供补贴，但仅限于低保家庭，没有实现失能老人的全覆盖。政府购买养老服务制度、建立养老服务与护理补贴制度正在实施，大多数农村社区已经建立了居家养老服务体系。而苏州作为江苏最发达的地区，居家养老与虚拟养老覆盖率更高，并正在推进长期护理保险制度。苏州农村与城市之间的差距正在进一步缩小。湖北方面，湖北省没有出台地方性政策法规，政策购买服务正在研究中，社会支持体系最不健全，支持能力也最弱。

在城乡统筹方面，为了弥补城乡之间养老基本服务缺口，上海市的政策能够适当向郊区倾斜，上海城乡之间差距比较小。江苏对农村的支持也正在加强。而湖北省的城乡差距最大，截至2014年年底，城市社区居家养老服务中心覆盖率仅有45.2%，农村老年人互助照料活动中心覆盖率仅为16.3%，农村居家养老服务体系几乎还是空白。社会办养老机构发

展滞后，床位缺口较大，农村养老机构数量奇缺。

在失能老人的专门政策支持方面，上海出台了专门针对失能老人的资金与服务支持政策，江苏则出台了专门针对低收入家庭失能老人的资金政策，而湖北省在 2014 年 1 月刚刚对全省失能老人进行摸底，对失能老人的财政补贴与服务支持还正在研究讨论中。

总之，上海、苏南等地凭借其强大的经济实力，在家庭照护者社会支持方面，能力强、城乡差距相对较小、有专门针对失能老人的政策。而湖北省不仅全省养老公共服务体系不健全、供给能力弱，城乡之间差距明显、且缺乏失能老人的专门支持政策。

3. 传统的非正式支持网正在弱化，但对非正式资源的正式制度激励机制尚未建立

在传统的农业社会，非正式资源对家庭的支持作用不可忽视，但随着城市化的快速发展，传统的邻里资源正在解体、子女流动外出成为新常态，非正式支持网的支持能力正在弱化。

当前，我国对非正式支持资源的激励作用正在研究中，在社区邻里互助方面，上海、江苏等地正在尝试通过时间银行等方式来建立邻里互助与"老帮老"模式，但效果并不明显。在老人的子女支持家庭照护者方面，正在设计针对家庭照护的财税制度改革，但具体方案还在研究制订中。非正式支持网的作用迫切需要正式的制度来加以强化。

三 调查地区农村失能老人家庭的基本信息

由于城市化对农村家庭带来了巨大的冲击，即便是传统意义甚至法律意义上的一家人，都长年不能在一起生活。因此，无法为失能老人给予及时有效的帮助。基于此，本项目的研究中，对于家庭的定义为，照护者认可的家庭成员中，一年之中有 6 个月及以上在一起吃饭的家庭成员，组成一个家庭。

本项目调查的 309 个样本中，有 6 个样本属于保姆照护、孙子女照护、邻里照护等，303 个样本属于配偶、子女、儿媳、女婿等照护。因此，以下主要研究 303 个子女照护与配偶照护的样本家庭信息。

（一）户主年龄

表3.4　　　　　　　　农村失能老人家庭户主年龄分布

年龄段（岁）	30—45	46—60	61—70	71—80	81及以上	平均年龄
人数（个）	39	91	68	85	20	63.05
构成比（%）	12.87	30.03	22.44	28.05	6.60	

在表3.4中，户主最高年龄为90岁，最低年龄为32岁，平均年龄为63.05岁。户主年龄为30—45岁的样本数为39个，占12.87%；户主年龄为30—60岁的样本数为130个，占42.9%。户主年龄在61岁及以上的样本数为173个，占57.1%。从户主年龄看，农村失能老人家庭已经陷入了典型的老龄化状态。

（二）户主文化水平

表3.5　　　　　　　　农村失能老人家庭户主文化水平分布

文化水平	文盲	小学	初中	高中及以上
人数（个）	121	81	84	17
构成比（%）	39.93	26.73	27.72	5.611

注：本调查中所指的文化水平是指毕业或者肄业，比如，上过一年小学，即可认定具有小学文化水平。其他初中、高中等同样以此为界定原则。

从表3.5可见，户主中，文盲样本为121个，占39.80%，而小学与文盲样本之和达到202个，占66.67%。这与户主年龄偏大是相吻合的。这也表明，农村失能老人家庭户主总体文化素质较低。

（三）户主职业

表3.6　　　　　　　　农村失能老人家庭户主职业频数分布

职业	样本数（个）	构成比（%）
农业生产	126	41.58

续表

职业	样本数（个）	构成比（%）
农业生产性打工	5	1.65
经商	7	2.31
缺乏技能非农务工	2	0.66
技能工人	5	1.65
专职照料	86	28.38
农业生产、农业生产性打工	42	13.86
农业生产、经商	17	5.61
农业生产、非农打工	11	3.63
其他	2	0.66

从表3.6可见，户主职业中，从事农业生产的样本数为126个，所占比例为41.58%，如果包括从事农业生产以及兼营农业生产性打工、经商、非农打工等（三项合计70个），从事与农业生产有关的户主总样本数达到196个，比例为64.69%。这表明，对于大多数户主而言，农业生产是维持家庭生计的一种基本生存方式。

在本项目的调研过程中，笔者发现，老年人从事生产劳动是一件十分普遍的事情。在303个调查样本中，65岁及以上户主数为151个，如表3.7所示：在65—70岁的老人中，有78.26%的老人还要从事生产劳动，71—80岁的老人中，有36.47%的老人仍然要从事生产劳动；81—90岁的老人中，还有10%的老人从事生产劳动。老新镇田李村田某（编号：LX002），已经71岁了，身体也较差。笔者调查期间正值盛夏，但田某每天仍然要像青壮年一样，天未亮透，就背着农药水桶到棉花地里喷洒农药，每天天黑之后才能回家。沉重的体力劳动使老人感到吃不消。

表3.7 65岁及以上老人从事劳动比例

年龄段（岁）	65—70	71—80	81—90
样本数（个）	46	85	20
从事劳动样本数（个）	36	31	2
构成比（%）	78.26	36.47	10.00

另有86个户主样本专门从事照料工作,所占比例为28.29%,一般是一些年龄较大的老人,专门照料配偶,这样的户主老人,一般来说,年龄都很大了,身体也不好,丧失了劳动能力。但即使是这样,一些专门从事照护工作的老人也会从事编扫帚、钓龙虾等力所能及的事情,作为一种补偿性的经济收入来源。这一方面,是由于长期的劳动习惯使然;另一方面,也是因为老人一般收入来源少,因此,不得不通过劳动来维持生计。

(四) 户主与失能老人关系

表3.8　　　　　　　户主与失能老人关系频数分布

关系	配偶	儿子	儿媳	女儿	女婿
样本数（个）	147	130	0	4	22
构成比（%）	48.51	42.90	0	1.32	7.26

从表3.8可见,户主与失能老人关系中,配偶共147个,占48.51%;儿子130个,占42.90%。而女儿与女婿相对较少,共26个,占8.58%。

(五) 家庭人口规模

表3.9　　　　　　农村失能老人家庭人口规模频数分布

人口数（个）	2	3	4	5	6	7	平均人口数（个）
样本数（个）	143	71	50	22	13	4	3.02
构成比（%）	47.19	23.43	16.50	7.26	4.29	1.32	

从表3.9可见,家庭平均人口数为3.02个,这进一步验证了当前农村家庭小型化、核心化趋势。从家庭人口频数分布看,家庭人口数为2个(这种家庭以老夫妻单独居住为主)的样本数为143个,占47.19%;而家庭人口数为2—4个的样本数为264个,占87.12%,表明绝大多数农村失能老人家庭人口数量在这一范围之内。而家庭人口数量为6—7个的样本数量共17个,占5.61%。造成家庭人口数量较多的一个重要原因是子

女外出务工后留守子女与老龄化的双重冲击。例如，老新镇田李村田某家（编号：LX002）人口数量为 7 个。其构成为，田某夫妇 2 人；田某父母亲 2 人，因年事已高，都与田某在一起生活；另外，田某的儿子们外出务工之后，将 3 个孙子（都在老新镇读中小学）留在家中，由田某负责照管，所以，家庭人口规模大。这反映了老人与孙子两种照料的双重影响。

（六）子女与户主之间的经济联系

表 3.10　　　　　　　　子女与户主之间的经济联系

经济联系	子女需要户主帮助	子女与户主经济联系不大	子女能够帮助户主	无子女
样本数（个）	41	147	112	3
比例（%）	13.53	48.51	36.96	0.99

子女经济上的帮助是缓解户主压力的重要因素。从表 3.10 可见，子女需要户主帮助的样本数为 41 个，占 13.53%；子女与户主经济联系不大的样本数为 147 个，占 48.51%；子女能够在经济上帮助户主的样本数为 112 个，占 36.96%；户主无子女的样本数为 3 个，占 0.99%。由上可见，只有少数子女需要户主帮助，而这些需要户主从经济上进行帮助的子女一般都未成年（儿童或者是在读学生）。但子女成年之后，不能帮助户主的仍然较多，在 259 个不需要扶持子女的户主中，仍然有 147 个户主无法从子女处得到帮助。究其原因，一方面，大多数父母都能体谅子女的难处，总觉得子女们生活得很难，自己只要还能够动，就不找子女们的麻烦。另一方面，确有一些子女不愿意管父母，有老人向笔者反映，说："他们整天打牌打得直飞的，块把钱对他们不算什么，可他就是连个过早都不肯给你买。"

（七）子女是否提供照护帮助

表 3.11　　　　　　　　子女是否提供照护服务

子女是否提供照护帮助	经常提供	偶尔提供	不提供	无子女
样本数（个）	21	53	226	3

第三章 农村失能老人家庭照护者的核心生计资源与外围支持网分析　49

续表

子女是否提供照护帮助	经常提供	偶尔提供	不提供	无子女
构成比（%）	6.93	17.49	74.59	0.99

从表 3.11 可见，经常为户主提供照护服务帮助的样本数仅为 21 个，占 6.93%；偶尔提供的样本数为 53 个，占 17.49%；而不提供照护服务帮助的样本数为 226 个，占 74.59%。对比子女能够从经济上帮助照护者的样本（占 24.42%），为户主提供照护服务的比例要低得多。这主要是因为子女们外出务工之后，给老人钱相对来说比较容易，也容易得到子女们的同意与认可。但子女们为老人提供照护服务帮助则更难。通过对比发现，对失能老人家庭而言，为失能老人家庭提供服务比提供资金帮助更有意义。

（八）家庭通信费用

表 3.12　　　　　　　　　家庭通信费用频数分布

通信费（元）	0	15—20	25—50	60—100	100 以上
样本数（个）	123	54	76	39	11
构成比（%）	40.59	17.82	25.08	12.87	3.63

注：通信费用以每月为单位进行调查。

家庭通信费用是衡量社会交往的一个重要指标。从表 3.12 可见，月通信费用为 0 的样本数为 123 个，很多老年人家庭没有安装电话，子女外出务工之后，与家中老人联系也不多，如果联系，也是通过邻里家的电话进行联系。一些老人长年生活在孤独与寂寞之中。月通信费用为 15—20 元的样本为 54 个，占 17.82%，这些老人家庭主要安装了一部电话，这部电话只接不打，方便儿女们与老人联系，因此，只消缴纳座机费。月通信费用为 25—50 元的样本数为 76 个，占 25.08%；月通信费用为 60 元及以上样本数为 50 个，占 16.5%。一般来说，户主为老人的家庭通信费用较低，而通信费用较高的家庭大多是户主比较年轻的家庭。通过对比可以发现，建立农村失能老人家庭对外的联络网，并增进老人与外界的联系，实现失能老人家庭的精神慰藉，应是将来的一项重要工作。

（九）是否有送养老院的意图

表 3.13　　　　　是否有送老人进养老院意图频数分布

送养老院	是	否
样本数（个）	62	241
构成比（%）	20.46	79.54

　　在调查过程中，笔者发现，绝大多数老人不愿意上养老院，有失能老人说，"我就是死在家里，也不去养老院"。从表3.13可见，303个调查样本中，只有62个照护者有将老人送养老院的意图，所占比例为20.46%。而之所以老人没有被送到养老院，有人说："养老院只收没有子女的孤寡老人，有儿女的老人养老院不收。"也有人反映："进养老院要交钱，没有钱养老院不收。"一些照护者虽然饱受失能老人照护之苦，但由于受传统家庭观念影响，还是不想把老人送养老院。因为"有儿有女，还把老人送养老院，被别人说闲话"。可见，中华民族传统的"养儿防老"观念在一定程度上仍然对绝大多数照护者起到了较好的约束作用。

　　如表3.14所示，在62个有将老人送养老院意图的样本中，29个样本为老人配偶，占46.77%；26个样本为儿子、儿媳，占41.94%；7个样本为女儿女婿，占11.29%。配偶想将老人送养老院的原因大多是"体力差，照料不动了"。而儿子、儿媳以及女儿、女婿想将老人送养老院的原因大多是多方面的，一些子女认为照护失能老人"影响了生产劳动""不能出去打工、经商"等。老新镇全福村杨某（编号：LX037）已经69岁了，他的母亲100岁，与杨某是收养关系。杨某在外找了一个帮工厂看大门的工作，但因为要照护母亲，从而一直无法出去。因此，杨某很想将老人送养老院。

　　也有一些年龄较大的子女有将年龄更大的失能父母送养老院。老新镇文成村宋某（编号：LX001），75岁，已经丧偶，但还要照料其104岁的母亲。宋某子女多次想接他去养老，但由于要照料母亲，无法成行。宋某反映，"我年龄大了，我都要人照料了，还要照顾老母亲"。

　　从表面上看，似乎配偶想将老人送养老院的样本数较多，但通过比较发现，在161个配偶照护者样本中，29个样本（占18.01%）有意将老人送养老院；在117个儿子与儿媳者样本中，26个样本（占22.22%）有意将老人送养老院；在26个女儿与女婿照护者样本中，7个样本（占26.92%）有意将老人送养老院。表明配偶有意将老人送养老院的比例是最低的，而女儿女婿所占比例最高。

表3.14　　　　　　有意将老人送养老院照护者比例分布

照护者与老人关系	送养老院样本数（个）	总样本数（个）	占比（%）
配偶	29	161	18.01
儿子与儿媳	26	117	22.22
女儿与女婿	7	26	26.92

注：占比计算公式：有意将老人送养老院的样本数÷该角色占调查样本数×100%。

老人与子女的父子（父女）或者母子（母女）关系中，有些并非亲生关系，而是收养关系。具备这种收养关系的子女一般更倾向将老人送养老院。

案例3.1（编号：LX049）　家庭照护者很想将老人送养老院，但养老院拒收

老新镇龚家湾村龚某（男，70岁，重度失能，失能时间为47年）。老人从13岁开始就瞎了双眼，双手和双脚都已经残疾。吃饭时，就只能直接用嘴在碗中嗦。老人一生未婚，收养了一个侄儿（55岁）负责养老，日常照护则由侄儿夫妇二人负责。但侄儿及其媳妇显然对他并不十分关心，让他一个人住在一间废弃了的杂物间中，并且这间房就在一个猪圈隔壁。孙子在徐李做服装生意，赚了一些钱，准备在老宅上盖房，并想把老人住的杂物间拆了，但又不准备让老人住在新楼房中，认为这样不体面，不好看，所以，还显得有些为难。照料者十分想把老人当一个包袱甩给养老院（老人自己也特别想去），有一次，侄媳妇用板车将老人拖到徐李养老院，但养老院不收，说只收孤老，没有办法，只好又拖回来了。

村上以及民政以前不管老人，认为老人有一个收养的儿子，但老人到老新镇政府去闹了几次，还写诗让一位记者发表在报纸上，村上以及镇民政办终于为老人办了一个农村五保，每年有1700元。但老人希望到养老院去的愿望仍然无法得以实现。

老人的生存状态极差，一年只洗 4 次衣服，都是由嫁出去的一个侄女洗。洗一回给她五六十元钱。老人长期过着孤独和寂寞的生活，因此，有时夜晚爱唱歌，爱叫。弄得周围的邻里都不高兴。老人说，"隔壁三家的一些人都恨不得把你抄起屁股往外掀"。老人甚至还想到死，但作为一个重度失能老人，死都没有办法。说，"我想上吊，爬不上板凳；我想喝药，找不到农药；我想投水，爬不到河边"。

四 调查地区农村失能老人家庭照护者的核心资源

（一）农村失能老人家庭照护者的人力资源

1. 照护者与老人关系

表 3.15　　　　　　　　照护者与老人关系频数分布

关系	配偶	儿子	儿媳	女儿	女婿
样本数（个）	161	64	52	24	2
构成比（%）	53.1	21.1	17.2	7.9	0.7

从表 3.15 可见，配偶作为照护者的样本为 161 个，占 53.1%。儿子作为照护者的样本数为 64 个，占 21.1%；儿媳作为照护者的样本数为 52 个，占 17.2%；儿子与儿媳两者之和占 38.3%。女儿作为照护者样本数为 24 个，占 7.9%，女婿作为照护者的样本数为 2 个，占 0.7%；女儿与女婿两者之和占 8.6%。在表 2.25 中，我们还可以看出，在配偶健在的情况下，夫妻关系是照护失能老人的第一道防线。而一旦没有配偶照护时，儿子与儿媳照护的比例要高于女儿与女婿。

2. 照护者性别

表 3.16　　　　　　　　照护者性别频数分布

性别	男	女
样本数（个）	143	160
构成比（%）	47.19	52.81

从表 3.16 可见,女性作为照护者样本数为 160 个,占 52.81%,略高于男性作为照护者的样本数。可能是因为性别分工上的原因,女性比男性更适宜于从事照护工作。

3. 照护者年龄

表 3.17　　　　　　　　　照护者年龄频数分布

年龄	30—45	46—60	61—70	71—80	81—90	平均年龄
样本数(个)	35	85	73	89	21	63.97
构成比(%)	11.55	28.05	24.09	29.37	6.93	

在表 3.17 中,照护者最低年龄为 35 岁,最高年龄为 90 岁,平均年龄为 63.97 岁。可见,照护者年龄普遍偏高。照护者年龄在 30—45 岁样本数为 35 个,占 11.55%;年龄在 46—60 岁样本数为 85 个,占 28.05%;两者之和占 39.6%。而照护者年龄在 61—70 岁的样本数为 73 个,占 24.09%;照护者年龄在 71—80 岁的样本数为 89 个,占 29.37%。尤其值得注意的是,照护者年龄在 81—90 岁的样本数为 21 个,占 6.93%,一些高龄老人仍然在承担照护任务。

表 3.18　　　　　　　　配偶与儿女作为照护者的年龄比较

年龄		30—45	46—60	61—70	71—80	81—90
配偶	样本数(个)	0	7	48	85	21
	构成比(%)	0	4.35	29.81	52.80	13.04
儿女	样本数(个)	35	78	25	4	0
	构成比(%)	24.65	54.93	17.61	2.81	0.00

配偶作为照护者最低年龄为 53 岁,从表 3.18 可见,配偶照护中,年龄在 71—80 岁之间的照护者样本数为 85 个,占 52.80%;而年龄在 81—90 岁之间的高龄照护者样本数为 21 个,比例高达 13.04%。配偶照护者年龄偏大,一个必然的结果就是体力不济等。

而儿子、儿媳以及女儿与女婿作为照护者,最低年龄为 35 岁,最高年龄为 76 岁。年龄在 30—45 岁的样本数为 35 个,占 24.65%;年龄在46—60岁的样本数为78个，占54.93%；两个年龄段比例之和为79.58%。照护者年龄偏低，则会严重影响照护者的生产性活动。而年龄在61—70岁的样本数为25个，占17.61%；年龄在71—80岁的样本数为4个，占2.81%。因此，一些年过七旬的老者在照护更加年迈的父母时，难免表现出较多的怨言："我自己都快要人照护了，还要照护父母。"

4. 照护者健康状况

表3.19　　　　　　　　照护者身体状况频数分布

身体状况	健康	一般	较差	很差
样本数（个）	53	87	117	46
构成比（%）	17.50	28.70	38.60	15.20

在表3.19中，自评身体健康的照护者样本数为53个，占17.50%；身体一般的样本数为87个，占28.70%；身体较差的样本数为117个，占38.60%；身体很差的样本数为46个，占15.20%。甚至出现半失能老人照护失能老人的现象。

案例3.2（编号：LX016）　　半失能老人照护重度失能的老伴

老新镇田李村田某（女，84岁，中度失能，失能时间为10年），家坐落在熊老公路旁边不远处，是一座破旧的三间平房。照料者李某是田某的丈夫（87岁），患过轻度中风，走路也是颤颤巍巍，自己生活都难以自理，还要照料老伴儿。田某躺在床上，只有微微的一点生息。看到之后，令人心酸。李某担任村会计长达30余年，还比较乐观开朗。以下是李某的讲述：

我有两个女儿，大女儿49岁，在潜江市某镇政府当计生办主任。我的这个女儿能力强，镇干部都服她。小女儿40岁，在福建打工。两个女儿都离婚了，她们每月给我们150元。

老婆子这个样子已经有十年了，主要是我在照护。今年上半年，大女儿看我们搞得造孽，把我们接到她那里住了几个月，但她太忙了，天天开会，在家里刚坐下来，电话就打过来了。做饭还是要我自己来，还不如在家里随便，就回来了。女儿们也困难，小女儿在外打工，还带一个小孩。

大女儿一个月三千块钱工资，小孩又没有结婚，管了小的，还要管老的。我也不想找她们。

老伴儿总说，"我还不死，还要活着?"她活着也难受，没有办法想，只想死，今天不知明天的事，想死又死不了。她喝过农药，被人发现之后，送到老新卫生院洗肠子，没有死成，还花了几千块钱（按潜江市规定，新型农村合作医疗不报销老人的自杀费用）。去年，她拿根绳子想上吊，被我看见了，我把绳子抢了过来。今年，她一个人爬到河里想滚水，被人发现了，又拖了上来。她活着造孽，但你又不能看着她死。我年纪大了，体力也差，提不动水，就喊隔壁的人来帮我一起担（在交流过程中，我看到她路过门前，是一位年近九十的老女人，手上挂着一根拐杖，佝偻着背，几乎与地面平行）。前几天，我走路一不小心，在屋檐下摔倒了，想爬都爬不起来。她（邻里的老女人）过来一个人弄不动，就跑到公路上，叫年轻人才把我弄起来。要再不弄起来，说不定，我就再爬不起来了，我要死了，她也活不成了。

5. 照护者文化水平

表 3.20　　　　　　　　　　照护者文化水平频数分布

文化水平	文盲	小学	初中	高中及以上
样本数（个）	157	94	44	8
构成比（%）	51.80	31.00	14.50	2.60

在表 3.20 中，照护者属于文盲的样本数为 157 个，占 51.80%；小学文化水平的样本数为 94 个，占 31.00%；而初中、高中及以上的样本数共 52 个，占 17.10%。可见，照护者文化水平普遍偏低。

6. 照护者职业

表 3.21　　　　　　　　　　照护者职业频数分布

职业	样本数（个）	构成比（%）
农业	128	42.24
农业打工	8	2.64

续表

职业	样本数（个）	构成比（%）
经商	6	1.98
非农务工	3	0.99
农业兼农业打工	47	15.51
农业兼经商	8	2.64
农业兼非农务工	9	2.97
专职照护	94	31.02

从表3.21可见，照护者中，专门从事农业生产的样本数为128个，占42.24%，而从事与农业有关职业的样本数总计为192个，占63.37%。可见，农村失能老人照护者职业大多与农业有关。专职从事照护工作的照护者为94个，占31.02%，这些人一般来说，年龄较大，丧失了生产能力。

（二）农村失能老人家庭照护者的土地资源与经济资源

1. 家庭耕地面积

表3.22　　　　　　　　家庭耕地面积频数分布

耕地面积	0	3亩及以下	3—10亩（含）	10—20亩（含）	20亩以上
样本数（个）	98	58	94	48	5
构成比（%）	32.34	19.14	31.02	15.84	1.65

从表3.22可见，耕地面积为0的样本数为98个，占32.34%，主要是因为家中只有老人，已经无力从事农业生产；耕地面积为3亩及以下的样本数为58个，占19.14%；3—10亩（含）样本数为94个，占31.02%；10—20亩（含）样本数为48个，占15.84%；20亩以上的样本数为5个，占1.65%。表面上看，大多数失能老人家庭农业生产负担并不太重，但联系到家庭老年人居多这一现实情况，这些农业生产对老年人而言，仍然很不容易。

2. 家庭收入

表 3.23　　　　　　　　家庭收入频数分布

收入（元）	2000 及以下	2001—10000	10001—30000	30001—50000	50000 以上
样本数（个）	42	97	90	55	19
构成比（%）	13.86	32.01	29.70	18.15	6.27

调查样本家庭年平均收入为 1.715 万元，表明家庭收入仍然处于较低收入阶段。从表 3.23 可见，收入在 10000 元及以下的样本数为 139 个，占 45.87%，甚至有 13.86% 的样本年收入在 2000 元及以下。从家庭收入来源看，有 80 个样本（占 26.32%）收入完全来源于新农保以及子女捐赠。甚至有些双老人家庭收入完全依靠政府投入的新农保和低保。收入在 50000 元以上的样本数为 19 个，占 6.27%。表明农村高收入家庭仍然只是少数。

（三）农村失能老人家庭照护者资源的基本特征

通过以上分析发现，农村失能老人家庭照护者的人力资源呈现出年龄老化、健康状况较差、文化水平偏低等特点，而照护者家庭经济收入仍处于较低水平，一些照护者虽然年龄较大，但仍然需要从事农业生产。

五　调查地区农村失能老人家庭照护者的外围支持网

农村失能老人家庭照护者的外围支持网包括非正式支持网与正式支持网，其中，非正式支持网主要是失能老人子女以及邻里对照护者的支持，而正式支持网则是法律支持、制度与体系支持以及政府机构支持等。

（一）调查地区农村失能老人家庭照护者的非正式支持网
1. 失能老人的子女

失能老人的子女对于帮助失能老人家庭照护者具有不可推卸的责任，因此，是照护者可以利用的资源。以下对失能老人的子女资源的数量、是否在外定居工作以及家庭经济状况进行描述性分析。

（1）老人的子女数量

儿女是照护失能老人的重要人力资源。研究儿女数量对失能老人照护的影响，具有重要意义。

表 3.24　　　　　　　　失能老人儿女数量频数分布

儿女总数	1	2	3	4	5	6	7 个及以上
人数（个）	28	27	46	67	74	41	26
构成比（%）	9.06	8.74	14.89	21.68	23.95	13.27	8.41

表 3.25　　　　　　　　失能老人儿女数量比较

	平均	最多	最少
儿子数	2.26	6	0
女儿数	1.93	7	0
总数	4.19	9	1

在本项目调查中，农村失能老人平均子女数为 4.19 个，其中，最少的 1 个（出于研究的目的，本项目调查排除了没有子女的老人），最多的 9 个。平均儿子数为 2.26 个，最多为 6 个，最少为 0 个。平均女儿数为 1.93 个，最多为 7 个，最少为 0 个。而且儿子数比女儿数略多。多子女现象与以前没有实行计划生育制度有关。从表 3.24 可见，子女数为 1—2 个的为 55 个（所占比例为 17.80%），子女数为 7 个及以上的为 26 个（所占比例为 8.41%），73.79% 的失能老人子女数为 3—6 个。对于当前的失能老人而言，他们仍然生活在多子女背景下。可以预见，未来若干年之后，在老龄化与少子化双重冲击下，失能老人照护对家庭生计的影响与冲击将更加严重。

（2）失能老人子女的生存状态

第一，儿子最高文化水平

表 3.26　　　　　　　　儿子文化水平频数分布

文化水平	文盲	小学	初中	高中	大专及以上	无儿子
样本数（个）	2	90	118	46	21	26

续表

文化水平	文盲	小学	初中	高中	大专及以上	无儿子
构成比（%）	0.66	29.70	38.94	15.18	6.93	8.58

注：本调查中所指的文化水平是指毕业或者肄业，比如，上过一年小学，即可认定具有小学文化水平。其他初中、高中、大专等同样以此为界定原则。

本项目研究了老人儿子的最高文化水平，从表3.26可见，在303个调查样本中，有26个样本老人没有儿子，占8.58%；2个样本老人儿子最高文化水平为文盲，占0.66%；90个样本老人最高文化水平为小学，占29.70%；118个样本老人儿子最高文化水平为初中，占38.94%；46个样本老人儿子最高文化水平为高中，占15.18%；21个样本老人儿子最高文化水平为大专及以上，占6.93%。可见，老人儿子的文化水平普遍不高。

第二，女儿最高文化水平

表3.27　　　　　　　　　女儿文化水平频数分布

文化水平	文盲	小学	初中	高中	大专及以上	无女儿
样本数（个）	46	151	60	10	1	35
构成比（%）	15.18	49.83	19.80	3.30	0.33	11.55

从表3.27可见，在303个调查样本中，有35个样本老人没有女儿，占11.55%；46个样本老人女儿最高文化水平为文盲，占15.18%；151个样本老人女儿最高文化水平为小学，占49.83%；60个样本老人女儿最高文化水平为初中，占19.80%；11个样本老人女儿最高文化水平为高中、大专及以上，占3.63%。通过与儿子最高文化水平进行对比，女儿文盲与小学文化水平比例明显偏高，而初中、高中以及大专及以上比例明显偏低，表明在以前重男轻女的背景下，女儿比儿子受到的教育更低。

第三，儿子在城市定居情况

表3.28　　　　　　　　　儿子在城市定居频数分布

定居	是	否	无儿子
样本数（个）	49	254	26

续表

定居	是	否	无儿子
构成比（%）	16.17	75.25	8.58

从表3.28可见，样本老人中，49个样本老人有儿子在城市定居，占16.17%；而254个样本老人没有儿子在城市定居，占75.25%。研究结果表明，湖北潜江城市人口转移仍有较大空间。

第四，女儿在城市定居情况

表3.29　　　　　女儿在城市定居频数分布

定居	是	否	无女儿
样本数（个）	47	221	35
构成比（%）	15.51	72.94	11.55

从表3.29可见，样本老人中，47个样本老人有女儿在城市定居，占15.51%；而221个样本老人没有女儿在城市定居，占72.94%。通过对比，女儿与儿子在城市定居比例大致相当。

虽然有些老人有子女在城市定居，但调查样本中，只有2个老人照护者有将老人送城市子女处养老照护的意图，绝大多数照护者没有这方面的打算。究其原因，大多数老人对城市生活不习惯，"上下楼不方便，像关在笼子里""与儿媳关系搞不好"等。

第五，是否有儿子在外打工

表3.30　　　　　是否有儿子在外打工频数分布

定居	是	否	无儿子
样本数（个）	143	134	26
构成比（%）	47.19	44.22	8.58

从表3.30可见，在303个样本老人中，143个老人有儿子在外打工，占47.19%；134个样本老人没有儿子在外打工，占44.22%。表明，在有儿子老人中，有近一半的儿子在外打工。

案例 3.3（编号：XK028）
子女们外出谋生，老年照护者更加艰难

熊口镇夏桥村 2 组刘某（男，80 岁，重度失能，失能时间为 8 年），主要照护者为刘妻（80 岁）。刘妻身体也不健康，老两口住在一栋老式平房中。访谈是在调查员与刘妻之间进行的，以下是刘妻讲述：

我有 3 个儿子和 3 个女儿，大儿子 60 岁，二儿子 50 岁并给别人做了上门女婿，三儿子 48 岁，他的妻子已经过世了。3 个儿子都在惠州喂猪。3 个女儿嫁在石阳村、新农村和五星村，大女儿和二女儿在家种田，小女儿在惠州跟她的几个哥哥一起喂猪。

老头子这个样子已经 8 年了，都是我在照护。我的 3 个儿子都有孝心，都说要我们不种田了，但怕儿媳妇们说，就还种了 1 亩多的口粮田。我的 3 个姑娘都好，一有时间就过来帮我们洗衣服、洗澡，我种的亩把田，也是她们来帮我的忙。去年，听说老头子快不行了，几个儿子女儿都说要回来，后来，老头子又好过来了，才没有回来。

我年纪大了，身体不好，浑身痒，老头子要出来坐一会儿，我都拖不动，就是气力跟不上了。其他的，我也没有什么要求，钱我也不要，您看我们还能活几年，要钱干什么？

第六，是否有女儿在外打工

表 3.31　　　　　　　　　是否有女儿在外打工频数分布

定居	是	否	无儿子
样本数（个）	98	170	35
构成比（%）	32.34	56.11	11.55

从表 3.31 可见，在 303 个样本老人中，98 个老人有女儿在外打工，占 32.34%；170 个样本老人没有女儿在外打工，占 56.11%。通过与儿子在外打工情况进行对比，女儿留在家中的比例明显高于儿子。可能是因为受传统观念影响，妇女更适合在家中从事务农和照料老人小孩的事情，而在外打拼挣钱方面，男人更为合适。

第七，儿子经济情况

表 3.32　　　　　　　　儿子经济情况频数分布

定居	较好	一般	较差	无儿子
样本数（个）	117	115	25	26
构成比（%）	38.61	37.95	8.25	8.58

从表 3.32 可见，在 303 个调查样本中，经济条件最好的老人儿子中，较好的样本数为 117 个，占 38.61%；一般的 115 个，占 37.95%；较差的样本 25 个，占 8.25%。照护者对儿子家庭经济评价较高，这主要是因为湖北潜江这些年经济发展较快，尤其是这些年实施富民政策与惠民政策以来，使大多数农民得到了实惠，对生活也比较满意。因此，笔者所到之处，受访的村民对党和政府的政策无不交口称赞。

案例 3.4（编号：LX015）　老年照护者大多能够体贴儿女们生活的艰辛

老新镇刘场村 10 组李某（男，79 岁，中度失能，失能时间为半年）。李胜本的家离西湾湖农村只有 2 里路，是一间老式三间房。老头子失能了，洗澡要老伴儿帮忙洗。照护者是老伴儿（70 岁），身体很不健康，但就这样，两口子还种了 6 亩地。老人失能的当天都在地里喷洒农药，回来之后，在屋檐下摔了一下，就中度失能了。两个老人育有 2 个儿子和 3 个女儿。长子在武汉打工，次子在杭州打工，长女嫁在老新卖杂货，离这里比较近，有时还买点儿菜来给两个老人（但从未给钱）。次女嫁在渔洋，小女嫁在监利，她们离这里远，又有自己的家，基本上不管老人。以下为李某讲述：

以前我们都闹得，就没有要两个儿子管，两个儿子对我们都蛮好，你找他们要，他们也给钱。但他们经济条件都不好，别人都盖了房子，我的两个儿子还没有盖。我狠不下心来找他们要。我在地上摔倒后，就成这个样子了，为了不耽误他们在外面打工，我好几个月都没有告诉他们。我现在一天到晚就靠老伴儿，今年把田种完后，明年就不种了。

第八，女儿经济情况

表 3.33　　　　　　　　女儿经济情况频数分布

定居	较好	一般	较差	无女儿
样本数（个）	105	135	28	35
构成比（%）	34.65	44.55	9.24	11.55

从表 3.33 可见，在 303 个调查样本中，经济条件最好的老人女儿中，较好的样本数为 105 个，占 34.65%；一般的样本数为 135 个，占 44.55%；较差的样本数为 25 个，占 9.24%。照护者对女儿与儿子家庭经济评价差距不大。

（3）失能老人子女提供的支持

第一，儿子对照护者提供支持的方式

表 3.34　　　　　　　　儿子提供照护帮助方式频数分布

帮助方式	轮流照护	资金	物资	劳务	偶尔照护	不管	无帮助资源
样本数（个）	32	81	87	17	22	76	52
构成比（%）	10.56	26.73	28.71	5.61	7.26	25.08	17.16

注：样本数统计标准：比如，资金帮助样本数，即只要有过资金帮助的，计作 1 个样本。其他依此类推。因为有些子女同时提供了几种帮助，因此，比例之和大于 100%。

从表 3.34 可见，在 303 个调查样本中，有 52 个照护者没有相应的老人的儿子资源，所占比例为 17.16%。

在儿子提供的几种帮助中，儿子提供物资、资金帮助的比例最高，分别为 28.71% 和 26.73%。而提供劳务帮助的比例最低（占 5.61%），可能是因为大多数老人还是比较缺钱和粮食，而一般老人照护者在家中，农活相对较少，而家务活又不太愿意麻烦儿子。这也表明，儿子提供的帮助项目，还是比较符合老人需求的，做到了对症下药。

有 32 个样本老人的儿子提供了轮流照料，占 10.56%。一般兄弟几个，而且都在家中时，会对老人的照护时间进行分配。比如，兄弟姐妹之间每人照料 10 天，或者 1 个月。这样大家都显得比较公平，谁也不吃亏。笔者在调查中还发现一种现象，为了体现兄弟之间照料老人的公平性，对失能老人轮流照护的天数有的非常短。比如，一些重度失能老人，几个兄弟之间进行轮流照护，规定每家照护2天。这样，如果哪天老人突然过世了，那个即使多照料了2天的，也不至于吃太多的亏。这也说明失能老人照护给家庭生计所造成的影响是较大的。偶尔照护的样本数为22个，所占比例为7.26%，一些较长时间在外打工的儿子，如果暂时回到家中，会偶尔照护一下父母，尽一下孝心。

值得注意的是，有76个样本老人有儿子但不提供任何帮助，所占比例为25.08%。究其原因，一些儿子管了其他老人，按照农村的规矩，就可以不再管样本老人了。而另一些儿子则可能是因为生计压力，无法尽到照护老人的义务，因此，这常常成为兄弟之间吵架的一个导火索。

另外，58个样本老人的照护者从老人儿子处在资金、物资、劳务以及偶尔照料4个项目中，获得了两种及以上的帮助（如表3.35所示）。可见，获得2种以上帮助的最多，而能够获得3种及以上帮助的样本较少。

表3.35　　　　　儿子提供两种及以上照护支持频数分布

帮助种类	2种帮助	3种帮助	4种帮助
样本数（个）	53	4	1
比例（%）	17.49	1.32	0.33

在儿子提供资金帮助、物资帮助的数量频率中（如表3.36所示），49.38%（样本数为40个）的老人照护者得到的资金帮助频率较少；51.72%（样本数为45个）的老人照护者得到的物资帮助频率较少。这些帮助一般也只在逢年过节时才有，而且钱数一般在100元左右。而一年定期、定额出钱在800元及以上的样本数为30个，所占比例为37.04%。经常给物资的样本数为23个，所占比例为26.44%。

表3.36　　　　　儿子资金帮助与物资支持频数分布

	资金			物资		
	较少	一般	较多	较少	一般	较多
样本数（个）	40	11	30	45	19	23
构成比（%）	49.38	13.58	37.04	51.72	21.84	26.44

注：资金数量定义：较少=300元以内；一般=300—800元；较多=800元及以上。物资数量定义则以照护者自己评价为准。

案例 3.5（编号：XK026）　　儿女们生活艰难，老人难以得到更多的关照

熊口镇李场村 9 组李某（男，79 岁，重度失能，失能时间为 6 年）。照护者为其妻子（79 岁）。李大进吃喝拉撒都在床上，属于典型的重度失能老人。老人住的房子是儿子房子后的一间杂物间。儿子的房子本来就比较小、比较低矮，而后面的杂物间则更小。访谈是在调查员与李妻及儿子儿媳之间进行的，以下是老人与儿子儿媳们共同讲述：

老头子大小便都在床上，到今年已经睡了六个年头了，老头子浑身是病，时间长了，也不想给他看了。屋里臭得不得了，邻里们都怕进去的，我一夜要帮老头子上五六次厕所，我年纪又大，79 岁了，身体也差得很，腰痛了，动都动不得了。家里人也帮不了我什么忙。我有 2 个儿子和 5 个女儿。大儿子 52 岁，但结婚之后，一直没有生育，就收养了一个女儿。去年出了车祸，头上还留下一个大坑窝。今年以来，就没有再劳动了。收养的女儿看家里成了这个样子，也就离家出走了。二儿子 47 岁，但浑身肌肉萎缩，无力劳动，连一蛇皮袋谷都搬不动，家里的大小事情都是他的屋里的动手，去年盖一栋楼房，还欠别人 5 万多元外债没有还。2 个儿子都难，我也不好意思找他们要。5 个女儿嫁在熊口农场、莲市村、李场村等。可是她们各有各的家，经济困难的，根本不管老人，经济稍好一点的，给老人一点零花钱。几个女儿一年也背点粮食来，不够的时候，有时也要我们自己买点粮食。

我们都老了，今日不知明日的事，就是两个儿子叫我担心，如果上面要帮助，就不要帮助我们，还是帮助我的两个造孽儿子。

案例 3.6（编号：LX030）　　儿子儿媳妇不孝，老人充满怨恨

老新镇举子河村 4 组胡某（女，74 岁，中度失能，失能时间为 4 年）。照护者是胡的老伴儿（81 岁，身体不健康）。老两口住在一间老式三间平房中。老人育有 4 个儿子和 2 个女儿。以下是胡的老伴儿讲述：

儿子们不太孝顺，不关心我们。现在的儿子们只要老人能动，就不会管你，别人一说儿子有四五个，可他们一个都不管我们。我一年上头也不找他们。小儿媳也可怜，从小患风湿病，不到 50 岁就瘫痪在床上，政府要照顾，就照顾一下她。女儿有时还买点东西过来。

如果政策许可，想把老婆送到养老院去，儿女们在外打工，没有空，不得闲，我又没有能力管。只怪自己命长。

第二，女儿对照护者提供支持的方式

表 3.37　　　　　　女儿提供照护帮助方式频数分布

帮助方式	轮流照护	资金	物资	劳务	偶尔照护	不管	无帮助资源
样本数（个）	1	93	152	66	25	37	49
构成比（%）	0.33	30.69	50.17	21.78	8.25	12.21	16.17

从表 3.37 可见，失能老人无女儿帮助资源样本数为 49 个，占 16.17%，略低于失能老人无儿子帮助资源比例（17.16%），这就与老人儿子比例略高于女儿比例相吻合。轮流照护样本数为 1 个，占 0.33%，这一比例明显低于儿子提供的轮流照护比例，这是因为女儿出嫁之后，按农村风俗习惯，就已经免去了照护老人的义务，加之女儿一般离父母距离较远，因此，对老人的轮流照护较少。

但女儿在其他几个指标方面则要高于儿子。女儿在提供资金帮助方面比例为 30.69%，略高于儿子；偶尔照护比例为（8.25%）也略高于儿子；而不管老人的比例（12.21%）则明显低于儿子。在提供物资帮助（50.17%）、劳务帮助（21.78%）这两个指标上，则明显高于儿子。这表明女儿除了轮流照护这方面比儿子少之外，在提供资金、物资、劳务等方面的帮助则要多于儿子。有些失能老人照护者从来不给老人洗衣服、洗澡，老人这方面的服务都是女儿过来完成的。可能是因为女儿出嫁之后，大多对娘家存在依恋心理，而且女儿比儿子心细，尤其是女儿与母亲关系要比儿子走得近，因此，女儿比儿子管老人可能要更多一些。

如表 3.38 所示，女儿提供资金较多的比例达 62.37%；提供物资较多的比例达 59.87%。这两个方面都要多于儿子。这也难怪一些失能老人讲："养儿不如养女，女儿比儿子有孝心。"

表 3.38　　　　　　女儿资金帮助与物资帮助频数分布

	资金			物资		
	较少	一般	较多	较少	一般	较多
样本数（个）	15	20	58	23	38	91
构成比（%）	16.13	21.51	62.37	15.13	25	59.87

案例 3.7（编号：LX076） 高龄失能老人往往受子女们嫌弃

潜江老新镇三垱村 5 组张某 90 岁（瘫在床上，重度失能，失能时间为 1 年），老人除了瘫痪这一问题之外，没有发现其他方面的疾病。张有 3 个儿子、2 个女儿。长子 60 岁，次子 58 岁，三子 52 岁。长女 50 岁，次女 48 岁。三个儿子每人轮流照料，每家管 10 天。长女在潜江打工，偶尔也过来照料几天，次女在徐李中学当职工家属，离老人比较近，每隔 3 天就骑电动摩托车过来帮忙洗头、洗澡、洗衣、洗床单。长子虽然 60 岁，但身强力壮，作为主要照护者之一，他向笔者说："有罐头、水果这样的好东西不能给她吃，免得她营养好了，老活着。"在照料老人方面，几个儿子和女儿都十分厌烦。

2. 亲戚邻里

（1）照护者在村上亲戚本家数量情况

表 3.39　　　　照护者在村上亲戚本家数量频数分布

数量	较少	一般	较多
样本数（个）	96	31	176
构成比（%）	31.68	10.23	58.09

注：较少 = 10 户及以下；一般 = 11—20 户；较多 = 21 户及以上。

从表 3.39 可见，照护者在村上亲戚本家数量较多的占 58.09%；一般的占 10.23%；而较少的占 31.68%。表明农村仍然是一种典型的按亲缘与血缘居住的生存状态。

（2）照护者与邻里关系

表 3.40　　　　照护者与邻里关系频数分布

数量	较好	一般	较差	邻里较远
样本数（个）	247	32	2	22
构成比（%）	81.52	10.56	0.66	7.26

如表 3.40 所示，247 个照护者与邻里关系较好，所占比例为 81.52%；32 个照护者与邻里关系一般，所占比例为 10.56%；而与邻里关系较差的

样本为2个，所占比例为0.66%。值得注意的是，22个样本周围已经没有邻里了，占7.26%。这些年潜江正在规划新农村建设，大多数年轻人要么外出打工定居，要么搬到交通方便、设施较好的地段居住，而老人们则孤独地居住在老宅中（周围要么无人，要么是一些老人）。一些年老的照护者向笔者反映："有事情时，都找不到人过来帮忙。"

案例3.8（编号：LX018）　两个老人住在周边没有邻里的老宅中

老新镇田李村9组岳某（女，89岁，重度失能，失能时间20年），照护者为其老伴儿（90岁）。儿子们都在熊老公路边上盖了楼房，而老两口还住在一个破旧的两间平房中。周围也没有邻里。老人有3个儿子、4个女儿。儿子最大的已经70多岁，女儿中，最大的也60多岁。3个儿子除了给米、菜、油，有时也给点钱。其他方面则基本不管。以下是岳某老伴儿讲述：

老婆子这个样子都已经20年了，要不是我管，她早就死了。儿子也来接了我们几次，要我们到他们楼房住，但他们每天天不亮就起床，又不和我们一起吃饭，我们就住在这里，两个人磨一天算一天。以前的邻里都搬到公路边上住楼房了，这里只剩下我们两个老人了，想找人帮忙都找不到。

（3）邻里亲戚对照护者提供的支持

第一，邻里亲戚提供支持的频数

表3.41　　　　　照护者从邻里亲戚处获得帮助频数分布

数量	经常	一般	无
样本数（个）	19	127	157
构成比（%）	6.27	41.91	51.82

从表3.41可见，只有19个样本照护者经常获得邻里亲戚的帮助，比例为6.27%；而157个样本照护者没有获得邻里帮助，比例为51.82%。因此，有些照护者讲，"各人只管自己的老人，别人的老人，他是不会管的"。尤其是一些长期失能老人，比较脏，"别人看到就躲"。甚至有些失能老人坐过的凳子，年轻人都会把它当垃圾扔掉。

第二，邻里亲戚提供支持的方式

表3.42　　　　　照护者从邻里亲戚处获得帮助的方式分布

方式	偶尔照料	资金	物资	劳务	问候
样本数（个）	7	1	18	106	40
构成比（％）	4.79	0.68	12.33	72.60	27.40

注：频数统计方法是，只要邻里提供了帮助，则统计。因为有些邻里提供了多种形式的帮助，因此，比例之和大于100%。

邻里对失能老人的偶尔照护大多是照护者出门有事情，会委托邻里顺便帮忙看管一下。而物资帮助方式主要是提供食物。劳务帮助方式大多是当天黑或者下雨时，帮忙收衣服，老人倒在地上之后，帮忙扶起来，等等。由表3.42可见，在146个获得了帮助的样本中，劳务帮助样本为106个，占72.60%。问候样本为40个，占27.40%。而其他方面得到的帮助较少。可能是因为各家都有自己的生计压力，因此，帮助的方式也大多是"出力不出钱"。

第三，邻里亲戚提供支持的作用

表3.43　　　　　邻里帮助作用的频数分布的方式分布

作用	较小	一般	较大
样本数（个）	61	45	40
构成比（％）	41.8	30.8	27.4

从表3.43可见，照护者评价帮助作用较小的占41.8%，帮助作用一般的占30.8%，而认为帮助作用较大的占27.4%。因为大多数邻里的帮助都是顺便的，对邻里也没有造成多大影响，所以，对帮助作用评价相对较小。

在调查中，笔者发现，如果老人家中没有直系亲属在身旁，而且老人还不是中度或者重度失能时，邻里帮助作用非常显著。

案例3.9（编号：LW080）　　邻里是重要的支持资源

龙湾镇腰河村2组庞某（女，71岁，部分失能，丧偶，失能时间为1

年)。庞某的家是一栋三间老式平房,平房是儿子盖的。老人有2个女儿和1个儿子。两个女儿分别是48岁和46岁,都嫁在江汉油田,女婿中,一个在开商店,一个在修车。儿子则在江汉油田广华寺做泥瓦工。老人的日常生活照护中,邻里发挥了重要作用。访谈是在调查员与邻里之间进行的。

庞某部分失能,能够拄着拐棍慢慢走,穿衣、洗澡、上厕所等也能自己完成(尽管完成起来比较艰难),但做饭、做菜等十分困难。老人失能以来,在江汉油田两个女儿家里住了10个多月,主要由两个女儿照料,但去年住院看病花的钱都是儿子出的。近1个多月来,老人不习惯在广华的生活,就回到了家里,有什么事情则由邻里帮忙。邻里热心肠,都比较乐意帮忙,经常把做好的饭菜送给老人吃。

**案例3.10(编号:XK065)　　邻里是重要的支持资源,
但他们也有自家的事**

熊口镇李场村7组李某(女,83岁,部分失能,失能时间为16年)。李冬英的家是一栋又小又破旧的老式平房。李冬英又聋又瞎,独居在家里。访谈主要是通过与邻里交流完成的,各位邻里讲述:

老人曾经有过1个儿子和3个女儿。老人家里以前红火得很,儿子以前在龙湾卫生院当医生,1983年"8·18"打拐时,与一名护士有一点关系,因为担心被打拐,两个人投河淹死了。媳妇也改嫁了,只留下一个孙子,他结婚的时候很困难,就连这间房子都是村上的几个本家帮忙盖的。这个孙子在外面打工,也有好多年不回来看他的奶奶了。老人的大女儿也60岁了,嫁在李场村9组。也在种田,都有孙子了。去年她的儿子被一个精神病人打了,没有心情照护老娘。老人以前也在大女儿家里住过一段时间,但儿子被打之后,就回到这里了。大女儿又不会骑车,只能走来,一个月就来个三四次。

老人的二女儿50多岁,以前也在二女儿家里住过一段时间,但二女儿得了膀胱癌,前年也死了。小女儿40岁,嫁在老新镇田李村,但两口子关系不好,总吵架。老人在田李村住了一段时间后,被女婿赶回来了。到大女儿家也过不好,就只好回来了。

这一年多,老人主要靠了邻里们照料。我们这里的邻里们关系非常好,只要老人没有吃的,就送菜送饭,有大事就通知她的大女儿过来,平时买米买菜都是邻里帮忙。邻里们忙的时候,就把米和菜给老人自己弄。

老人是瞎子，就把自来水装在老人睡的那间房里，老人要上厕所，就用一根木棍从床头牵到厕所，老人扶着棍子就可以自己去了。

周围的几家人都是老人了，我们几个身体都有问题，我就有肺气肿、心脏病等好几种病，不能下地做事，老头子你一看像个好人，其实也浑身是病。我们还有2个孙子也要我照料，只能尽力帮点忙。

(二) 调查地区农村失能老人家庭照护者的正式支持网

从政府的政策层面与实地调查结果看，农村失能老人家庭照护者已有的正式支持网主要包括：地方性政策法规、政府与社区管理机构、资金支持、服务体系以及养老院等。如表3.44所示，潜江市农村家庭照护者正式支持体系现状与问题具有以下几个方面特征：

表3.44　　　潜江市农村家庭照护者正式支持体系现状与问题

内容	现　　状	问　　题
地方性政策法规	以执行国家与省政策为主	没有地方性政策法规
政府职能	在政府、民政部门有专门负责老龄问题的职能机构	重视程度不够，没有政府购买服务
社区（村委会）	有干部负责老龄问题	不重视老年人问题、办事不公平
资金支持	没有专门性资金补贴	家庭照护者承担了全部照护成本
服务体系	市区有居家养老服务体系，但数量较少、提供的服务较少。长期照护服务体系还是空白	农村居家养老服务体系为空白
养老机构	正在建设潜江市老年托养中心（优抚医院），农村医养结合正在试点，但养老机构数量少、不收养有子女的失能老人	有子女的失能老人很难进公办养老院，同时，大部分家庭不愿意将老人送养老院

1. 政策法规

受经济实力的影响，潜江市以执行国家与省政策为主，没有像上海、苏州等城市那样出台地方性政策法规。

2. 政府与社区管理机构

（1）市（镇）政府管理机构提供的支持

潜江市政府与各镇政府有副市长（副镇长）专门负责老龄问题，在市民政局有专门负责老龄工作以及城乡居民最低生活保障工作的职能科室，这2个科室都有相应职能为失能老人提供一定的支持。在各镇民政办公室则有与市民政局相对应的服务职能。但老龄工作科的服务对象以城镇退休人员为主，较少为农村老年人提供服务。而在提供最低生活保障方面，主要以家庭困难、鳏寡孤独等弱势家庭为服务对象，较少考虑一般家庭以及老人的失能等因素。

（2）村委会社区提供的支持

村委会是为失能老人家庭提供服务的基层组织，但笔者在实地调查中发现，村委会为照护者提供的支持主要以向镇民政办推荐低保为主，支持方式单一且不公平。在303个调查样本中，99个照护者反映村委会提供了帮助，占32.67%；204个照护者反映村委会没有提供任何帮助。而在99个样本中（如表3.45所示），90个样本照护者反映村委会的帮助方式就是推荐低保，占90.91%。

笔者在调查期间发现，绝大多数照护者对村委会推荐低保十分不满。很多村民反映，村委会在推荐低保中，较少考虑老人失能因素，而较多地考虑了家庭与村干部的关系。一些有关系、经济条件好的家庭吃低保，而真正困难、老人失能的家庭反而没有享受低保待遇。"谁有关系、谁狠，村干部把低保给谁。"另外，很多村干部对扶持老人家庭照护者认识上存在误区，认为老人有子女，村委会就不需要为老人提供服务。因此，绝大多数受访者对村委会怨言很大，认为村委会没有起到多大的帮助作用。

表3.45　　　　　　　　　村委会提供帮助频数分布

帮助方式	资金	物资	劳务	推荐低保
样本数（个）	4	4	1	90
构成比（%）	4.04	4.04	1.01	90.91

案例3.11（编号：LX081）
失能老人对邻里与村委会的支持心存感激

老新镇刘场村2组陆某（女，生于1948年，轻度失能，丧偶，失能时间为16年）。丈夫已经过世10年，16年中，两个弟弟、儿女以及邻里等都发挥了重要作用。陆某是首批武汉下乡知识青年。下乡后，与刘场村农民结婚，并定居于刘场村。并育有一女一儿。女儿42岁，儿子37岁。

陆某早年在刘场小学担任小学老师，后招工到老新制革厂当工人。因此，每月有1000元退休工资。陆某的家是一间并不高大的三间平房。调查员去的时候，陆某一个人坐在厨房里。陆某能够慢慢扶着板凳上厕所（在家中的便桶中），在夏天还能穿衣服（但在冬天不能穿），她的问题最早产生于1996年，全身还有疾病，主要是类风湿、高血压、骨坏死等。以下是陆某讲述：

我老家在武汉彭刘杨路，是最早的一批下乡知青。我1996年就落下了这一身病，丈夫10年前就去世了。亏了我的两个弟弟，我的一个弟弟还在武汉一家商场当董事长。他们给我买药，还把我接到武汉住了几年。住在武汉老家时，弟妹们都不高兴。我只好说，"只怪我得了这一身病，命不好，只能麻烦你们"。这些年，两个弟弟身体也不好，一个得了心肌梗死，一个得了胃糜烂转胃癌，两个弟弟也照顾不了我了，我只好回来了。

这几年，主要是女儿与儿子照料我。女儿今年42岁，已经离婚，单独带小孩生活，小孩今年也要上学了。家中没有钱交小孩的学费了，就到西安找工作了，说到西安赚到小孩学费后，就回来照料我。女儿长得矮，只有一米四几，我在武汉时，别人看她矮，都不要她。她也想在西安租廉租房，好把我接过去照料，但听说要送8000块钱的礼，不送礼就弄不到。

儿子37岁，在周矶驾校帮忙开车，有一个儿子，他的岳母有糖尿病，也瘫在床上，他爱人专门照料她的妈妈，也上不了班，家里经济困难。儿子时常回来帮我弄点菜，洗澡、洗衣服（一般夏天10天回来一次，冬天1周回来一次）。儿子回来一次后，把饭菜弄好，再由邻里我的妯娌帮我，就可以管我几天。

我的邻里妯娌对我蛮好，我平时吃饭、冬天穿衣穿鞋都是他们帮忙。没有几个邻里，我真不知道该怎么办才好。村里的干部也好，前几年为了盖这间房，村里给了我们5000元钱。

3. 制度支持体系

照护者资金补偿制度、居家养老服务体系与长期照护服务体系是失能老人家庭照护者三项重要的制度支持体系，但在湖北潜江农村，这些制度都还是空白。

4. 养老机构提供的支持

2015年4月，根据湖北省相关政策，潜江市出台了《关于加快发展养老服务业的实施意见》（潜政发〔2015〕15号），正在建设潜江市老年托养中心（优抚医院）等。医养结合已经开始试点，但潜江市绝大多数养老院是隶属于民政部门、并由政府拨款的事业单位，公办养老院基本上以收养生活自理的老人为主，不收养有子女的失能老人，因此，一些家庭虽然有将老人送镇办养老院的想法，但养老院往往不接收。民营养老院虽然收养失能老人，但民营养老院主要集中在城镇，而且收费较高、数量较少。

另外，由于经济原因，大部分家庭照护者不愿意将老人送养老院，或者老年人自己也不愿意上养老院。因此，有子女的农村失能老人得到养老机构照护的比例较低。

（三）调查地区农村失能老人家庭照护者社会支持中的问题及原因

1. 调查地区农村失能老人家庭照护者社会支持中存在的问题

潜江市正式支持网与非正式支持网的发展中，还存在一些问题，体现在以下几个方面：

（1）社会支持的供给能力弱，针对失能老人的专门性政策措施仍然为空白

潜江市家庭照护者社会支持体系建设落后于上海、苏州等城市，社会支持的供给能力严重不足。在潜江，经济发展依然缓慢，各级政府对老龄工作的重视程度不够，家庭照护者资金补贴、服务补贴制度都没有建立起来，农村服务体系几乎还是空白，而针对失能老人的专门性政策措施还没有提上议事日程。家庭照护者承担了几乎所有成本。

（2）在生计发展环境与生活质量方面，农村失能老人家庭照护者受到的影响最大；在社会支持系统方面，农村最弱

在我国广大中西部地区（包括调查地区），农村失能老人的家庭照护是老年人照护中最为薄弱的一个环节，体现在以下两个方面：

在生计发展任务方面，当前中西部地区农村家庭面临的发展压力最为严峻，因此，在调查地区，为了不因为自己影响家庭的发展能力，一般生活能够自理的老人都不会给子女或者配偶造成麻烦，只有丧失了生活自理能力之后，才会对家庭成员的生产与生活造成影响。与农村健康老人家庭照护者相比，农村失能老人家庭照护者付出的辛劳更多，对家庭农业生产、打零工以及外出务工等生计发展影响更大，照护者在社会交往、休闲娱乐、身体与心理健康等生活质量方面也有较大影响。

表 3.46　农村失能老人、健康老人家庭照护者生计发展环境与生活质量比较

	农村失能老人家庭照护者	农村健康老人家庭照护者
付出	经济与照护劳动上都有付出	经济上有一定的付出、照护劳动上付出少
工作与发展	从事农业生产、打零工、外出务工等都有较大影响	从事农业生产、打零工、外出务工等方面影响较小
生活质量	社会交往、休闲娱乐、身体与心理健康等影响较大	社会交往、休闲娱乐、身体与心理健康等影响较少

如表 3.47 所示，在社会支持系统方面，农村失能老人比城市失能老人得到的照护支持要差得多，城乡差距较大。

从经济支持看，潜江市农村老年人每月仅有 55 元新农保支持，面对生存压力与照护压力的深刻影响，根本无法弥补照护给家庭造成的经济损失。当前，潜江市城市失能老人家庭照护者也没有得到任何政策性资金补贴，但城市失能老人由于有相对较高的退休金，因而，能够对家庭成员的照护行为起到一定的经济补偿作用。调查地区有一位退休乡镇中学老师，每月有退休金 2000 多元，虽然失能多年，但家属仍然照护得比较周到。家属从经济角度考虑，"照护老头子比养一头猪要强，养一头猪一个月还赚不到 2000 多元"。同是失能老人家庭照护者，农村比城市照护者得到的经济补偿要少很多。

从基础设施与服务体系看，调查地区的快速城市化加剧了农村老龄化问题，但政府对农村的投入远远落后于城镇。从基础设施与服务体系看，潜江市城区居家养老服务体系正在建设中，而且城市基础设施相对较好，民营养老照护机构也要多一些，出于营利目的，这些民营机构能够收养失能老人。但潜江市农村各方面都比较短缺。相比于城市，农村家庭照护者获得的社会支持途径更为稀缺。

表 3.47　农村与城市失能老人家庭照护者社会支持系统比较

	农　　村	城　　市
经济支持	每月新农保 55 元	每月有退休金（一般 2000 元以上）
基础设施	比较欠缺	比较雄厚
服务支持	几乎是空白	养老院、居家养老服务体系正在构建中

（3）非正式支持网的作用正在弱化，针对非正式资源的正式激励机制没有及时跟进

潜江市是劳务输出大县，农村老龄化问题更为严峻，邻里与老年人子女作为两种最重要的非正式资源，对家庭照护的支持作用正在削弱。邻里资源日渐稀薄，而外出子女家庭生计压力也比较大。近年来，潜江市一些农村正在试点"老帮老"等邻里互助模式，但仅提供一块较小的场地，缺乏对提供照护的邻里的实质性支持，一些邻里互助完全出于双方情感，没有得到相应的回报，因此，成效并不显著。而子女返乡探亲等方面的政策也还在研究讨论中，在落地之前，无法起到相应作用。

2. 调查地区农村失能老人家庭照护者社会支持中薄弱的原因

（1）经济原因

经济上的差距是导致潜江市农村家庭照护者社会支持网落后于苏南等发达地区的首要原因。如表4.48所示，以常熟为例，潜江市与常熟市之间的差距十分明显。潜江市与常熟市人口数比较接近，但在地区生产总值与公共财政预算收入方面与常熟存在很大差距。正是凭借雄厚的经济实力，支撑了苏南社会保障体系的快速增长。

表4.48　　　　　　潜江市与常熟市经济实力比较（2014年）

	潜江市	常熟市	常熟/潜江
户籍人口数	103万人	106.88万人	1.04倍
地区生产总值	540.20亿元	2009.36亿元	3.72倍
公共财政预算收入	22.70亿元	147.4亿元	6.49倍

（2）社会人口结构原因

作为经济发达地区，苏州对外来人口具有较强的吸引力。"六普"数据显示，苏州外来常住人口429.15万人，占苏州常住人口的41.0%，且呈现继续增长的势头。外来人口的流入优化了苏州市人口结构、拉低了年龄层次、缓解了老龄化程度。而潜江市是中部劳务输出大县，农村社会人口结构中，青壮年比例偏低、老年人口比较畸高，农村空巢现象十分突出。因此，调查地区农村比苏州市农村老年人照护问题更加突出严峻。

(3) 政府责任原因

调查地区政府责任主要存在两个方面的问题：其一，重视程度不够。苏南等地区在经济发展后，改善民生已经成为政府的重要职能。而在调查地区，招商引资等经济发展工作仍然是历届潜江市政府的中心任务，对老年人家庭照护者社会支持问题的重视程度不够，从而，导致政府在养老照护方面的政策法规、公共财政投入等均进展缓慢，与老年人相关的各项投入落后于经济发展水平。其二，政府责任还存在"重城镇、轻农村"问题，这也是导致农村养老服务体系不健全的重要原因，从而，致使农村社会支持体系严重滞后于农村老龄化快速增长的趋势。

六 本章结论与农村失能老人家庭照护者的社会支持

（一）本章基本结论

本章研究了我国以及调查地区老年人家庭照护者社会支持网现状，得出以下一些结论：

1. 我国家庭照护者社会支持网的现状与问题

（1）政府顶层设计方面正在有序开展，但法律、政府职能等仍然严重滞后于农村老年照护需求。

（2）在家庭照护者社会支持体系建设方面，区域差距十分明显，上海、苏南等地区走在全国前列，显著强于广大中西部地区。

（3）对非正式资源的正式制度激励机制仍在探索中。

2. 调查地区农村家庭照护者社会支持网的现状与问题

调查地区农村失能老人家庭照护者社会支持体系十分薄弱，家庭照护者能够得到的社会支持十分有限。体现在以下几个方面：

（1）在政府与社区职能方面，市、镇以及农村社区等机构对农村失能老人家庭照护者的支持问题重视程度不够，而村委会服务单一且有失公平。

（2）社会支持体系的各个要素严重缺位。家庭照护者资金补偿与税收优惠制度、农村社区居家养老服务体系与长期照护体系还是空白。农村公办养老照护机构数量少且大多数不收养有子女的失能老人；而民营养老机构虽然收养失能老人，但费用超出农村家庭承受能力。

(3) 传统的非正式支持资源对家庭的支持作用正在弱化，而相关激励与配套政策没有到位。

（二）农村失能老人家庭照护者的社会支持

1. 以家庭照护为中心，构建农村失能老人家庭照护者社会支持体系

以家庭照护为中心的社会支持体系对于维护家庭照护的基础地位具有关键性意义。

如图3.2所示，农村家庭照护者社会支持体系是以家庭照护为中心的一项系统工程，这一工程包括：政府职能支持、经济支持、社会化服务体系支持以及对于非正式支持网的激励几个方面。其中，政府职能包括立法、管理以及财政等方面的职责；经济支持包括经济补偿与税收优惠等；社会服务体系包括农村居家养老服务与长期照护体系等；农村家庭非正式支持网包括邻里与老人的直系血亲等。

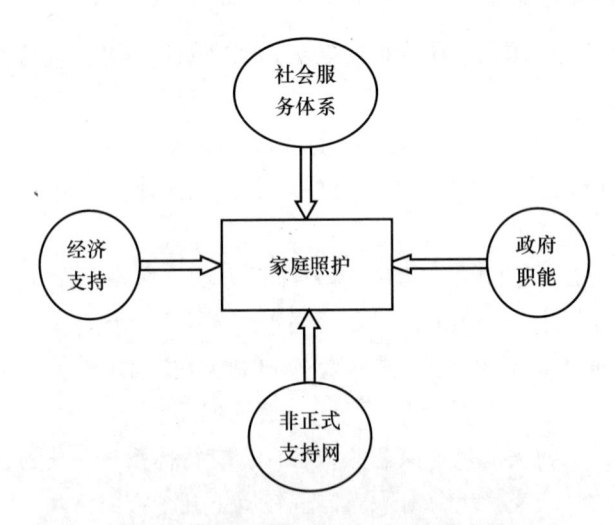

图3.2 以家庭照护为中心的社会支持体系

2. 必须用城乡一体化思路构建农村家庭照护者社会支持体系

调查地区农村青壮年人口大量涌向城市，使得农村照护需求压力显著大于城镇，而政府对农村的投入长期低于城镇，尤其是在养老公共投入方面存在较为严重的城乡差异，从而，形成养老照护服务方面的"剪刀差"现象：城镇老年人照护问题相对较轻，但财政投入较高、服务体系较健

全；而农村老年人照护问题更为严峻，但财政投入较低、服务体系缺乏。因此，在家庭照护者社会支持体系构建中，必须加大对农村的投入，以城乡一体化思路来构建农村家庭照护者社会支持体系。

第四章　调查地区农村失能老人家庭照护者的照护与生计均衡研究

农村失能老人家庭照护者生计与照护的均衡是维系家庭稳定的基础。传统的家庭成员承担了农村失能老人的主要照护职责，沉重的照护压力使照护者生计受到了巨大的破坏。构建照护者社会支持体系、保护照护者可持续生计能力对于维护家庭在照护中的基础性地位具有重要意义。

学术界对老年人照护给照护者及家庭成员的工作、就业、身体与心理健康等方面带来的影响进行了相关研究（George and Gwyther, 1986; Hirshorn, 1991; 刘岚、陈功, 2010; Pepper Commission, 1990; 蒋承、赵晓飞, 2009; 黄枫, 2012）。但现有的文献较少关注家庭照护者生计与照护之间的均衡问题。事实上，失能老人的家庭照护与照护者生计行为之间的冲突一直是一个世界性难题，家庭照护者同时承担发展生计与履行照护的双重职责，而生计与照护之间存在一种此消彼长、互相影响的关系，但学术界对此问题关注得还不够。

在当前我国城市化快速发展以及照护者生计压力不断增长的新阶段，农村失能老人家庭照护与家庭生计之间的矛盾冲突将更加突出与尖锐。本章试图探讨照护者家庭照护与生计之间的平衡问题。

本章的研究目的是探讨照护者的核心生计资源受到的影响与外围支持网对照护者生计的保护作用。本章首先，从理论上提出了农村失能老人家庭照护者生计与照护之间的一个均衡模型；其次，研究了农村失能老人家庭照护者生计破坏及其影响因素；再次，对农村失能老人家庭照护者的照护行为进行计量分析；最后，对本章基本结论进行了小结，并提出了农村失能老人家庭照护者社会支持体系的构建对策。

一 农村失能老人家庭照护者生计与照护均衡的理论分析

（一）农村失能老人家庭照护者生计与照护均衡的理论前提

本研究基于以下两个基本理论前提，如图 4.1 所示：

前提一：家庭照护者是生存理性与伦理理性的复合体。

前提二：家庭照护者生存理性决定照护者必须忙于生计；而伦理理性决定照护者必须履行照护职责。

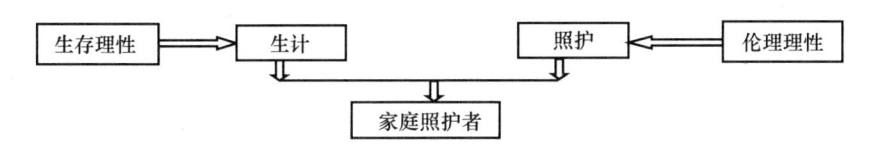

图 4.1　家庭照护者承担着生计与照护的双重压力

由图 4.1 可见，家庭照护者承担了生计与照护双重职责，照护者需要在这两者之间实现均衡。

（二）农村失能老人家庭照护者在生计与照护之间的两难决策

在农村失能老人的家庭照护中，照护者常常不得不在生计与照护之间进行两难选择：一方面，割不断的亲情驱使照护者去履行自己的照护职责；另一方面，不断增长的生存与竞争压力又迫使照护者不得不选择生计。随着我国城市化与老龄化的快速发展，照护给照护者生计行为造成的影响日趋严峻（史晓丹，2013）。构建照护者社会化支持体系、减缓照护对照护者生计的破坏性冲击对于维持照护与生计之间的平衡具有重要意义。

案例 4.1（LX035）　照护者在生计与照护之间的两难决策

老新镇三桥村孙某（男，64 岁，瘫在床上，重度失能，失能时间为 3 年）。孙的老伴儿是主要照护者（女，62 岁）。孙妻身体健康，每天都要下地从事农活，有时也到镇上卖一些小菜。老两口住在一间低矮破旧的平房中。访谈是在调查员与孙的老伴儿之间进行的，以下是孙妻的讲述：

我育有1个儿子和3个女儿，儿子在浙江卖烤鸭，还在潜江买了房。三个女儿都在外打工，女儿每逢过年时，回来给我们一点钱，其他什么的也管不了。儿子平时不管，找他要点钱，也就没有，全指望着我一个人。老头子这个样子已经3年了，一次照顾不周，就把屎和尿拉在床上，房子里都进不得人。去年，老头子想出来走一走，扶着床走了一下，没站稳，摔断了5根肋骨，在潜江住院花了好几万元。

我一边要种田，一边要照料老头子，管老头子，就走不远，只能在跟前做事，为了方便他叫我，我就把桌子放在他的床前，他一有事，就敲桌子，我就跑过来。老头子都成这样子了，脾气还大得很，你过来慢了一点，他就吼，恨不得打我一顿。

（三）农村失能老人家庭照护者的照护行为均衡的实现条件

如图4.2所示，横轴（S轴）表示生计，纵轴（T轴）表示照护。U表示照护者意愿曲线，照护者意愿由照护者亲情与家庭能力共同决定；而AB线则表示照护者家庭能力曲线，由照护者自身的精力与家庭物资条件决定。在意愿曲线与家庭能力曲线相切的点，实现了照护者的照护行为均衡。均衡条件是

$$P_S \cdot Q_S + P_T \cdot Q_T = I \tag{4.1}$$

$$\frac{MU_S}{P_S} = \frac{MU_T}{P_T} \tag{4.2}$$

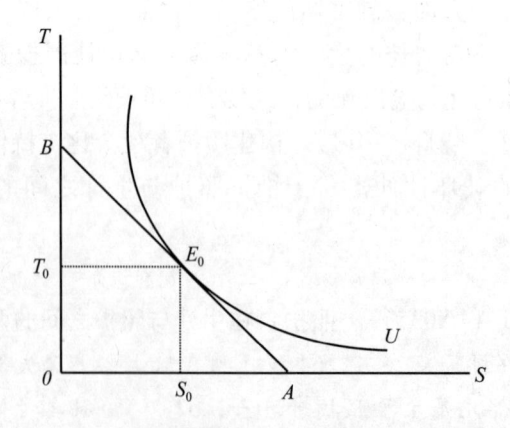

图4.2 农村失能老人家庭照护者照护与生计之间的均衡

(4.1) 式表示照护者的家庭能力约束条件，P_S 与 P_T 表示照护者从事生计与照护的效率，而 Q_S 与 Q_T 表示照护者投入在生计与照护中的数量。(4.1) 式表示，照护者的家庭能力是既定的（为 I）。MU_S 与 MU_T 表示从事生计与照护的边际意愿，(4.2) 式是照护者均衡实现的评价条件，即照护者投入在生计与照护上的边际意愿与其效率之比相等，也就是说，每一单位家庭能力不论是用于照护还是用于生计，所得到的边际意愿是相等（为 MU）。

（四）增加家庭照护者照护供给的两种途径

增加照护者照护行为是当前失能老人照护中的一个难点问题，以下分别介绍增加照护供给的两种途径。

1. 增加照护供给的途径一：减少生计

如图 4.3 所示，在照护者意愿不变的前提下，通过将生计活动量从 S_1 减少到 S_2，可以使得照护活动量由 T_1 增加到 T_2。但在家庭生计压力下，这一途径会遭到照护者强烈反感，比较难以实现。

2. 增加照护供给的途径二：提升家庭能力

在图 4.4 中，通过增强照护者家庭能力，使得家庭能力曲线从 A_1B_1 移动到 A_2B_2，均衡点由 E_1 提升到 E_2，而照护者生计活动与照护活动都同时得到了增加。这一途径是在保护了照护者生计活动的基础上，增加了照护活动量，又不会遭到照护者反感。

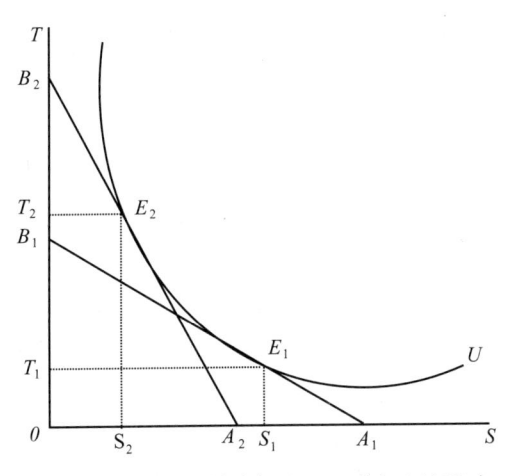

图 4.3 增加照护的途径之一：减少生计活动

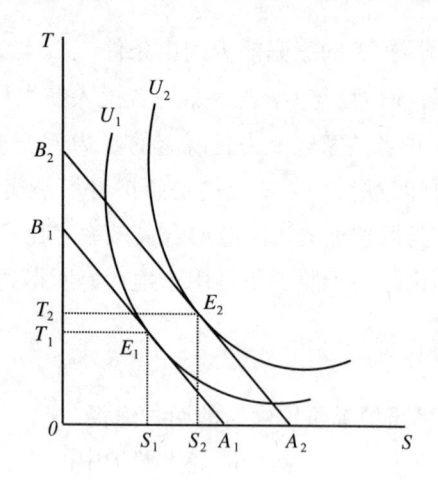

图 4.4　增加照护的途径之二：提升照护者家庭能力

显然，通过比较以上两种增加照护供给的途径，途径二应当是我们新时期扶持家庭的政策选择。

二　调查地区农村失能老人家庭照护者的生计破坏

（一）农村失能老人家庭照护对照护者生计破坏的案例分析

案例 4.2（LX031）　失能老人照护影响了照护者打短工与休息

老新镇马长岭村 9 组全某（91 岁，瘫在床上，重度失能，失能时间为 3 年）。老伴儿早已经过世，育有 2 子 2 女。长子 55 岁，全家人都在外打工，经济条件一般，过年时才回来。次子 50 岁，在马长岭村务农，是一个泥瓦匠。老人住在次子家里，主要负责照料老人。长女 68 岁，嫁在老新镇记功村，有时也过来看一下。次女 62 岁，嫁在老新镇三坮村，小姐夫已经过世了，有时过来帮忙洗一下，看一下老人。访谈是在调查员与次子之间进行的。以下是次子作为照料者讲述：

夜晚大家都在睡觉时，父亲经常就在家里大喊大叫，弄得大家都睡不好。我在外面做泥瓦工，也不能答应外出做事了，看到的钱，无法去挣。在外忙到再晚，也只能回来，不能在外过夜。

案例 4.3（LX047）　失能老人照护影响了照护者外出打工（一）

老新镇马长岭村 13 组熊某母（女，87 岁，丧偶，重度失能，失能时间为3年)。老人育有2个儿子,老大已经61岁,老二50岁,都在家种田。因老大管了父亲,所以,母亲由老二管。熊家是一栋比较气派的二层楼房,但老人住在房子后面的厨房中。访谈是在调查员与老二之间进行的。以下是老二讲述:

老人对我这几年影响大得很,我们几个熟人在广东喂猪都发了,别人都要我去养猪,因为老人要照料,就去不了,也有人要我出去打工,有了老人要照料,都不想了。我就像个绑腿汉,出去喝个酒,晚上都要回来,有时在外种田,也要提前回来安置老人,在田里做事,还要想着老人。我也没有别的要求,就希望她早点死,要不死,送到养老院也好,这样,我就好做事了。

案例4.4（XK020）　失能老人照护影响了照护者外出打工（二）

熊口镇瞄场村3组王某（女,65岁,中度失能,失能时间为5年）。老伴儿（75岁）承担了主要照护任务。王某的家是一栋十分破旧的老式平房。老人经常无法独立上厕所,洗澡穿衣也比较难,但即使是这样,她也要硬撑着做点家务,以至调查员刚到她家时,还以为她不是一个失能老人。老人有两个儿子和一个女儿,女儿嫁在杨湖垸农场,平时来得少,逢年过节来看一下。大儿子46岁,已经离异了,带两个儿子（都在外头打工）,在老人家里吃饭,有时也给老人点钱。小儿子也在瞄场种地,未盖房,经济也困难。因此,照料任务主要由老头子完成。老人每月医疗费用都在130元左右,由两个儿子分别负担。

老头子虽然75岁了,但身体非常好,体力也好,还能出去打工,近年来,经常想出去,但由于有老伴儿要照料,去不了。

案例4.5（HK057）　失能老人照护影响了照护者外出经商

浩口艾桥村4组肖某（男,91岁,部分失能,失能时间为4年）。老人虽然已经91岁了,生活自理起来比较困难,属于部分失能老人,但仍然低着头坚持在家里摘棉花。老人与儿子一起,是一间新式的三间平房。老人育有4个儿子,长子56岁,次子53岁,三子50岁,四子46岁。长子与四子都做了上门女婿,老人主要由三子照护。访谈是在调查员与三子之间进行的,三子讲述:

本来有朋友邀我一起到长沙打工的,一年工资有6万多元,但就是有老人要照护,所以,没有出去,最主要是老人不好安排。只好在家里种了15亩地,一年再怎么出力,也只有2万多元的收入。

案例 4.6（XK056）　　经济困难家庭的照护者失能老人照护压力更大

熊口镇公议村张某（男，80岁，轻度失能，失能时间为十年），老伴儿（70岁）承担了主要照护任务。张家是一栋老式的平房，比较破旧。张某还患有老年痴呆症，老两口住在正房后面的厨房中。访谈是在调查员与张妻及儿媳之间进行的，整个讲述过程中，两人都饱含眼泪。以下是两人的共同讲述：

老头子得了老年痴呆症，已经十年了。这几年比以前还要严重多了，动不动就乱跑，跑了后，全家人到处找都找不到，有一次，他跑到熊口之后，还是警察用警车把他送回来的。有时，一家人在外忙了一天，到晚上还要出去找他，一找就找半夜，一家人都被他拖得不行了。

用孙子的话说，我们一家人就有3个人是病人，除了老头子，我和儿子都是病人。我已经70岁了，前几年还好，从去年开始，身体就很不好，家里没有钱，只能熬着，拖得没有法了，才去看。小儿子42岁，去年在武汉检查出得了强直性脊柱炎，武汉的医生说，治疗好这种病要花好几十万。我们这种家庭根本就看不起，只能拖，现在每个月吃药都要五六百元。

家里这几年什么事情都不顺，儿子养黄鳝，亏损，连带看病，已经欠了别人好几万。我们生了3个儿子，老大50岁，在潜江打短工，老二45岁，在王场做上门女婿，在农村里，也不归他管老人。老头子都落到老小头上。我跟小儿媳妇都说，"你去跟老大说，把老头子给他管。他不管，就说是我说的，就跟他吵。你都这么困难，他不管谁管？"

以上5个案例中，照护者都处在年富力强的生命周期，身上肩负着发展家庭经济、养儿育女的责任。在这一年龄阶段，照护者的人力资源最富生产力。但失能老人的照护破坏了照护者人力资源，使照护者不能外出务工、从事农业生产与打短工也受到影响，甚至晚上休息、外出娱乐都不安心。因此，扶持照护者家庭生计应当成为现阶段我国家庭政策的核心。

（二）农村失能老人家庭照护对照护者生计破坏的实证分析

1. 因变量的选择与描述性分析

英国国际发展部（DIFD）于2000年形成的可持续生计分析框架将生计资本划分为自然资本、物资资本、金融资本、人力资本、社会资本五个部分，但笔者在实地调查中发现，失能老人的照护对照护者的自然资本（如耕地等）、物资资本（如房屋、家具等）的变化都没有明显影响，导致照护者发生借贷的样本也极为少见，这反映了家庭照护者本能上对生计与生计资产存在一道心理底线，照护者一般不会因为失能老人的照护而冲破这道底线。容易受破坏的主要是一些生计活动与生计策略，包括农业生产、附近打短工、外出务工、家庭经济、心情、身体健康、家庭关系七个方面。因此，本研究将这七种生计活动作为因变量，分别用 Y_1、Y_2、Y_3、Y_4、Y_5、Y_6、Y_7 表示。在因变量指标方面，本书应用意愿调查法来获取照护者生计活动的破坏程度，对七个因变量的影响程度共分为三个等级：无影响、有一些影响和有很大影响。

表4.1　　　　　　　　　生计破坏的描述性分析

影响内容		无影响	有一些影响	有很大影响	均值	标准差
农业生产（Y_1）	频数	163	67	73	1.70	0.832
	百分比（%）	53.80	22.11	24.09		
打短工（Y_2）	频数	226	35	42	1.39	0.719
	百分比（%）	74.59	11.55	13.86		
外出务工（Y_3）	频数	232	13	58	1.23	0.424
	百分比（%）	76.57	4.29	19.14		
经济影响（Y_4）	频数	206	65	32	1.43	0.676
	百分比（%）	67.99	21.45	10.56		
心情（Y_5）	频数	147	92	64	1.73	0.790
	百分比（%）	48.51	30.36	21.12		
健康（Y_6）	频数	210	63	30	1.41	0.664
	百分比（%）	69.31	20.79	9.90		
家庭关系（Y_7）	频数	265	29	9	1.16	0.437
	百分比（%）	87.46	9.57	2.97		

在表4.1中，在农业生产方面，照护者表示"无影响""有一些影响"和"有很大影响"的比例分别为53.8%、22.11%和24.09%。在打短工方面，照护者表示"无影响""有一些影响"和"有很大影响"的比例分别为74.59%、11.55%和13.86%。在外出务工方面，照护者表示

"无影响""有一些影响"和"有很大影响"的比例分别为 76.57%、4.29% 和 19.14%。在家庭经济方面，照护者表示"无影响""有一些影响"和"有很大影响"的比例分别为 67.99%、21.45% 和 10.56%。因很多照护者已经进入到老年阶段，不再从事生产经营性活动，所以，对农业生产"无影响"的比例达一半以上，对打短工"无影响"的比例近 3/4，对外出务工"无影响"的比例为超过 3/4，对家庭经济"无影响"的比例接近七成。

在照护过程中，一半以上的照护者心情不同程度上受到了影响，三成以上的照护者的健康受到了影响。一成以上的家庭在照护失能老人过程中，会出现争吵、扯皮、甚至打闹等影响家庭关系的事情。但比较几种生计影响，家庭关系受到影响的比例是最低的，近九成的照护者家庭关系没有受到影响，表明大多数家庭成员能够理解失能老人的家庭照护。

2. 自变量的选择与研究假设

在现实生活中，与照护者生计密切相关的因素是失能老人因素、核心生计资源因素与外围支持网因素。失能老人是照护者不得不履行职责的照护对象，可以视为一种灾难性事件。而核心生计资源则包括照护者经济资源与人力资源。外围支持网则包括直系亲属、邻里以及村委会，其中，直系亲属与邻里是非正式支持，而村委会是正式支持。

借鉴已有的研究成果以及本书的研究目的，本书将照护者生计破坏的影响因素变量分为五个类别，即失能老人变量、照护者经济资源变量、照护者人力资源变量、非正式支持网变量、正式支持网变量。针对这些自变量对因变量的影响，本书作出如下假设：

(1) 失能老人因素变量。本书用失能老人年龄与失能等级作为代理变量。本书预计，老人年龄越大，失能的可能性越大，失能等级越高，照护者生计破坏的可能性也越大。

(2) 人力资源变量。本书用照护者年龄、文化、健康等作为代理变量。本书预计，照护者年龄越轻，文化水平越高，创造财富的能力越强，从事生产、养育子女等方面的生计压力也越大，所以，照护者生计破坏的程度越大。而照护者健康状况越差，体力也越差，照护可能会进一步加重照护者身体负担。

(3) 照护者经济资源变量。本书用照护者家庭年经济收入作为代理变量。照护者年经济收入越高，照护者可资利用以抵御风险的经济资源越丰富,照护者生计破坏的概率越小,但经济收入高的家庭照护者从事照护的机会成本更高。因此,经济资源变量导致照护者生计破坏的影响作用还需要运用计量经济学方法进行检验。

(4)非正式支持网变量。包括照护者直系亲属资源与邻里两部分。在照护者直系亲属资源方面,老人的子女是照护者可资利用的支持网,本书选择老人子女数、老人儿子帮助、老人女儿帮助等作为代理变量。本书预计,照护者的直系亲属对家庭照护者的生计具有保护作用,老人的子女数越多、老人子女的帮助频率越高,照护者生计破坏的可能性就越小。在邻里方面,邻里同样是照护者可以利用的资源,预计邻里对照护者的支持越多,照护者生计破坏的可能性就越小。

(5)正式支持网变量。在潜江,村委会帮助照护者的主要方式是向镇民政办推荐低保,这是照护者可以利用的正式支持网。理论上,照护者所在的村委会对照护者帮助作用越大,照护者生计破坏的可能就越小。

3. 变量赋值

因变量与解释变量赋值如表4.2所示。

表4.2　　　　　　　　变量赋值及其统计特征

变　　量	变量类型	变　量　取　值	均值	标准差
农业生产(Y_1)	有序分类	无影响=1,有一些影响=2,有很大影响=3	1.7	0.832
打短工(Y_2)	有序分类	无影响=1,有一些影响=2,有很大影响=3	1.39	0.719
外出务工(Y_3)	有序分类	无影响=1,有一些影响=2,有很大影响=3	1.23	0.424
经济影响(Y_4)	有序分类	无影响=1,有一些影响=2,有很大影响=3	1.43	0.676
心情(Y_5)	有序分类	无影响=1,有一些影响=2,有很大影响=3	1.73	0.79
健康(Y_6)	有序分类	无影响=1,有一些影响=2,有很大影响=3	1.41	0.664
家庭关系(Y_7)	有序分类	无影响=1,有一些影响=2,有很大影响=3	1.16	0.437
失能老人年龄(LRNL)	数值变量	调查对象实际年龄	78.26	8.757
失能等级(SNDJ)	有序分类	半失能=1,轻度失能=2,中度失能=3,重度失能=4	2.63	1.183
照护者年龄(ZHNL)	数值变量	调查对象实际年龄	63.97	13.197

续表

变 量	变量类型	变量取值	均值	标准差
照护者文化（ZHWH）	有序分类	文盲=1，小学=2，初中=3，高中及以上=4	1.68	0.818
照护者健康（ZHJK）	有序分类	健康=1，一般=2，不健康=3，很不健康=4	2.51	0.952
家庭年收入（JTSR）	数值变量	实际调查数据	17147.4	16122
老人子女总数（ZNS）	数值变量	实际调查数	4.21	1.748
老人儿子帮助（EZ）	有序分类	不管=1，物资、资金、劳务帮助=2，轮流照护=3	1.68	0.655
老人女儿帮助（NE）	有序分类	不管=1，物资、资金、劳务帮助=2	1.72	0.452
邻里帮助（LL）	有序分类	无邻里=1，不管=2，偶尔管=3，经常管=4	2.47	0.722
村委会（CWH）	有序分类	不提供=1，提供=2	1.33	0.47

4. 计量模型结果

根据本研究的目的与数据特点，本书采用最优尺度分析法进行分析。最优尺度回归模型如下：$Y_i = (X_1, X_2, X_3, X_4, X_5)$，（$i=1, 2, \cdots, 7$）。其中，$Y_i$ 表示照护者七种生计活动的破坏程度；X_1、X_2、X_3、X_4、X_5 分别表示失能老人因素变量、照护者人力资源变量、经济资源变量、非正式支持网变量以及正式支持网变量。

运用最优尺度回归方法对基础数据进行分析，得到表4.3的分析结果。从表4.3可见，农业生产、打短工、外出务工、家庭经济、心情、身体健康、家庭关系等几个模型中，调整的 R^2 分别为0.371、0.146、0.287、0.120、0.162、0.207 和 0.111，表明五大微观因素可以解释因变量的37.10%、14.60%、28.70%、12.00%、16.20%、20.70%、11.10%。F 值分别为12.113、4.025、8.609、3.413、4.881、5.647 和 3.228，而概率值 $P<0.001$，表明模型具有统计学意义。而且，容忍度在变换前后都大于0.4，表明自变量之间不存在显著的共线性问题。

表 4.3　农村失能老人家庭照护者生计破坏的影响因素模型

变量	农业生产 系数	农业生产 重要性	打短工 系数	打短工 重要性	外出务工 系数	外出务工 重要性	家庭经济 系数	家庭经济 重要性	心情 系数	心情 重要性	身体健康 系数	身体健康 重要性	家庭关系 系数	家庭关系 重要性
LRNL	-0.06	0.014	-0.099*	0.055	-0.018	0.001	-0.272***	0.439	-0.086	0.055	-0.126**	0.07	-0.206***	0.29
SNDJ	0.254***	0.176	0.15***	0.106	0.095**	0.031	0.146***	0.113	0.366***	0.64	0.34***	0.42	0.158**	0.155
JTSR	0.109*	0.101	-0.102	-0.055	-0.028	-0.028	0.064	0.05	-0.011	-0.002	-0.033	0.029	0.151**	0.182
ZHNL	-0.342***	0.443	-0.366***	0.584	-0.469***	0.763	-0.189**	0.223	-0.229***	0.152	0.073	0.069	-0.134*	0.171
ZHWH	0.102**	0.087	-0.17**	-0.105	0.151***	0.136	-0.009	-0.005	-0.134**	-0.022	-0.068	0.02	-0.043	-0.021
ZHJK	-0.092*	0.069	-0.208***	0.304	-0.064	0.051	0.111*	-0.011	0.02	-0.005	0.199***	0.203	0.07	-0.013
ZNS	-0.028	0.011	-0.137**	0.09	-0.116*	0.048	-0.048	0.042	-0.078	0.03	-0.071	-0.011	-0.118*	0.097
EZ	-0.055	0.03	0.103*	0.013	0.049	0.000	-0.073	0.07	-0.065	0.023	0.093	0.056	0.055	0.002
NE	-0.083	0.023	0.05	-0.002	0.038	-0.002	-0.071	0.033	0.033	0.002	0.080	0.042	0.021	-0.001
CWH	0.126***	0.039	0.016	0.002	-0.049	0.005	0.007	0.003	0.123**	0.071	0.089	0.044	0.058	0.02
LL	-0.071*	0.008	-0.081*	0.008	-0.037	-0.006	-0.087*	0.043	-0.121***	0.057	-0.112***	0.059	-0.142*	0.118
调整的 R^2	0.371		0.146		0.287		0.120		0.162		0.207		0.111	
F 值	12.113		4.025		8.609		3.413		4.881		5.647		3.228	
P 值	0.000		0.000		0.000		0.000		0.000		0.000		0.000	

5. 自变量的影响方向及显著性分析

以下分别分析各个自变量对照护者生计破坏的影响力。限于篇幅，以下仅分析在统计学上有显著性影响的情况。

（1）在失能老人方面

失能老人年龄对打短工在10%的水平上有显著的负向影响；对家庭经济在1%的水平上有显著的负向影响；对照护者身体健康在1%的水平上有显著的负向影响；对家庭关系在1%的水平上有显著的负向影响。表明失能老人年龄越小，照护者打短工、家庭经济、身体健康以及家庭关系等方面破坏的程度越大。这与研究假设相反，可能的原因是，年龄相对较轻的老人本来是家中的劳动力，而一旦失能，对家庭的影响就会更大。

失能等级对农业生产在1%的水平上有显著的正向影响；对打短工在1%的水平上有显著的正向影响；对外出务工在5%的水平上有显著的正向影响；对家庭经济在1%的水平上有显著的正向影响；对照护者心情在1%的水平上有显著的正向影响；对照护者身体健康在1%的水平上有显著的正向影响；对家庭关系在1%的水平上有显著的正向影响。表明失能等级越高，照护者农业生产、打短工、外出务工、家庭经济、照护者心情、身体健康以及家庭关系等方面破坏的程度越大。

（2）在照护者人力资源方面

照护者年龄对农业生产在1%的水平上有显著的负向影响；对打短工在1%的水平上有显著的负向影响；对外出务工在1%的水平上有显著的负向影响；对家庭经济在5%的水平上有显著的负向影响；对心情在1%的水平上有显著的负向影响；对家庭关系在10%的水平上有显著的负向影响。表明照护者年龄越小，农业生产、打短工、外出务工、家庭经济、心情以及家庭关系等方面破坏的程度越大。

照护者文化水平对农业生产在5%的水平上有显著的正向影响；对打短工在5%的水平上有显著的负向影响；对外出务工在1%的水平上有显著的正向影响；对心情在5%的水平上有显著的负向影响。表明照护者文化水平越高，农业生产与外出务工方面破坏的程度越大；打短工与心情方面破坏的程度越小。

照护者身体状况对农业生产在10%的水平上有显著的负向影响；对打短工在1%的水平上有显著的负向影响；对家庭经济在10%的水平上有显著的正向影响；对身体在1%的水平上有显著的正向影响。表明照护者身体状况越好,农业生产、打短工破坏的程度越大;而照护者健康状况越差,家庭经济、身体健康等方面破坏的程度越大。

(3) 在家庭经济资源方面

家庭经济资源对农业生产在10%的水平上有显著的正向影响;对家庭关系在5%的水平上有显著的正向影响。表明照护者家庭年收入越高,照护者农业生产、家庭关系等方面破坏的程度越大。

(4) 在非正式支持网方面

在直系亲属方面。老人子女数对打短工在5%的水平上有显著的负向影响;对外出务工在10%的水平上有显著的负向影响;对家庭关系在10%的水平上有显著的负向影响。表明老人子女数越少,照护者打短工、外出务工以及家庭关系等方面破坏的程度越大。老人其他儿子提供的帮助对打短工在10%的水平上有显著的正向影响。表明老人其他儿子提供的帮助越多,照护者打短工破坏的可能性越大。可能是因为照护者一般对老人的其他儿子寄予厚望,但现实中儿子大多提供的帮助较少,因此,导致了照护者普遍对老人其他儿子存在怨恨情绪。这正体现了照护者怨恨情绪的一种放大效应。老人女儿提供的帮助对七个因变量都不存在显著的影响关系。可能是因为女儿是嫁出去了的,"她有她自己的家",帮忙再多,也不足以对照护者生计形成显著性影响。

在邻里方面。邻里帮助对农业生产在10%的水平上有显著的负向影响;对打短工在10%的水平上有显著的负向影响;对家庭经济在10%的水平上有显著的负向影响;对照护者心情在1%的水平上有显著的负向影响;对照护者健康在1%的水平上有显著的负向影响;对家庭关系在1%的水平上有显著的负向影响。表明邻里提供的帮助越多,照护者在农业生产、打短工、家庭经济、心情、健康以及家庭关系方面破坏的程度越小。

(5) 在正式支持网方面

村委会推荐低保对农业生产在1%的水平上有显著的正向影响;对心情在1%的水平上有显著的正向影响。表明村委会越向镇民政办推荐低保,照护者在农业生产以及心情等方面破坏的程度越大。

6. 自变量的重要性比较

本研究认为,对因变量影响力排前3位的因素是因变量的重要影响因素。为了更有效地探讨保护照护者生计的路径,本书主要比较分析各个模型中的重要影响因素。由标准化系数、重要性系数与显著性水平,可以对每个模型中的重要影响因素的作用力进行比较分析。如表4.4所示。

表4.4　　　　　　各个模型中的重要影响因素比较分析

	第1位因素	第2位因素	第3位因素
农业生产	照护者年龄	失能等级	家庭年收入
打短工	照护者年龄	照护者健康	失能等级
外出务工	照护者年龄	照护者文化	老人子女总数
家庭经济	失能老人年龄	照护者年龄	失能等级
心情	失能等级	照护者年龄	村委会
身体健康	失能等级	照护者健康	失能老人年龄
家庭关系	失能老人年龄	照护者年龄	家庭年收入

（1）失能老人变量

失能老人年龄在家庭经济、照护者身体健康以及家庭关系三个模型中的影响力进入前3位。而失能等级的影响力农业生产、打短工、家庭经济、心情、健康五个模型中的影响力进入了前3位。

（2）人力资源变量

照护者年龄在农业生产、打短工、外出务工、家庭经济、心情、健康以及家庭关系六个模型中的影响力进入了前3位。照护者健康在打短工、身体健康两个模型中的影响力进入了前3位。照护者文化在外出务工模型中的影响力进入了前3位。

（3）经济资源变量

照护者家庭年收入在农业生产、家庭关系两个模型中的影响力进入了前3位。

（4）非正式支持网变量

老人子女总数在外出务工模型中的影响力进入了前3位。而老人儿子与女儿的帮助在七个模型中影响力都没有进入前3位。

邻里帮助的影响力在七个模型中都没有进入前3位。

（5）正式支持网变量

村委会的影响力在心情模型中的影响力进入了前3位，但这种影响是负面的。

(三) 基本结论

通过以上研究发现，对家庭照护者生计破坏影响力较大的因素主要体现在以下几个方面：

1. 人力资源的影响力最为关键。照护者越是年轻、文化水平越高、健康状况越好，照护者生产性活动越容易破坏；健康状况差的照护者在照护中身体更容易破坏。因此，不仅应当注重扶持家庭困难、身体健康状况较差的弱势照护者，对年轻、生计压力大的照护者也应当予以扶持。

2. 失能等级具有重要的影响力。高度失能老人家庭生计更容易破坏。为减轻照护者压力，失能时间长的中重度失能老人应当逐渐实现机构化照护。

3. 失能老人年龄、家庭经济资源的影响力不容忽视。失能老人年龄越轻，家庭经济越困难，家庭生计更容易破坏，这一群体的一些支持需求也应当给予适当关注。

4. 老人的非正式支持与正式支持网对保护照护者生计免受破坏的作用力不大，尤为严重的是，村委会提供的低保帮助中，由于其缺乏公允性，反而加剧了照护者的心情压力。

三　调查地区农村失能老人家庭照护者的照护行为的影响因素研究

失能老人家庭照护者的照护行为是照护者在照护失能老人中，投入照护劳动的意愿与程度的实际行为表现。当前，随着我国经济、社会与文化的急剧发展变化，影响家庭照护者的照护行为的变数不断增加，家庭照护正经受着前所未有的影响与冲击。作为失能老人的重灾区，农村失能老人家庭照护问题更加突出。为了增强政府扶持家庭照护者的政策针对性与有效性，有必要深入分析农村失能老人家庭照护者的照护行为及其影响因素。

关于照护者照护行为的研究主要集中在以下两个方面：一是照护者的照护行为的影响因素。一些学者从孝道伦理等方面理解照护者的照护行为（吕红平、李振纲，2008；肖群忠，2008），但更多的学者从社会与经济方面进行了相关研究。熊跃根（1998）运用焦点小组访问的定性资料研究了成年子女对照护老人的看法。夏传玲（2007）的研究表明，一个角色介入老年人日常照料由成本、地理和社会邻近度以及对被照顾者的责任感决定。刘汶蓉（2012）认为，成年子女支持父母问题不能简单地归因于"孝道衰落"，而应更多考虑社会结构性压力在家庭中的呈现和青年人普遍面临的社会压力。李超（2004）研究了经济负担、心理压力等对照护者虐待老人的影响。二是对照护者进行规范与支持。姚远（2008）主张从孝与亲情等伦理学角度来规范照护者。但更多的学者主张通过制定发展型家庭政策与构建长期照护服务体系来扶持照护者（吴帆、李建民，2012；胡湛、彭希哲，2012；杜鹏，2011）。

但现有的文献中，从照护者资源与生计等外在因素角度研究照护者的照护行为及其影响因素的文献相对较少。以下利用实地调查数据，对此问题展开研究，并提出相应的对策与建议。

（一）农村失能老人家庭照护者的照护行为的案例分析

以下通过案例分析方法，探讨照护者艰辛的照护行为。

1. 失能老人伺候之难

案例 4.7（LX020）　照护之苦，烦不胜烦

老新镇文成 3 组刘某（男，72 岁，丧偶，重度失能，失能时间为 4 年）。刘家是一栋老式楼房，但老人住在儿子楼房后面的厨房边。老人育有一子，51 岁。生有二女，长女 50 岁，离过几次婚，在沙市当保姆，偶尔过来照料几天。小女 47 岁，嫁在监利新沟的付家村，隔得远，但不管老人。访谈是在调查员与刘齐生的儿媳之间进行的，以下是照料者（刘齐生的儿媳）讲述：

我自己患有胆囊炎、高血压，身体也不好。每天给老人换纸尿布，纸尿布 27 元一袋，一袋只能用 3 天。我一天就要进去给老人洗 2 次，早晚各 1 次，里边臭得不得了，进去还要戴口罩。照料老人，一天就要花 1 个多小时，哪里都不能去。

案例 4.8（LW067）　伺候之难，苦不堪言

龙湾镇龙湾村 1 组王某（女，71 岁，重度失能，失能时间为 6 年）。照护者为其配偶（71 岁）。两个老人住在远离农村居住区的一个小鱼池边，周围都没有邻里，这个房子十分破旧低矮，是一间典型的管鱼的房屋。老两口都是71岁，妻子是重度失能老人，吃喝拉撒都要老头子管，而老头子身体也不健康，佝偻着背，几乎与地面平行。访谈是在调查员与照护者之间进行的，以下为照护者讲述：

我有2个儿子和2个女儿。大儿子42岁，在龙湾村务农，得了神经病，已经6年了，现在还在杨市神经病医院住院。小儿子39岁，前几年在家务农，这些年在龙湾街上做窗帘，街上做这一行的有十几家，没有什么钱赚，他的身体也不好，颈椎压迫神经，还在荆州做过手术，也不管我们。大女儿在龙湾做服装生意，丈夫的身体也差得很，有血吸虫病，静脉曲张，还有两个女儿在读大学（一个在黄冈师范学院外语系，一个在湖北科技学院医学院），平时也只过来看一下，也没有钱给我们。小女儿35岁，嫁熊口农场官庄分场。从小就有小儿麻痹症，她大脑呆板，智力太差，女婿和女儿一样，没有心孔，智力差。两口子在窑上捡土砖，一个月只有几百块钱。

几个儿女没有办法管我们，沾了政府的光，我们两个除了一个月55块的农保之外，村上还为我们两个办了低保，一年有700块。老婆子一夜要起来几次，一起来就要好大一会儿，我就要伺候她。她心口不一，蹲在厕所一大会儿，也没解出来，热天还好，冬天我就冻得很。

很多失能老人都伴有一些疾病，而且照护环境较差。一些照护者甚至还要忍受失能老人的打骂。因此，照护失能老人对照护者的耐心是一个极大的考验。

2. 照护者体力之难

案例 4.9（XK003） 心有余而体力不济（一）

熊口镇剅湾村3组杨某（女，85岁，部分失能，丧偶，失能时间为8个月）。大儿子（55岁）负责照护任务。

杨某住在一栋三层小楼中，并住在正房。老人有3个儿子和3个女儿。大儿子55岁，在剅湾村种田，因管过父亲，所以，从兄弟规定看，不归他管老人。次子和三子都在云南打工（做装潢生意）。老人主要由三子管，但三子经济困难，今年春节后，到云南去了。但留了钱在家中，由长子负责日常照料（主要是做好食物之后，送过来给老人自己吃）。老人的三个女儿中，两个嫁在剅湾村种田，一个嫁在外地，在外地打工。两个嫁在刽湾村的女儿经常过来帮老人洗漱与料理。访谈是在调查员与长子之间进行的，以下是长子讲述：

我身体不好，前几年在外砍树，把腿打断了，现在还上了钢筋没有拿，也做不了什么事情了。我的两个儿子，一个在北京当兵，一个在外打工。两个儿子结婚的钱都是借的。现在楼房也没有盖，小儿子的两个双胞胎儿子要我们照料。今年过年之后三弟要到云南打工，把钱留在家里，老母亲生病买药看病等都是从这里出，我就每天管老人送两顿饭。多的事情我也做不了。洗衣洗澡都是几个妹妹做。

案例4.10（XK002）　　心有余而体力不济（二）

熊口镇夏桥村6组李某（女，90岁，丧偶，部分失能，失能时间为10年）。女儿（67岁）承担了主要的照护任务。老人与儿女们分开居住，老人住的是老式平房，而女儿和女婿则住的是一栋比较好的楼房。访谈是在调查员与女儿和女婿之间进行的。以下是女儿与女婿讲述：

我们是合拢的一家人，老人没有儿女，就收养了我的老婆为女儿，然后，又招我来这里做上门女婿。我今年都70岁了，老伴儿也有67岁了。我们两口子身体都不好，我的高血压已经有10多年了，还有脑血栓，每年医疗费用都要1000多元，去年发病比较重，买降压灵都花了3000多元。老婆也有胆囊炎、风湿病、心脏病，每年看病也要2000多元，我们家里就像开了个药铺。

我们就是身体这么不好，都还要下地干活，今年还种了9亩多田。田又不好，都是东荆河的河滩田，经常被水淹，儿子不听话，在外打工，也不给我们钱，喜欢玩，把两个女儿甩给我们，都要我们管。老人还经常在家里发脾气，说我们不管她。你看再过几年我们都要人照料了。还要做这么多事，哪里管得过来？每天都是我们做好了饭，再送过去。我们能这样，就蛮不错了。

案例4.11（XK025）　　心有余而体力不济（三）

熊口阳场村1组汤某妻（女，78岁，中度失能，失能时间为7年）。汤某（74岁）承担了主要照护任务。两位老人住的房子是老式平房，非常破旧。访谈是在调查员与照护者之间进行的，以下是汤子龙的讲述：

我以前在熊口镇上的一个镇办服装厂工作，老婆在家里务农，服装厂垮了之后，我就回来了。我养了2个儿子和3个女儿。大儿子56岁，以前在泽口抗生素厂上班，现在厂子倒闭了，在家里玩，生活无着，他的媳妇在泽口银行上班，内退之后也在家里玩。平时大儿子管我们少，逢事过节买点水果来看一下。小儿子54岁，也在泽口的工厂里上班，去年得了脑出血，两口子都有病，也不管我们。大女儿52岁，两口子在新疆帮别人拉煤，回来得少，一年给我们四百元左右。二女儿47岁，两口子都在江苏打工，三不知地也给我们点钱，一年也就四百元左右。小女儿43岁，以前在泽口化肥厂上班，化肥厂倒了之后，去江苏打工了，这几天刚从江苏回来，还未找到事情做，找到事情之后，还是要出去的。昨天把老伴儿拉过去安置她几天，想玩到中秋节就送过来，送过来之后，他们也想到江苏去打工。我的2个儿子身体都差，就3个女儿管得多一些。

我怎么就这么不好运气，别人得这种病的人，一年多就死了，她都7年了，还不死。儿女们各有各的家，各过各的生活。平时都是我一个人管。我体力不行了，经济又困难，真不晓得以后我死了她该怎么办。

很多失能老人照护者都已经进入老年阶段，多年的夫妻情分使照护者也愿意尽自己的一份责任，但常常心有余而力不足。因此，照护者的社会支持体系应当考虑一些老年人体力上的弱势，以进行有针对性的帮扶。

3. 照护者生计之难

案例4.12（XK048） 照护者的生计之难

熊口莲市村2组吴某（女，80岁，丧偶，重度失能，失能时间为1.5年）。老人的儿子承担了主要照护任务。失能老人住在小儿子家中，小儿子的房子是一栋2层小楼，建于1998年。但老人没有住在楼房中，住在楼房旁边的一间偏房中，这间偏房很低矮，里面还放着一辆手扶拖拉机以及一些杂物。老人在这间偏房中已经住了3年了，可以想象，在冬天里，老人该有多冷。老人有2个儿子，长子56岁，次子50岁，长子由于管了父亲，就不再管母亲了。母亲由小儿子管。访谈是在调查员与小儿媳之间进行的，以下是小儿媳的讲述：

我这几年身体不好，得了肾病综合征，去年在潜江棉原治病，花了2万多元，合作医疗也没有跟我报多少。得了肾病综合征就不能做事，还一年吃上头的药，至今还欠别人1万多元外债。家里两个女儿都没有结婚，在外打工，也赚不到什么钱，只能管自己，小女儿今年过年后，就没有出去打工,在家里一直玩到现在。小女儿准备留在家里吃老米饭,还要存一点钱。我家共种了7亩田,养了2亩鱼,回家还要伺候老人,老人吃饭、穿衣、洗澡、倒便桶都是老伴儿,她每天夜里喜欢喊叫,搞得人心烦。里里外外做事都要靠老伴儿,这些年也亏了他。

照护与生计之间的冲突是一对永恒的矛盾,照护者一方面,要履行自己照护老人的责任;另一方面,还要承担养儿育女、发展家庭的重任。仅从家庭发展角度看,与照护失能老人相比,生计往往处于更为重要的位置。这也是导致许多照护者常常在照护中不作为的一个重要原因。

(二) 农村失能老人家庭照护者的照护行为影响因素的理论分析

本研究将照护者的照护行为共分为三个等级:消极照护、平常照护与积极照护。对照护者的照护行为的评定由调查员在入户调查与深度访谈中,根据照护者的言谈与表现来进行评价。照护中,照护者如果无怨言、能够理解并积极照护失能老人,照护者的照护行为被定义为积极照护;照护者如果有一些怨言、但能部分理解老人并能基本履行照护职责,照护者的照护行为被定义为平常照护;照护者如果有很大怨言、并有嫌弃老人的言行,照护者的照护行为被定义为消极照护。

对于照护者的照护行为可以运用计划行为理论进行阐释。按照计划行为理论,所有可能影响照护者的照护行为的因素都是经由照护者的照护行为意向的间接影响而最终发挥作用的,而照护者的照护行为意向受到照护者的照护行为态度、主观规范以及知觉行为控制三个方面因素的影响。

照护者态度是照护者对采取某种照护行为所抱持的正面或者负面的想法。主观规范是照护者在采取一定的照护行为时,对所感受到的社会压力的认知,主要是兄弟姐妹、亲友等对照护者是否履行照护行为的期望以及照护者个人对这种期望的顺从程度。知觉行为控制是照护者对其照护行为进行控制的感知程度,照护者首先对自己照护中所具备的能力、资源与机会进行感知,然后,对这些能力、资源与机会的重要性进行评估。如果照护者认为其具有足够的照护能力,或者照护中能够得到足够多的资源与机会,则照护者知觉行为控制越强,从事照护的意向也越强。

本研究认为,对于家庭照护者而言,到底采取何种照护行为,是照护者综合考虑各种因素之后,得出的理性结论。本研究把影响照护者的照护行为的因素归结为失能老人因素变量、经济资源变量、人力资源变量、非正式支持网变量、正式支持网变量以及照护者生计压力六个方面。这六个方面因素的共同作用，决定了照护者对照护行为的态度、主观规范和知觉行为控制（如图 4.5 所示）。

1. 失能老人因素变量

本书用失能老人年龄与失能等级作为代理变量。失能老人因素与照护者的照护行为态度和知觉行为控制有关。老人年龄越大，照护者的照护行为态度上就会倾向于认为老人"已经活够了"，照护老人的意向也会降低，在照护行为上就会倾向于采取消极行为。而失能等级越高，照护者在履行照护职责时，付出的辛劳也越大，照护者只有拿出足够的照护意向才能完成自己的任务。

2. 人力资源变量

本书用照护者年龄、性别、文化与健康等作为代理变量。照护者人力资源与行为态度、主观规范和知觉行为控制都有关。一般来说，照护者年龄越轻，从事生产、养育子女等方面的生计压力也越大，就越是没有精力照护失能老人，行为态度上对照护老人的认可程度越低，所以，照护中采取消极照护行为的可能性越大。在性别方面，一般女性比男性更有耐心，而且，受"男主外，女主内"的观念影响，男性在主观规范上认为自己应当把精力更多地放在外面，因此，男性比女性采取消极照护行为的可能性更大。在文化方面，文化水平高的照护者有更多的发展机会，因此，照护失能老人的机会成本更高，照护意向中采取消极照护行为的可能性更大。在健康状况方面，照护者健康状况越差，照护能力也越差，但健康状况差的照护者可能与失能老人之间存在同病相怜的心理，健康状况对照护者的照护行为的影响作用需要运用计量经济学方法进一步确定。

3. 经济资源变量

本书用家庭年经济收入作为代理变量。照护者的经济资源与行为态度有关，一般而言，家庭经济条件越差，照护者心理上的焦躁情绪越大，照护意向越小，采取消极的照护行为的可能性就越大。

4. 非正式支持网变量

非正式支持网包括直系亲属与邻里。在直系亲属方面，本书选择老人子女数、老人儿子帮助、老人女儿帮助三个变量作为代理变量。老人的直系亲属资源与主观规范和知觉行为控制有关。一方面，老人的直系亲属资源可以对照护者的照护行为进行规范，积极照护的照护者可能受到褒奖，而消极照护的照护者可能受到斥责；另一方面，老人的直系亲属可以提供更多的照护帮助。因此，老人的直系亲属资源越丰富，照护者执行照护时拥有的相关资源和帮助越多，采取积极照护行为的意向可能性越大。在邻里方面，邻里不仅可以为照护者提供帮助，而且，过于消极的照护者可能会被邻里说闲话。

5. 正式支持网变量

村委会是照护者最直接的正式支持网。村委会的支持与主观规范和知觉行为控制有关。村委会不仅是照护者可以感知到的帮助资源，而且对照护者的照护行为起到一定的监督作用。

6. 照护者生计压力变量

本书选择耕地面积、打短工、外出务工三种在调查中照护者反复提及的生计活动作为生计压力代理变量。照护者生计压力与行为态度、主观规范和知觉行为控制都有关。照护者常常不得不在照护与生计之中进行两难选择，忙于生计也常常会成为照护者免予被别人说闲话的一个重要借口，因此，生计可以改变照护者对待照护的态度。同时，在生计压力日益增长的今天，追求经济收益与养育子女已经成为大多数照护者共同的价值观，照护会使照护者失去很多机会，因此，生计压力是削弱照护意向、影响照护者的照护行为的重要因素。

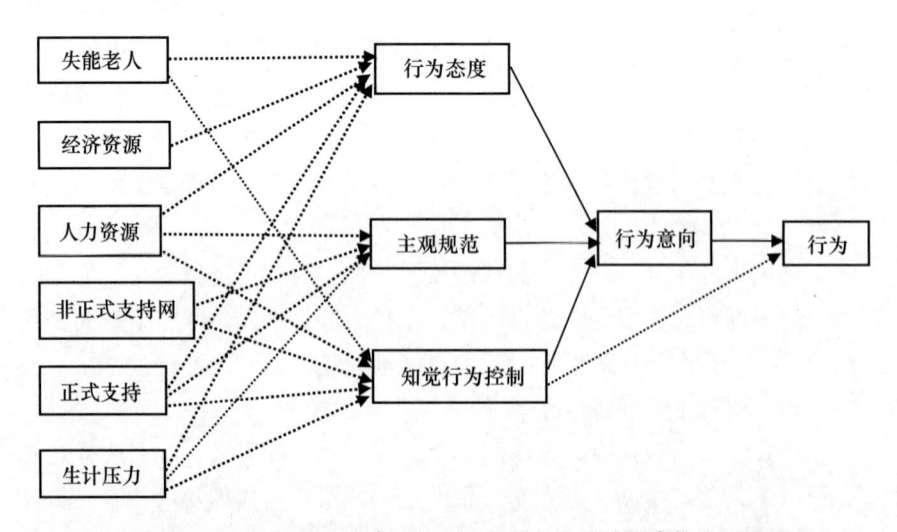

图 4.5 农村失能老人家庭照护者的照护行为影响因素的作用机制

（三）农村失能老人家庭照护者的照护行为影响因素的实证检验

1. 变量的定义与赋值

本书中的因变量与自变量的定义与取值范围见表4.5。

表4.5　　　　　　　　　模型中各变量类型与取值范围

		变量名	变量解释
因变量		照护者的照护行为	1=消极照护，2=平常照护，3=积极照护
自变量	失能老人因素	老人年龄	调查对象年龄
		失能等级	1=半失能，2=轻度失能，3=中度失能，4=重度失能
	经济资源	家庭年收入	实际调查数据
	人力资源	照护者年龄	调查对象年龄
		照护者性别	1=女，2=男
		照护者文化	1=文盲，2=小学，3=初中，4=高中及以上
		照护者健康	1=健康，2=一般，3=不健康，4=很不健康
	非正式支持网	老人子女数	实际调查数
		老人儿子帮助	1=不管，2=物资、资金、劳务帮助，3=轮流照护
		老人女儿帮助	1=不管，2=物资、资金、劳务帮助
		邻里帮助	1=无邻里，2=不管，3=偶尔管，4=经常管
	正式支持网	村委会	1=不提供低保，2=提供低保
	生计压力	耕地面积	实际调查数据
		打短工	1=无，2=有一些，3=很强烈
		外出务工	1=无，2=有一些，3=很强烈

2. 变量的描述性分析

表4.6　　　　　　　　　　样本数据分布

变量名称	频数或均值	构成比（%）或标准差	变量名称	频数或均值	构成比（%）或标准差
照护者的照护行为			老人子女数	4.21	1.75
消极照护	32	10.60	儿子帮助		
平常照护	134	44.20	不管	128	42.20
积极照护	137	45.20	物资、资金、劳务等	143	47.20
老人年龄	78.26	8.76	轮流照护	32	10.60

续表

变量名称	频数或均值	构成比（%）或标准差	变量名称	频数或均值	构成比（%）或标准差
失能等级			女儿帮助		
部分失能	77	25.40	不管	86	28.40
轻度失能	56	18.50	物资、资金、劳务等	217	71.60
中度失能	71	23.40	邻里帮助		
重度失能	99	32.70	无邻里	22	7.30
照护者年龄	63.97	13.20	不管	135	44.60
照护者性别			偶尔帮助	127	41.90
女	160	52.80	经常帮助	19	6.30
男	143	47.20	村委会		
照护者文化			不提供	204	67.30
文盲	157	51.80	提供	99	32.70
小学	94	31.00	耕地面积	5.41	6.64
初中	44	14.50	打短工		
高中及以上	8	2.60	无	226	74.60
照护者健康			有一些	35	11.60
健康	53	17.50	很强烈	42	13.90
一般	87	28.70	外出务工		
不健康	117	38.60	无	232	76.60
很不健康	46	15.20	有	71	23.40
年经济收入	17147.41	16122.03			

从表4.6可见，从照护者的照护行为的构成比看，照护者采取消极照护、平常照护与积极照护行为的构成比分别为10.60%、44.20%与45.20%。可喜的是，在照护中，仅有10.60%的照护者的照护行为是消极照护，44.20%的照护者的照护行为是平常照护，而45.20%的照护者的照护行为是积极照护。表明大多数家庭照护者能够克服困难、履行失能老人的家庭照护职责。

失能老人因素。失能老人平均年龄达78.26岁，表明随着人均寿命的延长，长寿而不健康现象正在凸显出来。一些失能老人年近九旬，但仍然活着，因此，一些照护者常常抱怨老人"怎么还不死！"而部分失能、轻度失能、中度失能、重度失能比例分别为25.40%、18.50%、23.40%、32.70%，笔者在调查中，注意到了四种失能等级之间的样本分布。

人力资源。照护者平均年龄为63.97岁，可见，照护者平均年龄都已经达到了老年人标准。照护者女性与男性构成比分别为52.80%和48.20%，女性比男性承担了更多的照护职责。与照护者年龄的普遍偏大相对应，照护者文化水平普遍较低，文盲与小学的比例达到了八成以上。照护者身体情况为不健康与很不健康的比例达到五成以上，15.20%的照护者甚至为半失能老人。由此可见，照护者人力资源呈现出老年化、低学历化与低能力化趋势。表明在承担家庭照护责任上，家庭成员在年龄、学历、能力上存在一个自然选择过程，一些年纪轻、有学历、能力强的家庭成员选择了外出谋生，只留下年纪大、学历低、能力相对较弱的家庭成员在家中照护失能老人。

家庭经济资源。家庭年经济收入达17147.41元，表明调查样本中，大多数照护者家庭还属于生产型家庭，但家庭年平均收入并不高。

非正式支持网。在照护者的直系亲属资源方面，失能老人平均子女数为4.21。老人儿子帮助照护者的方式中，不管照护者的比例达四成以上，尤其是一些配偶照护者，其子女常常倾向于不管老人。而轮流照护老人的比例仅为10.60%，一般是失能老人的配偶去世之后，几个兄弟之间常常选择轮流照护老人。在女儿帮助照护者的方式中，没有发现轮流照护老人的样本，因为女儿是嫁出去了的，"是别人家的人了"，但女儿不管照护者的比例仅为28.40%，明显低于儿子不管老人的比例。以上的分析表明，当前一代的失能老人仍处于多子女时代，老人的其他子女仍然是帮助照护者的重要资源。在邻里方面，7.30%的照护者周围已经没有了邻里，44.60%的邻里不帮助照护者，41.90%的邻里偶尔帮助照护者看护一下失能老人，而经常帮助照护者的比例仅为6.30%。

正式支持网。村委会帮助照护者的方式主要是向镇民政办推荐低保，但近七成的照护者没有获得低保，这也成为很多照护者对村委会心生怨恨的一个重要原因。由上可见，照护者可资利用的正式支持网比较单薄乏力。

在照护者生计压力方面，家庭平均耕地面积为5.41亩，一些年老体衰的照护者已经不再从事农业生产了，主要靠以前的积蓄和新农保维持生存，因此，很多照护者家庭耕地面积为0，但一般青壮年劳动力的耕地面积至少在 10 亩以上。在打短工方面，74.60% 的照护者没有打短工的意愿，之所以比例偏高，一是年龄大的照护者没有打短工的意愿，二是一些青壮年照护者由于耕地面积较大，也不想打短工。也正是基于类似原因，没有外出务工打算的比例也高达 76.60%。

综上，失能老人及照护者人力资源特征、照护者外在社会资源特征以及照护者生计压力特征是与当前潜江市快速城市化背景相吻合的。

3. 实证模型结果

为了揭示农村失能老人家庭照护者的照护行为与影响因素之间的关系，我们分别运用 Logistic 模型与最优尺度回归模型进行了分析，通过比较，发现最优尺度回归模型效果更佳，因此，选用最优尺度回归分析模型对基础数据进行处理，具体模型如下：$Y_{zh} = F(W_1; W_2 W_3; W_4; W_5; W_6)$，其中，$Y_{zh}$ 为因变量，表示农村失能老人家庭照护者的照护行为。W_1 表示失能老人因素变量，W_2 表示照护者人力资源变量，W_3 表示照护者经济资源变量，W_4 表示非正式支持网变量，W_5 表示正式支持网变量，W_6 表示照护者生计压力变量。

运用 SPSS 分析软件对调查数据进行最优尺度回归分析，结果显示，模型的确定系数为 0.204，这表明六大微观因素对照护者的照护行为的解释力达到了 20.4%。模型的相伴概率值 $P < 0.000$，表明模型具有统计学意义；模型的各自变量的容忍度在变换前、后都大于 0.24，表明模型不存在显著的共线性问题。

表 4.7　　　　　标准化系数、相关性与容忍度指标

变量	标准化回归系数			相　关　性			重要性	容忍度	
	系数	标准差	p 值	零阶相关	偏相关	部分相关		变换后	变换前
老人年龄	-0.070	0.056	0.213	-0.094	-0.075	-0.064	0.025	0.837	0.860
失能等级	0.239	0.053	0.000	0.254	0.261	0.232	0.231	0.943	0.957
照护者年龄	0.404	0.105	0.000	0.297	0.225	0.198	0.456	0.241	0.254
照护者性别	-0.120	0.065	0.066	-0.045	-0.11	-0.095	0.021	0.629	0.649
照护者文化	0.136	0.085	0.082	-0.157	0.095	0.082	-0.081	0.365	0.407
照护者健康	0.230	0.063	0.000	0.301	0.214	0.188	0.263	0.670	0.622
家庭年收入	0.038	0.085	0.657	-0.229	0.027	0.023	-0.033	0.366	0.366

续表

变量	标准化回归系数 系数	标准差	p 值	相 关 性 零阶相关	偏相关	部分相关	重要性	容忍度 变换后	变换前
老人子女数	-0.122	0.076	0.110	0.176	-0.096	-0.083	-0.082	0.457	0.463
老人儿子帮助	-0.071	0.056	0.204	-0.164	-0.076	-0.065	0.045	0.835	0.880
老人女儿帮助	-0.043	0.054	0.423	0.021	-0.048	-0.041	-0.003	0.917	0.863
邻里帮助	0.088	0.053	0.064	0.064	0.100	0.086	0.021	0.955	0.943
村委会	0.061	0.055	0.274	0.124	0.066	0.057	0.029	0.870	0.857
耕地面积	-0.117	0.080	0.148	-0.240	-0.087	-0.075	0.106	0.412	0.413
打短工	0.070	0.058	0.231	0.055	0.072	0.062	0.014	0.789	0.749
外出务工	0.137	0.063	0.009	-0.025	0.130	0.113	-0.013	0.674	0.648

调整后的 $R^2 = 0.204$　　$F = 4.491$　　$Sig = 0.000$

4. 自变量的影响方向及显著性比较

（1）在失能老人因素中，失能老人年龄对照护者的照护行为在5%的水平上有显著的负向影响，表明失能老人年龄越大，照护者越是倾向于采取消极照护行为。

失能等级对照护者的照护行为在1%的水平上具有显著的正向影响，即失能等级越高，照护者越会倾向于采取积极照护行为。可能的原因是，失能等级越高的老人对照护者影响越大，一些中重度失能老人照护者真是苦不堪言。因此，照护者在履行了照护老人的职责之后，在向调查员表白时，就越是倾向于认为自己已经尽心尽力了，有些照护者说，"要不是我，他（她）早就死了"。

（2）在人力资源方面，照护者年龄对照护者的照护行为在1%的水平上具有显著的正向影响，这表明，照护者年龄越大，照护中越是倾向于积极照护；反之，越是年轻的照护者，越是倾向于消极照护。可能的原因是，年轻人的生计压力大，人力资源也更富于生产性，能够创造更高的价值，因此，照护的意向比较低。

照护者性别对照护者的照护行为在1%的水平上具有显著的负向影响，女性比男性更倾向于采取积极照护行为。

照护者文化水平对照护者的照护行为在1%的水平上具有显著性正向影响，即照护者文化水平越高，照护的机会成本越高，而他们一旦选择了承担照护责任之后，他们往往倾向于认为自己比文化低的照护者的照护行为更加积极。

照护者健康对照护者的照护行为在1%的水平上具有显著性正向影响，即照护者健康状况越差，他们越是倾向于认为自己已经尽力了。可能的原因是，健康状况差的照护者有时连照护自己都难，还要照护一个失能老人，因此，他们往往对自己的照护行为评价比较高。

（3）在经济资源方面，照护者家庭年经济收入对照护者的照护行为具有正向影响，即照护者家庭经济收入越高，照护者越是倾向于积极照护老人，但家庭经济收入的这种影响在统计学上不显著。可能是因为当前家庭经济收入仍然处于较低水平，无法对照护者的照护行为造成显著性影响。

（4）在非正式支持网方面，老人子女数、老人的其他儿子提供帮助、老人的女儿提供帮助对照护者的照护行为有负向影响，即老人子女数越多、老人其他儿子提供帮助越多、老人女儿提供帮助越多，照护者的照护行为越倾向于消极。可能的原因是，老人子女越多、提供帮助越多，照护者对其他子女越是倾向于形成依赖心理，并倾向于抱怨。但老人直系亲属资源的影响在统计学上都不显著。邻里帮助对照护者的照护行为在10%的水平上具有正向影响，即邻里帮助越多，照护者的照护行为越是积极。

（5）在正式支持网方面，村委会推荐低保对照护者的照护行为有正向影响，但在统计学上不显著。

（6）在照护者生计压力方面，耕地面积对照护者的照护行为在10%的水平上有显著性负向影响，可能的原因是，照护者耕地面积越大，照护者越忙碌，越没有时间照护老人，因此，越是倾向于采取消极照护行为。

外出务工对照护者的照护行为在1%的水平上有显著性正向影响，即外出打工倾向越强烈的照护者，在照护中越倾向于积极照护。可能的原因是，照护失能老人的确影响了外出打工，从而造成一定的经济损失。而照护者一旦决定留在家中履行照护职责之后，便认为自己已经尽心尽力了。

打短工对照护者的照护行为有正向影响，但在统计学上不显著。

5. 自变量的重要性比较

由标准化系数、重要性系数与显著性水平（按照10%度量）可知，对照护者的照护行为的影响作用力大小顺序依次为：照护者年龄、照护者健康、失能等级、照护者文化、照护者性别、失能老人年龄、村委会、邻里帮助、外出务工等。

（四）基本结论

从以上的分析中，可以得出以下结论：

1. 大多数照护者能够把照护失能老人作为自己的一项基本职责，并能够克服困难、照护失能老人。

2. 照护者人力资源、失能等级以及生计压力是影响照护者的照护行为的主要因素。

3. 照护者可以利用的非正式支持网与正式支持网对照护者的照护行为的影响作用力比较小。

四 本章结论与农村失能老人家庭照护者的社会支持

（一）本章基本结论

本章提出了一个照护者生计与照护之间的均衡模型，对家庭照护对照护者生计的影响以及家庭照护者的照护行为进行了探索，并分析了照护者的核心生计资源与外围支持网在其中的影响作用，形成了以下一些基本结论：

1. 保护照护人力资源是实现生计与照护均衡、保护照护者照护行为的关键。照护者年龄、文化水平、身体状况等是照护者从事生产劳动与履行照护职责的基础，当照护对家庭生产性活动影响过大时，照护者一般会更多地采取消极的照护行为，因此，一定要对照护者人力资源进行投资，缓解照护对人力资源的过度消耗，从而，使照护者能够自动实现生计与照护之间的平衡。

2. 高失能等级是破坏照护者生计与照护均衡、影响照护者照护行为的重要因素。当前，随着城市化与老龄化快速发展，家庭小型化、核心化趋势日益显著。家庭承担失能老人照护的能力日趋弱化，生计与照护之间呈现出脆弱性均衡的特征。对于长期的、高等级失能老人，应当尽量实现机构化照护。

3. 照护者可以利用的支持网对于照护者生计与照护均衡的稳定性作用有待加强。在保护照护者生计与维护照护行为两个方面，直系亲属资源与社区资源的作用力度都非常小，应当制定新型的家庭政策、完善社区服务体系，挖掘照护者社会资源的潜力，使照护者被破坏了的均衡重新回归常态。

（二）农村失能老人家庭照护者的社会支持

1. 构建农村失能老人家庭照护者社会支持体系的目标与根本原则是破解家庭照护与家庭生计之间的零和博弈关系：在保护家庭发展能力的基础上，逐渐提升失能老人的照护质量

在农村失能老人家庭照护中，照护与生计之间的矛盾是最主要矛盾。当前，这一对矛盾冲突有愈演愈烈的趋势：一方面，随着农村老龄化的快速发展，农村家庭面临日益增长的照护需求压力；另一方面，我国绝大多数农村家庭经济收入仍然比较低、生存竞争压力仍然比较大，发展农业生产、外出经商务工、打零工、抚育后代等生计经营活动仍然是每个家庭实现生存与发展的基本手段。有效化解这一对矛盾对于维护家庭在老年人照护中的基础地位具有决定意义。

片面强调家庭发展而忽视老年人的照护需求是不正确的；反之，片面强调家庭照护责任而忽视家庭发展也是不正确的。必须实现家庭照护与家庭生计的均衡，而构建农村家庭照护者社会支持体系是化解这一对矛盾的必然选择。

在家庭照护与家庭生计矛盾中，生计是矛盾的主要方面，只有保护好家庭可持续的生计能力，家庭在照护中的主体性作用才能得到彰显。概言之，农村失能老人生存状况的改善不能以牺牲家庭生计与家庭发展能力为代价，必须在充分尊重与顺应家庭生计发展需要的前提下、在生计稳定与家庭发展过程中，逐步增强家庭照护责任，从而，使农村失能老人的照护质量不断得以改善。

2. 农村失能老人家庭照护者社会支持体系的政策抓手是保护家庭照护者人力资源：避免家庭照护对照护者人力产生过度耗费

从研究结果看，照护者年龄、文化水平、身体状况等照护者从事生产劳动与履行照护职责的基础，也是影响均衡的重要因素。因此，保护家庭照护者人力资源是实现生计与照护均衡、保护照护者照护行为的政策抓

手。当家庭照护者在生计与照护之间进行两难抉择时,一定要注重对照护者人力资源进行投资与保护,通过构建社会化服务体系,使照护者能够自动实现生计与照护之间的平衡。

3. 农村失能老人家庭照护者社会支持体系必须充分尊重家庭生计发展需要,并以家庭照护者生计类型为依据来制定相应的支持政策,以缓解家庭照护对家庭生计的冲击

根据失能老人家庭照护对农业生产、打短工、外出务工、家庭经济、心情、身体健康以及家庭关系等不同类型的影响,采取有针对性的支持举措,从而,保护家庭可持续的生计能力。

表 4.8　　　　　　农村失能老人家庭照护者生计保护途径

生计类型	社会支持体系提供内容	社会支持的提供主体
农业生产	在农忙期间,由社区服务体系提供暂替服务、鼓励邻里互助	社区、邻里
打短工	在需要打短工期间,由社区服务体系提供暂替服务、鼓励邻里互助	社区、邻里
外出务工	在需要外出务工期间,由社区提供集中居住照护,或者由养老院提供机构照护	社区、养老院
家庭经济	直接提供经济补偿	民政
心情	由社区服务体系提供暂替服务	社区、邻里
身体健康	由社区服务体系提供暂替服务,并提供健康医疗支持	社区、邻里
家庭关系	构建孝道支持体系,支持传统的家庭成员履行照护责任	传统的家庭成员

如表 4.8 所示,通过构建农村失能老人家庭照护者社会支持体系,对不同类型生计发展需要的家庭照护者提供差异化的支持政策。

对于需要从事农业生产的家庭照护者,在农忙期间,由社区服务体系为失能老人提供日常生活照护、康复护理以及精神慰藉等方面的暂替服务。同时,鼓励邻里互助,使照护者有足够的精力从事农业生产。

对于需要打短工的家庭照护者,在打短工期间,因为离家时间相对较短,可以由社区服务体系为失能老人提供暂替服务。同时,鼓励邻里互助,从而,使照护者有足够的精力打短工。

对于需要外出务工的家庭照护者,因为离家时间相对较长,在外出务工期间,由社区服务体系为失能老人提供集中居住照护,或者由养老院提

供机构照护。

对于家庭经济受到较大影响的家庭照护者，可以由民政部门直接为家庭照护者提供经济补偿。

对于家庭照护者心情与身体健康受到较大影响的家庭照护者，可以由社区提供喘息服务，同时，鼓励邻里互助，并对照护者提供健康医疗服务支持。从而，使照护者心理与身体都得到较好保护。

对于因老年人照护影响到家庭关系的照护者，应当通过构建照护者的孝道支持体系，使忙于生计与外出务工的家庭成员更加便利地履行自己应尽的照护责任。

4. 农村失能老人家庭照护者的支持体系构建重点是打造经济补偿制度、社会化服务体系以及非正式支持网等三大支柱

如前所述，家庭照护者的正式支持网十分薄弱，而非正式支持网的作用也正在弱化。因此，要从经济、服务以及传统的非正式资源等多方位对家庭照护者进行支持，而经济补偿制度、社会化服务体系以及非正式支持网等构成社会支持体系的三大支柱，加快建设与构筑这三大支柱，是缓解家庭照护压力的必由之路。

第五章　调查地区农村失能老人家庭照护者的照护压力研究

当前，传统的家庭成员仍然是失能老人的照护主体，在长期的、繁重的家庭照护中，照护者承受着沉重的照护压力。如何缓解照护者压力，对于维持家庭照护的基础地位具有重要意义。

国外的学者较早开始研究老年人照护者压力（Stone et al.，1987；Brody，1981；Zarit et al.，1980）。我国的研究相对较晚，杜鹏（2000）、陈树强（2003）研究了照护给照护者带来的心理与精神上的压力，顾和军、刘云平（2012）研究了照护者的健康压力，蒋承（2009）、刘岚（2010）等研究了照护给照护者工作与就业方面的造成的压力。袁小波（2009）还研究了照料者的年龄、文化水平、能力、居住状况、兄弟数、被照料老人的 ADL、对儿女的期望度和依赖性等都因素对照护压力的影响。

本章的研究目的是探讨照护者的核心生计资源与外围支持网在照护者压力中的影响作用。本章首先，分析照护者照护压力分布特点；其次，运用计量经济学方法研究照护者的照护压力的影响因素；再次，对照护者压力影响因素的重要性进行比较与排序，并对青壮年与老年照护者的压力影响因素进行比较；最后，对本章基本结论进行了小结，并提出了农村失能老人家庭照护者社会支持体系的构建对策。

一　调查地区农村失能老人家庭照护者的照护压力分布

（一）家庭照护者照护压力测量方法

在家庭照护给家庭照护者带来的压力与影响的测量方法方面，学术界开发编制了比较系统的照护负担或压力量表。

关于照护压力的维度，Zarit 等（1980）编制的负担问卷包括照护者身体负担、心理负担、经济负担和社会负担4个维度。Pais 等（1981）编制的家庭会谈量表主要用于评定照护对家庭带来的影响，这些影响包括经济影响、日常生活影响、娱乐活动影响、家庭关系影响、身体健康影响以及心理健康影响。Robinson（1983）编制的照顾者压力量表用以评估照护者工作压力、经济压力、社会交往压力、身体压力与心理压力等。Novak 和 Guest（1989）编制的照顾者负担问卷主要用于测量照护者体力影响、情感影响、社交影响、时间依附影响与发展受限影响。McMillan 等（1994）编制的照顾者生活质量指数，主要用于考察照顾者身体、心理、社会和经济4个方面的生活质量。Montgomery（2002）编制了照料者负担量表，主要考察照护者主观与客观两方面的负担，主观负担是照顾者主观情绪与心理影响；客观负担是照顾者身体、经济以及工作等方面的影响。总的来看，在测量对象方面，学术界关于照护压力的测量标准包括经济、工作、身体与心理健康、社会交往、情感关系等多方面。

在家庭照护者照护压力程度大小度量方面，不同的学者制定了相应的测量标准。Zarit 等（1980）编制的照顾者负担量表每个条目分值均为0—4分，22个量表条目的总分范围介于0—88分，当得分为40分以下时，表明照顾者为轻度负担；当得分为41—60分时，表明照顾者为中度负担；当得分为61分及以上时，表明照顾者为重度负担。Robinson（1983）编制的照顾者压力量表对每个维度的选项以"是"与"否"作答，"是"=1，"否"=0，然后，将各项得分加总，得分范围在0—13分，各项累计得分＜7分，表示没有压力，反之，则有压力。Novak 和 Guest（1989）编制的照料者负担问卷对每项条目按照负担的影响按照0—4分5级评分，24个条目的总分为0—96，得分越高，说明照料者负担越重。

学术界的测量方法对本研究具有重要的借鉴意义。但几乎所有学者编制的量表都将每个条目之间的关系是同等看待的，因此，对这些条目的得分进行加总。但笔者在实地调查中发现，对于本项目农村家庭照护者而言，这些条目其实并不是同等重要或者是并列的，显然，在当前调查地区农村经济并不发达的前提下，生计、抚育后代等远远排在首位，家庭照护者生计行为一旦因为家庭照护受到影响，必然会影响到照护者心情、情绪、关系甚至身体健康。基于此种考虑，本研究在借鉴以上学者测量方法的基础上，参考可持续的生计框架模型，结合调查地区农村实际情况。在条目方面，主要考察家庭照护者在农业生产、打短工、外出务工、经济影响、心情、健康、家庭关系七个方面感受到的压力与影响。在压力程度大小方面，本研究共分为无影响、有一些影响、有很大影响三个等级。

（二）调查地区农村失能老人家庭照护者的照护压力分布特征

为了更直观地了解农村失能老人家庭照护者对自身照护现状与能力的评价，调查问卷中专门设计为"照护过程中，您是否感到为难？"要求照护者在"不为难""比较为难"与"很为难"三个选项之间作出选择。

表 5.1　　　　　　　　　照护者照护压力分布

照护压力	不为难	比较为难	很为难
样本数（个）	83	120	100
构成比（%）	27.40	39.60	33.00

从表 5.1 可见，子女照护中，感到不为难的样本数为 83 个，所占比例为 27.40%；感到比较为难的样本数为 120 个，比例为 39.60%；感到很为难的样本数为 100 个，比例为 33.00%。表明大多数照护者都不同程度感到为难。另外，笔者在调查中还发现，一些垂暮之年的老人在照料自己的老伴时，也表示"不为难"。实际上，这些老人已经到了人生暮年，"今日不知明日的事""早上不知晚上的事"，他们对人生已经没有什么要求了，因此也表示"不为难"。但事实上，这些老人更加需要得到社会的关注与支持。

在感到比较为难和很为难的 220 个样本中（如下表 5.2 所示）。感到体力不济的样本数为 57 个，占 25.91%；而经济压力大的样本数为 99 个，占 45.00%；心情不好的样本数为 72 个，占 32.73%；有其他方面影响的样本数为 47 个，占 21.36%。从所占比例大小顺序看，依次为：经济压力、心情不好、体力不济以及其他。潜江大多数农村家庭仍然谈不上十分富裕，因此，经济压力成为首要压力影响因素。

表 5.2　　　　　　　　　照护者压力类型分布

压力类型	体力不济	经济压力	心情不好	其他
样本数（个）	57	99	72	47
构成比（%）	25.91	45.00	32.73	21.36

注：因照护者可能同时有体力、经济、心情等几方面的压力，因此，比例之和大于100%。

二 调查地区农村失能老人家庭照护者的照护压力的影响因素研究

（一）变量设置与研究方法

1. 变量设置

因变量是照护者压力，并设置：不为难 = 1，比较为难 = 2，很为难 = 3。

在自变量的选择方面，本书认为，照护者压力是失能老人情况、照护者核心生计资源、外围支持网以及照护者生计四个方面的因素对照护者的一种综合影响。因此，本书将自变量分为以下几种类型：

（1）失能老人。用失能老人年龄与失能等级作为代理变量。

（2）照护者人力资源。用照护者性别、年龄、文化水平与健康等作为代理变量。

（3）照护者经济资源。用家庭年经济收入与照护者获得借款的机会作为代理变量。

（4）照护者非正式支持网。包括直系亲属与邻里，其中，直系亲属资源用老人子女数、老人儿子帮助、老人女儿帮助作为代理变量。

（5）照护者正式支持网。用村委会作为代理变量。

（6）照护者生计。用耕地面积、打短工、外出务工、债务与儿女婚事作为代理变量。

2. 研究方法

本书运用 SPSS 软件首先进行单因素分析，将各组自变量分别与因变量进行交叉分析与卡方检验，寻找可能对照护者压力产生影响的变量；其次，运用 Logistic 回归模型进一步分析这些变量对农村失能老人家庭照护者压力的影响及影响程度。

（二）实证结果分析
1. 单因素分析

表 5.3　　　　　　不同特征与家庭照护者压力的交叉分析

		不为难	比较为难	很为难	pearson 卡方值
失能等级	部分失能	45	21	11	88.53***
	轻度失能	24	21	11	
	中度失能	3	42	26	
	重度失能	11	36	52	
失能老人年龄	60—69 岁	14	16	24	4.745
	70—79 岁	31	49	32	
	80 岁及以上	38	55	44	
照护者性别	女性	41	63	56	0.801
	男性	42	57	44	
年龄	60 岁以下	35	43	31	8.385
	60—69 岁	19	21	31	
	70—79 岁	21	41	25	
	80 岁及以上	8	15	13	
教育	文盲	41	67	49	3.204
	小学	24	34	36	
	初中及以上	18	19	15	
健康	健康	20	15	18	13.910**
	一般	26	33	28	
	不健康	33	51	33	
	很不健康	4	21	21	
收入	3000 元以下	18	24	25	10.276
	3000—10000 元	12	34	26	
	10000—30000 元	24	36	30	
	30000 元以上	29	26	19	
借款机会	容易	26	23	16	7.096
	一般	14	23	22	
	难	43	74	62	

续表

		不为难	比较为难	很为难	pearson 卡方值
子女数	1—2 个	10	18	24	5.210*
	3 个及以上	73	102	76	
儿子帮助	不管	37	46	45	1.996
	物资、资金、劳务帮助	37	59	47	
	轮流照护	9	15	8	
女儿帮助	不管	23	34	29	0.037
	物资、资金、劳务帮助	60	86	71	
邻里	无邻里	7	8	7	8.068
	有邻里，但不帮忙	32	58	45	
	偶尔帮助	34	48	45	
	经常帮忙	10	6	3	
村委会推荐低保	不管	61	84	59	4.977*
	推荐低保	22	36	41	
耕地面积	2 亩及以下	35	60	47	10.183
	2—5 亩	10	15	16	
	5—10 亩	15	26	26	
	10 亩以上	23	19	11	
打短工意愿	无	68	95	63	22.412***
	有一些	11	14	10	
	很强烈	4	11	27	
外出务工意愿	无	69	97	66	9.526**
	有一些	3	4	6	
	很强烈	11	19	28	
债务	无	71	94	74	3.662
	有	12	26	26	
子女婚事	无	68	94	68	5.450*
	有	15	26	32	

注：***、**与*分别表示1%、5%与10%的显著性水平上具有统计学意义。

表 5.3 中的交叉表分析和卡方检验结果显示，在失能老人情况、照护者人力资源、照护者非正式支持网、照护者正式支持网、生计等方面，都

有变量与照护者压力存在显著性差异。

（1）从失能等级看，部分失能、轻度失能、中度失能以及重度失能老人照护者不同程度感到为难的比例分别为41.60%、57.10%、95.80%以及88.90%，中度与重度失能老人的照护者压力明显高于部分失能和轻度失能老人。

（2）从照护者健康看，自评身体健康、一般、不健康以及很不健康的照护者不同程度感到为难的比例分别为62.30%、70.10%、71.80%以及91.30%，照护者身体越不健康，压力越大。

（3）从失能老人子女数看，老人有1—2个子女与3个及以上子女的照护者不同程度感到为难的比例分别为80.80%与70.90%，少子女家庭的照护者压力更大。

（4）从村委会推荐低保看，没有推荐低保与推荐低保的照护者不同程度感到为难的比例分别为70.10%与77.80%，村委会推荐低保的照护者压力更大。

（5）从照护者生计看，无打短工意愿、有一些意愿以及很强烈意愿的照护者不同程度感到为难的比例分别为69.90%、68.60%以及90.50%，有很强烈打短工意愿的照护者压力更大。无外出务工意愿、有一些意愿与有很强烈意愿的照护者不同程度感到为难的比例分别为70.30%、76.90%与81.00%，意愿越强烈，照护承受的压力越大。无子女婚事与有子女婚事的照护者不同程度感到为难的比例分别为70.4%和79.5%，有儿女需要近期成婚的照护者压力更大。此外，其他因素与照护者压力之间没有显著的相关关系。

2. 多因素分析

家庭照护者压力属于非连续的有序多元变量，可以选用多元有序 Logistic 模型，其模型形式表述如式（5.1）与式（5.2）所示：

$$\mathrm{Ln}\left(\frac{p(y \leq j)}{1 - p(y \leq j)}\right) = \alpha_j = \sum_{i=1}^{n} \beta_i x_i \quad (j = 1, 2; i = 1, 2, \cdots, n) \quad (5.1)$$

此式与下式等价：

$$p(y \leq j \mid x_j) = \frac{\exp(\alpha_j + \sum_{i=1}^{n} \beta_i x_i)}{1 + \exp(\alpha_j + \sum_{i=1}^{n} \beta_i x_i)} \quad (5.2)$$

其中，y 是因变量，表示照护者压力，分为3个等级，分别用0、1、

2 表示，x_i ($i=1, 2, \cdots, n$) 是自变量，表示第 i 种影响照护者压力的因素，α_j 为截距项，β_i 是回归系数。

Logistic 模型的一个重要应用是估计优势比，简称 OR。优势比用于分析由于某一自变量变化导致的比值变动，用公式表示如下：

$$OR = \frac{\frac{p(Y=j/X_l=x_{l2})}{p(Y=i/X_l=x_{l2})}}{\frac{p(Y=j/X_l=x_{l1})}{p(Y=i/X_l=x_{l1})}} = e^{\beta_{ij}(x_{l2}-x_{l1})}; j \neq i \quad (5.3)$$

式（5.3）中，x_{l1}、x_{l2} 分别表示 x_l 在两种不同情况下的取值；OR 表示当 x_l 从 x_{l1} 变动到 x_{l2} 时，反应变量在变动水平与参照水平的发生概率之比的变动比率。

Logistic 回归模型具体分析结果如表 5.4 所示。

表 5.4　农村失能老人照护者压力的 Logistic 回归结果（$N=303$）

	系数	标准差	Wald 值	p 值	优势比
失能等级（以部分失能为对照）					
重度	2.879	0.381	56.66	0	17.62
中度	2.46	0.393	39.263	0	11.70
轻度	1.03	0.394	6.9	0.009	2.81
老人年龄（以 80 岁及以上为对照）					
60—69 岁	0.016	0.429	0.001	0.971	1.02
70—79 岁	-0.329	0.337	0.952	0.329	0.72
照护者性别（以男性为对照）					
女性	0.436	0.312	1.949	0.163	1.55
照护者年龄（以 60 岁以下为对照）					
80 岁及以上	1.495	0.711	4.422	0.035	4.46
70—79 岁	1.57	0.608	6.668	0.01	4.81
60—69 岁	1.167	0.474	6.066	0.014	3.21
照护者文化（以初中及以上为对照）					
文盲	-0.125	0.538	0.054	0.816	0.88
小学	0.131	0.441	0.088	0.767	1.14
照护者健康（以极不健康为对照）					
健康	-1.066	0.54	3.895	0.048	0.34

续表

	系数	标准差	Wald 值	p 值	优势比
一般	−1.207	0.466	6.712	0.01	0.30
不健康	−0.975	0.396	6.067	0.014	0.38
家庭年收入（以30000元及以上为对照）					
3000元以下	1.15	0.667	2.974	0.085	3.16
3000—10000元	0.558	0.598	0.871	0.351	1.75
10000—30000元	0.066	0.441	0.023	0.88	1.07
借款机会（以借款难为对照）					
容易	−0.133	0.531	0.062	0.803	0.88
一般	0.245	0.51	0.231	0.631	1.28
老人子女数（以3个及以上为对照）					
1—2个	1.377	0.42	10.773	0.001	3.96
老人儿子帮助（以轮流照护为对照）					
不管	−0.284	0.48	0.35	0.554	0.75
偶尔帮助	−0.193	0.491	0.154	0.694	0.82
老人女儿帮助（以不管为对照）					
帮助	−0.045	0.322	0.02	0.888	0.96
邻里帮助（以经常帮助为对照）					
无邻里	1.1	0.724	2.311	0.128	3.00
有邻里，但不帮助	1.262	0.607	4.32	0.038	3.53
偶尔帮助	0.996	0.597	2.783	0.095	2.71
村委会（以不管为对照）					
推荐低保	0.657	0.3	4.808	0.028	1.93
耕地面积（以10亩以上为对照）					
2亩及以下	0.182	0.576	0.099	0.753	1.20
2—10亩	0.903	0.423	4.545	0.033	2.47
打短工意愿（以没有意愿为对照）					
很强烈意愿	0.991	0.434	5.208	0.022	2.70
有一些意愿	0.008	0.427	0	0.985	1.01
外出务工意愿（以没有意愿为对照）					
很强烈意愿	0.865	0.392	4.868	0.027	2.38
有一些意愿	1.397	0.717	3.793	0.051	4.04

续表

	系数	标准差	Wald 值	p 值	优势比
债务（以无债务为对照）
债务	0.764	0.38	4.049	0.044	2.15
儿女婚事（以无儿女婚事为对照）
有儿女婚事	0.826	0.383	4.662	0.031	2.28
常数项1	3.163	1.076	8.64	0.003	23.64
常数项2	5.798	1.121	26.74	0.000	329.64

注：-2LL 的值为 485.997；Nagelkerke R-Square 为 0.480；***、**与*分别表示 1%、5% 与 10% 的显著性水平上具有统计学意义。

由表 5.4 可见，各个因素对照护者压力影响作用如下。

(1) 失能老人情况对照护者压力的影响

失能等级对照护者压力构成显著性影响，而失能老人年龄对照护者压力不构成显著影响。

与部分失能相比，轻度失能、中度失能与重度失能对照护者压力都在 1% 的水平上有显著的正向影响，优势比分别为 2.81、11.70、17.60，表明随着失能等级的提高，照护者压力也逐步增加。

(2) 照护者人力资源对照护者压力的影响

照护者年龄与照护者健康对照护者压力构成显著性影响，而照护者文化、性别对照护者压力的影响不显著。

与 60 岁以下的照护者相比，60—69 岁、70—79 岁与 80 岁及以上对照护者压力分别在 5%、1% 与 5% 的水平上具有显著的影响，优势比分别为 3.2、4.8 与 4.5。

与极不健康的照护者相比，自评身体为健康、一般与不健康对照护者压力分别在 5%、1% 与 5% 的水平上具有显著的影响，优势比分别为 0.38、0.30 与 0.34，表明健康状况好的照护者压力更小。

(3) 照护者经济资源对照护者压力的影响

家庭年收入对照护者压力构成显著性影响，但借款机会对照护者压力的影响在统计学上不显著。

与年收入在 30000 元以上的照护者相比，年收入在 3000 元以下的照护者压力更大，且在 10% 的水平上显著，优势比为 3.16。

(4) 照护者非正式支持网对照护者压力的影响

直系亲属与邻里帮助都对照护者压力构成显著性影响。

老人子女数对照护者压力构成显著性影响，但老人儿子帮助与老人女儿帮助的影响作用不显著。

与老人有 3 个及以上子女的照护者相比，老人有 1—2 个子女对照护者压力在 1% 的水平上有显著的正向影响，优势比为 3.96，表明与多子女家庭相比，少子女家庭的照护者压力更大。

与经常获得邻里帮助的照护者相比，有邻里但不帮忙以及邻里偶尔帮助的照护者压力分别是 3.5 与 2.7，且分别在 5% 与 10% 的水平上显著。表明邻里帮助起到了缓解照护者压力的作用。

(5) 照护者正式支持网对照护者压力的影响

村委会推荐低保在 5% 的水平上有显著的正向影响，与村委会不推荐低保相比，获得低保的照护者压力是未获得者 1.92，表明村委会越是向镇民政办推荐低保，照护压力越大，这反映了照护者对村委会推荐低保中普遍存在的不公平现象的一种反感情绪。

(6) 生计压力对照护者压力的影响

耕地面积、打短工意愿、外出务工意愿、债务压力以及儿女婚事都对照护者压力构成显著性影响。

与耕地面积在 10 亩以上的照护者相比，耕地面积在 2—10 亩的照护者压力分别是 2.47，且在 5% 的水平上显著。之所以出现这种耕地面积越大，而照护者压力反而越小这种现象，可能是因为当前种地有补助、有效益，因此，照护者不仅不反感种地，反而非常乐意种地。

与没有打短工意愿的照护者相比，有很强烈意愿的照护者压力是 2.69，且在 5% 的水平上显著。表明照护者打短工意愿越强烈，照护压力越大。

与没有外出务工意愿的照护者相比，有一些意愿和有很强烈意愿的照护者压力分别为 4.04 和 2.38，且分别在 10% 和 5% 的水平上显著。表明外出务工意愿越强，照护压力越大。

与无债务压力的照护者相比，有债务压力的照护者压力为 2.15，且在 5% 的水平上显著，表明债务压力是增加照护者压力的重要因素。

与无儿女需要近年成家的照护者相比，有儿女婚事的照护者压力为 2.28，且在 5% 的水平上显著，表明儿女婚事是增加照护者压力的重要因素。

(三) 研究结论

以上的实证分析结果表明，失能等级、人力资源（照护者年龄、照护者健康）、经济资源（家庭年收入）、非正式支持网（老人子女数、邻里）、正式支持网（村委会）、生计压力（耕地面积、打短工、外出务工、债务压力、儿女婚事）等是影响照护者压力的重要因素。相比部分失能，轻度、中度与重度失能老人家庭照护者压力更大；相比60岁以下，60—69岁、70—79岁与80岁及以上的照护者压力更大；相比极不健康，身体不健康、一般以及健康的照护者压力更小；相比年收入在3000元以上，3000元以下的照护者压力更大；相比老人有3个及以上，老人只有1—2个子女的照护者压力更大；相比邻里常常帮助照护者，邻里不帮助与偶尔帮助的照护者压力更大；相比村委会未推荐低保，获得低保的照护者压力更大；相比无打短工意愿、无外出务工意愿、无债务、无儿女婚事，有打短工意愿、有外出务工意愿、有债务压力、有儿女婚事的照护者压力更大。

三 调查地区农村失能老人家庭照护者压力的影响因素的作用力比较

(一) 变量设置

在人口学领域，与身体机能、健康等有关的功能退化对家庭所造成的影响常常被视为一种灾难性事件（张冬妮、刘永军，2013）。楼玮群、桂世勋（2012）运用可持续生计分析框架分析了经济资源、心理资源、社区资源等对亲属照顾者生活满意度的影响。在工作与家庭之间零和游戏关系下，工作对家庭具有不容置疑的影响（佟丽君、周春森，2009）。根据学术界这些研究基础以及本书的研究目的，本书拟从失能老人、照护者资源与生计压力三个角度研究照护者压力的影响，其中，照护者资源包括照护者人力资源、经济资源、非正式支持网、正式支持网等方面。

在本节中，因变量与自变量定义见表5.5所示。

表 5.5　　　　　　　　　　变量赋值与描述统计

	变量名称	取值范围	均值	标准差
因变量	照护者压力（ZHYL）	不为难=1，比较为难=2，很为难=3	2.06	0.776
失能老人	失能等级（SNDJ）	部分失能=1，轻度失能=2，中度失能=3，重度失能=4	2.63	1.183
照护者人力资源	照护者性别（ZHXB）	女=1，男=2	1.47	0.5
	照护者年龄（ZHNL）	实际调查数据	63.97	13.197
	照护者健康（ZHJK）	健康=1，一般=2，不健康=3，很不健康=4	2.51	0.952
	照护者文化水平（ZHWH）	1=文盲，2=小学，3=初中，4=高中及以上	1.68	0.818
照护者经济资源	家庭年收入（JTSR）	实际调查数据	17147.4	16122
	借款机会（JKJH）	容易=1，一般=2，难=3	2.38	0.816
非正式支持网	老人子女数（ZNS）	实际调查数据	4.21	1.748
	老人儿子帮助（EZ）	不管=1，偶尔帮助=2，轮流照护=3	1.68	0.655
	老人女儿帮助（NE）	不管=1，帮助=2	1.72	0.452
	邻里（LL）	无邻里=1，不帮助=2，偶尔管帮助=3，经常帮助=4	2.47	0.722
正式支持网	村委会（CWH）	不管=1，推荐低保=2	1.33	0.47
照护者生计压力	耕地面积（GDMJ）	实际调查数据	5.41	6.644
	打短工意愿（DG）	无=1，有一些=2，很强烈=3	1.39	0.719
	外出务工意愿（WG）	无=1，有一些=2，很强烈=3	1.43	0.793
	子女能力（ZNNL）	能力弱=1，能力一般=2，能力强=3	2.24	0.675
	债务（ZW）	无=1，有=2	1.21	0.409
	子女婚事（ZNHS）	无=1，有=2	1.24	0.428

（二）计量模型估计与结果分析

1. 计量模型结果

为了揭示农村失能老人家庭照护者压力与影响因素之间的关系，我们运用最优尺度回归方法对数据进行处理。最优尺度回归分析是由荷兰 Leiden 大学 DTSS 课题组研制并在 SPSS 10.0 之后新增的一个应用程序。具体模型如下：$Y = F(W_1; W_2; W_3; W_4; W_5; W_6)$，其中，$Y$ 表示照护者压力，W_1 表示失能老人因素变量，W_2 表示照护者人力资源变量，W_3 表示照护者经济资源变量，W_4 表示非正式支持网变量，W_5 表示正式支持网变量，W_6 表示照护者生计压力变量。

运用 SPSS 软件对数据进行处理之后，得出最终结果（见表5.6），模型的确定系数 $R^2=0.385$，表明六大微观因素可以解释因变量的38.5%，模型的相伴概率 $p<0.001$，表明模型具有统计学意义，模型各自变量的容忍度在变换前后都要大于0.2，表明模型不存在显著的共线性问题。

表5.6　　　　失能老人家庭照护者压力的最优尺度回归分析

变量	标准化回归系数			相关性		重要性系数	容忍度	
	系数	标准差	P值（sig.）	偏相关	部分相关		变换后	变换前
SNDJ	0.45	0.048	0.000	0.495	0.43	0.529	0.896	0.929
ZHXB	-0.09	0.052	0.073	-0.107	-0.081	0.011	0.76	0.668
ZHNL	0.19	0.085	0.024	0.135	0.103	0.029	0.281	0.244
ZHJK	0.17	0.054	0.000	0.183	0.14	0.068	0.71	0.597
ZHWH	0.09	0.064	0.171	0.08	0.06	0.004	0.502	0.400
JTSR	-0.06	0.077	0.43	-0.047	-0.036	0.024	0.345	0.324
JKJH	0.04	0.057	0.47	0.043	0.033	0.014	0.639	0.371
ZNS	-0.11	0.055	0.04	-0.123	-0.094	0.012	0.671	0.644
EZ	-0.01	0.053	0.854	-0.011	-0.008	0.000	0.735	0.772
NE	-0.03	0.052	0.614	-0.03	-0.023	0.001	0.77	0.772
LL	-0.12	0.05	0.002	-0.147	-0.112	0.04	0.839	0.917
CWH	0.10	0.048	0.047	0.119	0.091	0.026	0.878	0.888
GDMJ	-0.13	0.071	0.072	-0.108	-0.082	0.052	0.405	0.399
DG	0.10	0.052	0.054	0.116	0.088	0.052	0.772	0.731
WG	0.14	0.057	0.018	0.141	0.108	0.042	0.637	0.639
ZNNL	0.07	0.051	0.207	0.076	0.057	0.015	0.784	0.667
ZW	0.13	0.055	0.019	0.14	0.107	0.032	0.677	0.687
ZNHS	0.19	0.06	0.002	0.185	0.142	0.049	0.562	0.526

2. 自变量的影响方向与显著性相比较

（1）失能老人

失能等级的系数为0.45，显著性水平为0.000，表明失能等级对照护者压力有显著的正向影响，且失能等级越高，照护压力越大。

（2）照护者人力资源

性别的系数为-0.09，显著性水平为0.073。表明性别对照护者压力有显著的负向影响，且女性比男性照护者压力更大。

年龄的系数为0.19，显著性水平为0.024。表明年龄对照护者压力有显著的正向影响，且年龄越大，照护压力越大。

健康的系数为0.17，显著性水平为0.000，表明健康对照护者压力有显著的正向影响，且健康状况越差，照护压力越大。

文化水平的系数为0.09，显著性水平为0.171，表明文化水平越高，照护压力越大，但这种影响在统计学上不显著。

（3）照护者经济资源

家庭年收入的系数为-0.06，显著性水平为0.43，表明家庭经济越困难，照护者压力越大，但这种影响在统计学上不显著。

借款机会系数为0.04，显著性水平为0.47，表明照护者获得借款越难，照护者压力越大，但这种影响在统计学上不显著。

（4）非正式支持网

老人子女数系数为-0.11，显著性水平为0.04，表明子女数对照护者压力有显著的负向影响，且失能老人子女数越多，照护者压力越小。

老人儿子帮助系数为-0.01，显著性水平为0.854，表明老人儿子越提供帮助，照护者压力越小，但这种影响在统计学上不显著。

老人女儿帮助系数为-0.03，显著性水平为0.614，表明老人女儿提供帮助越多，照护者压力越小，但这种影响在统计学上不显著。老人儿子与女儿提供的帮助在统计学上的影响都不显著，可能是因为这些子女大多忙于自己的生计，对照护者的帮助作用有限，起不到显著影响照护者的作用。

邻里帮助的系数为-0.12，显著性水平为0.002，表明邻里帮助对照护者压力有显著的负向影响，邻里帮助越多，照护者压力越小。

（5）正式支持网

村委会帮助的系数为0.10，显著性水平为0.047，表明村委会对照护者压力有显著的正向影响，村委会越推荐低保，照护者压力越大。这与研究假设相反，可能的原因是，村委会在推荐低保中存在不公平现象，这种反常现象正好体现了照护者对这种不公平现象的不满。

(6) 照护者生计压力

耕地面积系数为-0.13，显著性水平为0.072，表明耕地面积对照护者压力有显著的负向影响，且耕地面积越大，照护者压力反而越小。这与研究假设相反，可能是因为耕种土地能够得到较好的收益，而且当前潜江户均耕地面积并不大，因此，照护者并不将耕种土地作为负担。

打短工意愿系数为0.10，显著性水平为0.054，表明打短工意愿对照护者压力有显著的正向影响，打短工意愿越强，照护者压力越大。

外出务工意愿系数为0.14，显著性水平为0.018，表明外出务工意愿对照护者压力有显著的正向影响，外出务工意愿越强，照护者压力越大。

子女能力系数为0.07，显著性水平为0.207，表明子女能力越强，照护者压力越大，但这种影响在统计学上不显著。

债务的系数为0.13，显著性水平为0.019，表明债务对照护者压力有显著的正向影响，且有债务的照护者压力更大。

子女婚事的系数为0.19，显著性水平为0.002，表明子女婚事对照护者压力有显著的正向影响，且有子女急需完婚的照护者压力更大。

3. 自变量的重要性比较

由显著性水平、重要性系数等，可以比较各个自变量对照护者压力影响的重要性。由表5.6可见，对照护者压力影响作用力大小顺序依次为：失能等级、照护者健康、耕地面积、打短工、儿女婚事、外出务工、邻里帮助、债务压力、照护者年龄、村委会、失能老人子女总数以及照护者性别。

(三) 研究结论

通过以上分析，可以得出以下结论：

1. 老人的失能等级对照护者压力的影响作用最强，表明照护者应对高等级失能老人的照护能力差。

2. 照护者人力资源是影响照护者压力的重要因素，尤其是一些年龄大、身体差的照护者压力比较大。

3. 照护者生计对照护者压力具有重要影响。在照护者精力与资源配置中，生计与照护之间属于一种零和游戏关系，在照护者不得不面临的生产、生活、子女等一系列生计压力之下，照护时间与心情自然会受到挤压与限制。

4. 照护者能够利用的支持网对缓解照护者压力的作用有待强化。老人子女数对照护者压力具有重要作用，老人子女多的照护者压力较低，但老人子女数的影响力仅排第 5 位。邻里帮助有助于缓解照护者压力，但其影响力仅排第 6 位。而村委会在推荐低保中，由于有失公允，反而激起照护者心理不平衡。这也反映随着农村人口快速向城市转移，农村照护者可以利用的传统的家庭资源正逐渐解体，而农村社区组织也不得力，使得照护者常常陷于孤立无援的境地。

5. 照护者经济资源对照护者压力的影响作用不大。

四 调查地区农村失能老人青壮年与老年家庭照护者压力比较

（一）研究假设与变量设置

学术界普遍将 60 岁作为划分青壮年与老年的一个重要节点，但笔者在调查中发现，农村居民一般在 65 岁以下仍然是家庭的壮劳力。因此，本书将 65 岁以下的照护者界定为青壮年照护者，而 65 岁及以上的照护者界定为老年照护者。

1. 研究假设

针对这些可能会影响农村失能老人家庭照护者压力的因素，本书作出如下假设：

（1）失能老人特征

失能等级。失能等级越高，照护工作对照护者的影响与冲击越大，本书预期失能等级越高，照护者压力越大。

（2）照护者人力资源

年龄。年龄较轻的照护者虽然身体较好，但生计压力大；而年龄较大的照护者虽然已经没有了生计压力，但体力差。本书认为，年龄对照护者压力的影响需要运用计量经济学方法确定。

健康。健康状况差的照护者体力差，即使愿意履行照护职责，也常常感到力不从心。本书预计健康状况越差，照护者压力越大。

文化水平。照护者文化水平越高,挣钱谋发展的机会越多,照护的机会成本越高,本书认为,文化水平越高,照护者压力越大。

(3) 照护者经济资源

家庭年经济收入。家庭年经济收入越低,照护者生存越困难,本书预期,家庭年经济收入越低,照护者压力越大。

借款机会。借款机会代表照护者社会活动能力与信誉,照护者在需要资金帮助时,越难获得借款,照护者压力越大。

(4) 非正式支持网

照护者的非正式支持网包括失能老人的直系亲属与邻里。用老人子女数、老人儿子帮助、老人女儿帮助与邻里帮助作为代理变量。

老人子女数。老人的其他子女对失能老人具有不可推卸的照护责任,失能老人子女数越多,照护者获得帮助的机会越多。本书预期,老人子女数对照护者压力有负向影响。

老人儿子帮助。老人儿子的帮助可以减轻照护者负担,本书预期,老人儿子的帮助可以减轻照护者压力。

老人女儿帮助。女儿的帮助一般是洗衣、洗澡等,而且女儿比儿子更细腻,本书预期,老人女儿的帮助可以减轻照护者压力。

邻里帮助。邻里不仅可以提供物资与劳务上的帮助,而且与照护者之间的情感交流有助于减缓照护者心理压力,本书预期,邻里帮助对照护者压力有负向影响。

(5) 正式支持网

村委会。获得村委会向镇民办推荐的低保可以一定程度上缓解照护者的经济压力。本书假设村委会帮助可以减轻照护者压力。

(6) 照护者生计压力

耕地面积。耕地面积越大,照护者需要投入的时间越多,而用于照护的时间则会减少。本书假设耕地面积越大,照护者压力越大。

打短工意愿。打短工意愿越强,照护者越没有心思照护老人。本书预期,打短工意愿越强,照护者压力越大。

外出务工意愿。外出务工可以增加照护者收入,缓解生计压力,还可以摆脱繁重的照护任务。本书预期,外出务工意愿越强,照护者压力越大。

债务压力。债务是压在照护者心头上的一座山,本书预期,债务压力越大,照护者压力越大。

子女婚事。有子女急需完婚可以加剧照护者心理上、生产上与经济上的压力,本书预期,有子女急需完婚的照护者压力更大。

2. 变量设置

根据以上研究假设与研究资源,本书选取的变量及定义如表 5.7 所示。

表 5.7 变量的定义与赋值

	变量名称	取值范围	青壮年	老年
因变量	照护者压力	不为难 =1,比较为难 =2,很为难 =3	1.99	2.12
失能老人变量	失能等级	部分失能 =1,轻度失能 =2,中度失能 =3,重度失能 =4	2.66	2.61
照护者人力资源	年龄	实际调查数据	52.79	75.07
	健康	健康 =1,一般 =2,不健康 =3,很不健康 =4	2.01	3.02
	文化水平	1 = 文盲,2 = 小学,3 = 初中,4 = 高中及以上	2.11	1.25
照护者经济资源	年收入	实际调查数据	27470.1	6892.7
	借款机会	容易 =1,一般 =2,难 =3	1.85	2.9
非正式支持	老人子女数	实际调查数据	3.97	4.45
	儿子帮助	不管 =1,物资、资金、劳务帮助 =2,轮流照护 =3	1.63	1.74
	女儿帮助	不管 =1,物资、资金、劳务帮助 =2	1.66	1.77
	邻里帮助	无邻里 =1,不帮忙 =2,偶尔管帮忙 3,经常帮忙 =4	2.55	2.39
正式支持	村委会	不管 =1,推荐低保 =2	1.31	1.34
生计压力	耕地面积	实际调查数据	9.30	1.55
	打短工	无 =1,有一些 =2,很强烈 =3	1.63	1.16
	外出打工	无 =1,有一些 =2,很强烈 =3	1.75	1.10
	债务	无 =1,有 =2	1.41	1.01
	子女婚事	无 =1,有 =2	1.46	1.03

(二) 实证结果分析

1. 单因素分析

表5.8　　农村失能老人家庭照护者压力的单因素分析

指标		65岁及以下照护者		66岁及以上照护者		F值	概率值
		频数	百分比（%）	频数	百分比（%）		
照护者压力	不为难	48	31.8	35	23.0	1.971	0.161
	比较为难	56	37.1	64	42.1		
	很为难	47	31.1	53	34.9		
失能等级	部分失能	34	22.5	43	28.3	0.175	0.676
	轻度失能	30	19.9	26	17.1		
	中度失能	40	26.5	31	20.4		
	重度失能	47	31.1	52	34.2		
年龄	平均年龄	52.79		75.07		755.971	0.000
文化水平	文盲	38	25.2	119	78.3	116.527	0.000
	小学	66	43.7	28	18.4		
	初中	39	25.8	5	3.3		
	高中及以上	8	5.3	0	0		
健康	健康	47	31.1	6	3.9	119.440	0.000
	一般	59	39.1	28	18.4		
	不健康	42	27.8	75	49.3		
	很不健康	3	2.0	43	28.3		
家庭年收入	平均值	27470.1		6892.7		207.974	0.000
借款机会	容易	58	38.4	7	4.6	216.310	0.000
	一般	58	38.4	1	0.7		
	难	35	23.2	144	94.7		
老人子女数	平均值	3.97		4.45		5.812	0.017
老人儿子帮助	不管	83	55.0	45	29.6	2.055	0.153
	物资、资金与劳务	41	27.2	102	67.1		
	轮流照护	27	17.9	5	3.3		

续表

指标		65 岁及以下照护者		66 岁及以上照护者		F 值	概率值
		频数	百分比（%）	频数	百分比（%）		
老人女儿帮助	不管	51	33.8	35	23.0	4.339	0.038
	物资、资金与劳务	100	66.2	117	77.0		
邻里	无	7	4.6	15	9.9	3.515	0.062
	不管	66	43.7	69	45.4		
	偶尔管	66	43.7	61	40.1		
	经常管	12	7.9	7	4.6		
村委会	不管	104	68.9	100	65.8	0.326	0.569
	管	47	31.1	52	34.2		
耕地面积	平均值	9.30		1.55		155.550	0.000
打短工	无	90	59.6	136	89.5	36.311	0.000
	有一些	27	17.9	8	5.3		
	很强烈	34	22.5	8	5.3		
外出务工	无	88	58.3	144	94.7	62.370	0.000
	有一些	12	7.9	1	0.7		
	很强烈	51	33.8	7	4.6		
子女婚事	无	51	33.8	148	97.4	102.220	0.000
	有	69	45.7	4	2.6		
债务	无	89	58.9	150	98.7	93.505	0.000
	有	62	41.1	2	1.3		

从上表5.8可见，在照护者压力方面，青壮年照护者与老年照护者并不存在显著性差异，表明两个阶段的照护者都有自己的为难之处。以下对两个群体在各个解释变量之间的差异进行比较：

在老人的失能等级方面，青壮年与老年照护者不存在显著差异。

在照护者人力资源方面，青壮年照护者平均年龄为52.79岁，而老年照护者平均年龄为75.07岁；青壮年照护者平均文化水平为小学以上，而老年照护者为文盲以上，青壮年高于老年照护者；青壮年照护者自评健康为一般，而老年照护者自评健康为不健康。而且两组照护者差异在1%的水平上显著。表明青壮年照护者的人力资源更具生产性。

在经济资源方面，青壮年照护者年均经济收入为27470.1元，而老年照护者为 6892.7 元。而青壮年照护者获得借款的机会比一般要好，但老年照护者获得借款的机会则近于难。两组照护者差异都在 1% 的水平上显著。表明青壮年照护者经济资源与活动能力更具生产性。

在非正式支持网方面，失能老人的子女数中，青壮年照护者的老人平均子女数为 3.97 个，而老年照护者的老人子女数为 4.45 个，且差异在 5% 的水平上显著，可能是因为老年照护者的老人由于年龄更大，没有实行计划生育，因此，生育子女更多。老人的女儿提供的帮助中，老年照护者获得的老人女儿的帮助更多，且差异在 5% 的水平上显著，可能是因为老人照护中，女儿一般与母亲比较亲，所以提供了更多的帮助。而老人的儿子提供的帮助在两组照护者中没有显著的差异。青壮年照护者能够比老年照护者获得更多的邻里帮助，且在 10% 的水平上存在显著性差异，表明青壮年照护者具有更好的社会资源。

在正式支持网方面，青壮年照护者与老年照护者在村委会推荐低保方面没有显著差异。

在生计压力方面，耕地面积、打短工、外出务工、儿女婚事以及债务压力方面，青壮年照护者都高于老年照护者，且都在 1% 的水平上具有显著性差异，表明青壮年照护者具有更强的生计压力。

通过以上比较发现，青壮年的照护者人力资源具有更强的生产性、更高的财富创造力以及更强的生计压力。而在社区资源方面，青壮年照护者则略高于老年照护者，在直系亲属资源方面则略低于老年照护者。

2. 多因素分析

根据本研究数据的特点，本书采用最优尺度分析法对照护者压力的影响因素进行分析。最优尺度回归模型如下：$Y = F(W_1; W_2; W_3; W_4; W_5; W_6)$，其中，$Y$ 表示照护者压力，W_1 表示失能老人因素变量，W_2 表示照护者人力资源变量，W_3 表示照护者经济资源变量，W_4 表示非正式支持网变量，W_5 表示正式支持网变量，W_6 表示照护者生计压力变量。模型的计量结果见表 5.9。

表 5.9　　　　　农村失能老人家庭照护者压力比较

变量	青壮年照护者模型		老年照护者模型	
	系　数	重要性	系　数	重要性
失能等级	0.55 (80.88)***	0.571	0.43 (34.56)***	0.523

续表

变 量	青壮年照护者模型 系 数	青壮年照护者模型 重要性	老年照护者模型 系 数	老年照护者模型 重要性
年龄	0.09 (1.35)	-0.007	-0.09 (1.19)	-0.001
文化水平	-0.07 (0.99)	0.012	0.02 (0.08)	0.009
健康	0.10 (2.57)	0.007	0.29 (13.43)***	0.208
家庭年收入	-0.11 (1.92)	0.031	-0.08 (0.79)	0.034
借款机会	-0.03 (0.20)	-0.001		
老人子女数	-0.06 (0.58)	0.000	-0.11 (1.67)	0.036
老人儿子帮助	-0.05 (0.63)	0.000	0.06 (0.68)	-0.011
老人女儿帮助	0.004 (0.003)	0.000	-0.09 (1.22)	0.023
邻里	0.02 (0.16)	0.001	-0.14 (3.36)**	0.045
村委会	0.04 (0.33)	-0.005	0.22 (8.48)***	0.103
耕地面积	-0.08 (1.21)	0.023	-0.07 (0.54)	0.029
打短工	0.19 (7.81)***	0.142	0.02 (0.10)	0.002
外出务工	0.11 (2.57)*	0.049		
子女婚事	0.21 (9.39)***	0.101		
债务	0.19 (9.09)***	0.077		
调整 R^2	0.502		0.231	
F 值	8.569		3.393	
P 值	0.000		0.000	

注：括号内表示 z 值。

需要说明的是，在老年照护模型中，因为老年的照护者在借款机会、外出务工、债务以及子女婚事方面的频率已经很低（在5%及以下），因此，没有放进模型分析。

从表5.9可见，青壮年照护模型与老年照护模型调整的 R^2 分别为0.502和0.231，表明六大微观因素能够解释因变量的50.2%与23.1%，F 值分别为8.569和3.393，伴随概率均为0.000，表明模型具有统计学意义。而变换前后的容忍度都大于0.3，表明各个自变量之间不存在显著的共线性问题。以下分析青壮年照护与老年照护两个模型中的共同影响因素与差异影响因素。

（1）共同因素

失能等级是影响照护者压力的首要因素。在两个模型中，失能等级的系数都为正数,且在 1% 的水平上具有显著性差异,而且重要性系数在两个模型中都排第 1 位。表明失能等级越高,照护者压力越大,且失能等级是导致照护者压力的首要因素。

照护者经济资源对照护者压力没有显著性影响。在两个模型中,年经济收入的系数都要为负,表明照护者家庭年经济收入越低,照护者压力越大。但年经济收入在两个模型中都不存在显著性影响。同时,借款机会对照护者压力也没有显著性影响。可能是因为当前农村居民收入仍然处于较低阶段,即使一些相对比较富裕、借款相对比较容易的家庭,其收入及能力仍然不足以起到降低照护者压力的作用。

照护者的非正式支持网对缓解照护者压力的作用都不大。在两个模型中,老人子女数、老人儿子帮助与老人女儿帮助对照护者压力的作用在统计学上都不显著,可能是因为老人的其他子女大多以忙于自己的生计为重,无暇顾及失能老人与照护者。

(2) 差异因素

人力资源的影响在两个模型中存在差异。在青壮年照护者中,照护者年龄、文化与健康的影响都不显著;而在老年照护者中,健康的影响在 1% 的水平上显著,照护者健康状况越差,照护者压力越大。可能是因为青壮年的照护者大多健康状况较好,在照护中大多不存在健康问题。而老年的照护者健康状况存在较大差异,一些健康状况较差的照护者压力更大。

照护者的支持网的影响在两个模型中存在差异。在青壮年照护者中,村委会与邻里提供的帮助在统计学上不显著,表明青壮年照护者对村委会与邻里帮助的需求不大。而在老年照护者中,两个变量的影响作用在统计学上都是显著的,村委会越是向镇民政办推荐低保,照护者压力越大;而邻里提供帮助越多,照护者压力越小。可能是因为青壮年的照护者独立性与生产性更强,不在意村委会推荐的低保以及邻里帮助。而老年的照护者更加在意社区与邻里之间的帮助。

生计压力的影响在两个模型中存在差异。在青壮年照护模型中,打短工、外出务工、子女婚事与债务压力等生计活动是影响青壮年照护者压力的重要因素;但老年的照护者已经较少从事生计活动了,因此,生计活动对照护者压力的影响作用并不显著。

3. 影响因素的重要性排序比较

通过比较显著性水平、解释变量的系数以及重要性系数，可以得出各个变量的影响力，通过排序，可以发现两个模型中的一些差异。

在青壮年的照护者模型中，各个解释变量对照护者压力影响力顺序为：失能等级、打短工、子女婚事、债务与外出务工。可见，对青壮年的照护者而言，除了失能等级之外，生计压力是影响照护者压力的重要原因。

在老年的照护者模型中，各个解释变量对照护者压力影响力顺序为：失能等级、照护者健康、村委会以及邻里帮助。可见，对老年的照护者而言，除了失能等级之外，照护者自身的健康以及照护者的支持网的作用是影响照护者压力的重要原因。

（三）研究结论

1. 从影响照护者压力的主要因素入手，缓解照护者压力

失能等级是影响照护者压力的首要因素，应当通过转变养老院职能、构建社区居家养老服务体系、长期照护服务体系等途径，使一些失能时间长、失能等级高的老人更多地得到社会照护的支持。针对照护者的支持网对照护者支持力度不强等问题，应当重新界定村委会职能，把扶持老人照护者界定为村委会基本职能。在家庭政策上，采取更有力的措施，鼓励直系亲属以及邻里帮助照护者。

2. 针对照护者生存状态差异，制定差异化的支持政策

对于 65 岁以下的青壮年照护者，应当实施发展型家庭政策，减轻照护对照护者生计的冲击，使照护者有更多的精力从事生产经营性活动。

对于年老体弱的老年照护者，他们的体力常常无法承受繁重的照护任务。应常常对照护者进行体检，通过大力发展上门服务、日托服务等，从体力上帮助照护者。

五 调查地区子女生计与农村失能老人的配偶照护

一般而言，只要失能老人的配偶健在，且基本能够履行照护任务，就是照护的主要承担者，为了探索老人的子女对老人的配偶照护者的扶持作

用，在本研究的第一次调查中，项目主持人选择了部分配偶照护者进行了相关调查。其中，共调查了52个配偶照护者。

（一）变量定义

为了研究配偶照护者获得子女帮助的影响因素。因变量界定为子女帮助老人配偶照护者的频率，为分类变量，共分为"完全不管、管得较少、管得一般、管得较多"四个层次，所占比例分别为32.62%、28.76%、20.17%、18.49%。由此可见，子女们对失能老人配偶照护者的帮助频率并不高。

自变量包括失能老人因素、失能老人配偶照护者因素与子女因素三个方面。失能老人因素用失能等级作为代理变量。失能老人配偶照护者因素用老人的子女数、照护者健康以及照护能力作为代理变量。子女因素用子女年龄、子女健康、居住地、子女家庭经济状况、是否忙碌以及子女生计压力作为代理变量。

因变量与自变量的定义以及样本分布情况如表5.10和表5.11所示。

表5.10　　　　　　　　　　模型变量定义

变　量　名	变量类型	定　　义
因变量		
子女帮助老人配偶照护者的频率	分类变量	不管=1，管得少=2，管得一般=3，经常管=4
自变量		
失能老人因素	失能等级	分类变量	部分失能=1，轻度=2，中度=3，重度=4
失能老人配偶照护者因素	子女数	数值变量	实际调查数据
	照护者健康	分类变量	健康=1，一般=2，不健康=3
	照护能力	分类变量	不为难=1，比较为难=2，很为难=3
子女因素	子女年龄	数值变量	实际调查数据
	子女健康	分类变量	健康=1，一般=2，不健康=3
	居住地	分类变量	本村=1，本镇=2，本市=3，本省=4，外省=5
	子女家庭经济状况	分类变量	差=1，一般=2，好=3
	是否忙碌	分类变量	否=1，是=2
	子女生计压力	分类变量	较小=1，一般=2，很大=3

（二）样本分布

表5.11　　样本的基本情况

变量及特征		不管	较少	一般	经常管	频数	百分比（%）
一、失能老人							
失能等级	部分	19	16	8	5	48	20.6
	轻度	24	17	7	7	55	23.6
	中度	16	12	12	11	51	21.9
	重度	17	22	20	20	79	33.9
二、照护者							
子女数	均值	4.71	4.63	4.6	4.86	4.69	
照护者健康	健康	8	6	5	2	21	9.0
	一般	29	28	18	17	92	39.5
	不健康	39	33	24	24	120	51.5
照护能力	不为难	25	16	15	6	62	26.6
	比较为难	16	34	19	21	90	38.6
	很为难	35	17	13	16	81	34.8
三、子女生计							
子女年龄	均值	46.54	45.7	45.72	44.84	45.82	
子女健康	健康	34	44	36	35	149	63.9
	一般	17	10	4	4	35	15.1
	不健康	25	13	7	4	49	21.0
居住地	本村	34	12	18	19	83	35.6
	本镇	13	21	12	8	54	23.2
	本市	5	14	9	5	33	14.2
	本省	3	6	2	2	13	5.6
	外省	21	14	6	9	50	21.5
家庭经济	较差	32	17	5	2	56	24.0
	一般	36	37	30	21	124	53.2
	较好	8	13	12	20	53	22.8
是否忙碌	否	24	20	14	14	72	30.9
	是	52	47	33	29	161	69.1

续表

变量及特征		不管	较少	一般	经常管	频数	百分比（%）
生计压力	较小	3	6	10	19	38	16.3
	一般	26	32	28	13	99	42.5
	较大	47	29	9	11	96	41.2

调查样本数据如表5.11所示，从中可以得出以下结论：

1. 失能老人方面，部分失能、轻度失能、中度失能与重度失能比例分别为20.60%、23.60%、21.90%与33.90%。

2. 在照护者方面，配偶照护者平均有4.69个子女。而照护者自评健康、一般与不健康的比例分别为9.00%，39.50%和51.50%，一半以上的照护者自评自己身体健康状况较差。在照护者能力方面，调查设计了"照护过程中，您是否感到为难？"选项。感到不为难、比较为难与很为难的比例分别为26.60%、38.60%和34.80%，表明近3/4的照护者不同程度地感到照护能力不足。

3. 在子女生计方面，照护者子女平均年龄为45.82岁，在子女健康方面，评价子女健康、一般与不健康的比例分别为63.90%、15.10%与21.00%，六成以上的子女身体健康。因子女年龄较轻，因此，子女健康明显好于父母。在居住地方面，住在本村、本镇、本市、本省与外省的比例分别为35.60%、23.20%、14.20%、5.60%和21.5%，可见，随着城市化的快速发展，越来越多的子女已经离开传统的农村，远离父母去开创自己的事业，空间距离无疑会给子女回报父母之恩带来困难。在子女家庭经济方面，评论子女家庭经济条件较差、一般与较好的比例分别为24.00%、53.20%和22.80%，大多数老人在评论子女家庭经济时，都倾向于往低一点的层次评。在子女是否忙碌方面，否与是的比例分别为30.90%和69.10%。在子女生计压力方面，压力较小、一般与较大的比例分别为16.30%、42.50%与41.20%，表明老人认为近七成的子女忙碌，八成以上的子女存在生计压力，因此，即使很多子女都不大管老人，但绝大多数老人能够体谅子女。

（三）实证结果分析

运用最优尺度回归分析方法，得到模型结果如表5.12所示。

模型的确定系数 R^2 为 0.374，调整的 R^2 为 0.321，这表明所选取变量对子女提供帮助的解释力达到了 32.1%。模型的相伴概率值 $p<0.000$，表明模型具有统计学意义。模型各自变量的容忍度在变换前后都大于 0.1，表明模型不存在显著的共线性问题。

表 5.12　　　　　　　　相关性、容忍度与标准化系数

变量	标准化回归系数 系数	标准化回归系数 标准误	标准化回归系数 P值	相关性 零阶相关	相关性 偏相关	相关性 部分相关	重要性	容忍度 变换后	容忍度 变换前
失能等级	0.236	0.058	0.000	0.232	0.268	0.22	0.146	0.872	0.893
子女数	0.107	0.059	0.073	0.027	0.122	0.098	0.008	0.829	0.828
老人健康	0.11	0.058	0.028	0.041	0.129	0.103	0.012	0.871	0.842
照护能力	-0.135	0.06	0.026	-0.081	-0.151	-0.121	0.029	0.805	0.826
子女年龄	-0.207	0.064	0.001	-0.081	-0.216	-0.175	0.045	0.714	0.719
子女健康	-0.136	0.059	0.005	-0.29	-0.156	-0.125	0.106	0.841	0.866
居住地	-0.103	0.062	0.042	-0.062	-0.113	-0.09	0.017	0.767	0.778
家庭经济	0.227	0.058	0.000	0.371	0.259	0.212	0.225	0.879	0.817
是否忙碌	0.11	0.061	0.074	-0.003	0.122	0.097	-0.001	0.789	0.811
生计压力	-0.373	0.059	0.000	-0.415	-0.397	-0.342	0.414	0.842	0.798

从上表 5.12 可见，在失能老人方面，失能等级对子女的辅助性帮助具有正向影响，且在 1% 的水平上显著，表明老人失能等级越高，子女提供的帮助就越多。

在照护者方面，子女数对子女的辅助作用具有正向影响，且在 10% 的水平上显著，表明子女数越多，照护者得到的帮助就越多。老人健康对子女的辅助性帮助具有正向影响，且在 5% 的水平上显著，表明照护者身体健康越差，子女提供的帮助作用就越多。照护能力对子女的辅助性帮助具有负向影响，且在 10% 的水平上显著，表明照护能力越弱，子女提供的帮助越多。

在子女生计方面，子女年龄对子女的辅助性帮助有负向影响，且在 1% 的水平上显著，表明子女年龄越大，提供的帮助就越少。子女健康对子女的辅助性帮助有负向影响，且在 1% 的水平上显著，表明子女健康越差，提供的帮助就越少。子女的居住地对子女的帮助存在负向影响，且在

5%的水平上显著，表明子女离老人距离越远，提供的帮助就越少。子女家庭经济对子女的帮助有正向影响，且在1%的水平上显著，表明子女家庭经济条件越好，提供的帮助就越多。子女是否忙碌对子女提供的帮助有正向影响，且在10%的水平上显著，表明子女越忙碌，提供的帮助就越多。这可能是因为忙碌的子女经济可能更好一些，因此，更有实力帮助父母。生计压力对子女帮助有负向影响，且在1%的水平上显著，表明子女压力越大，对老人的帮助就越少。

由标准化系数、重要性系数及显著性水平可知，生计压力、家庭经济、失能等级对子女提供辅助的作用位居前三位。其后依次为子女健康、子女年龄、照护能力、居住地、照护者健康、子女数、是否忙碌等。这表明，子女在帮助失能老人配偶照护者时，首先考虑的还是自己的生计，在自身生计条件允许时，也会兼顾失能老人及照护者。

（四）研究结论

1. 失能老人配偶独自承担了照护成本，七成以上的照护者不同程度地感到为难。但老人普遍能够理解与体谅子女的难处。

2. 生计是影响子女对失能父母提供辅助性帮助的基础性因素，在自己的生计与失能老人、照护者之间进行了平衡，子女首先考虑的是自己的生计。只有自己的生计不受太大影响时，才能对父母进行辅助性帮助。当子女生计压力较大时，子女对父母的帮助作用一般是有限的。

六　本章结论与农村失能老人家庭照护者的社会支持

（一）本章基本结论

本章先后运用Logistic模型方法与最优尺度回归分析方法研究了照护者的压力及影响因素问题，并探讨了照护者的核心生计资源与外围支持网对照护者压力的影响作用，形成了以下一些基本结论：

1. 必须从农村失能老人家庭照护者的生计与社会支持网两个维度来看待家庭照护者的压力

从各个影响因素的作用力看，照护者人力资源、照护者生计压力等对家庭照护者压力的影响作用力较大，而调查地区照护者能够利用的支持网对缓解照护者压力的作用有待强化。概言之，保护好家庭照护者的人力资源，稳定家庭生计对于缓解家庭照护压力具有基础性作用；而构建家庭照护者社会支持体系是减轻家庭照护者压力的必由之路。

2. 对农村失能老人家庭照护者的政策应当是普惠型的、全方位的、有针对性的

应当改变以往片面扶持老弱病残、鳏寡孤独、经济困难等弱势群体的政策理念，实行扶强与扶弱并举的普惠型社会支持政策，并根据不同类型的家庭照护者的生存处境与困难，制定差异化的社会支持政策，使所有家庭照护者都获得所需要的支持。

（二）农村失能老人家庭照护者的社会支持

表 5.13　　　全面的、普惠型农村家庭照护者社会支持体系框架

	家庭照护者类型	主要困境	支持目的	社会支持内容	社会支持主体	社会支持实现途径	社会支持场合时间
强势群体	青壮年家庭照护者	生计压力大	保护生计	暂替性照护服务	社区服务体系	政府购买、自愿购买、邻里互助	照护者需要从事生计活动时
弱势群体	老年家庭照护者	生计压力小、体力差	保护体力	暂替性照护服务	社区服务体系	政府购买服务、邻里互助	当照护者体力不济时
弱势群体	经济困难家庭照护者	经济困难	稳定经济	资金	民政部门	经济补偿	当照护者经济困难时
中性群体	高等级失能老人家庭	无力承受	缓解压力	机构照护服务	各类养老院	养老院、托老所	当照护者无能为力时

表 5.13 对农村家庭照护者社会支持体系框架进行了说明，在这个框架下，应当从普惠、发展、多样化等角度来界定社会支持的目的、内容、社会支持主体、社会支持实现途径以及社会支持的场合。

1. 在社会支持的目的方面，针对不同类型的家庭照护者，确定有针对性的支持目的。

针对青壮年家庭照护者，以保护家庭可持续的生计能力为目的。

针对老年家庭照护者，以保护照护者的体力与健康为目的。

针对经济困难的家庭照护者，以稳定家庭经济为目的。

针对不堪承受高等级失能老人长期照护的家庭照护者，以缓解照护压

力为目的。

2. 在社会支持内容方面，为满足家庭不同类型的支持需求，应当实现多元化与差异化相结合。社会支持内容既有服务支持，又提供资金补偿，其中，服务支持包括暂替性照护服务与机构照护等。

3. 在社会支持主体方面，应当明确乡镇政府与农村社区支持老年人家庭照护者的职责，大力发展农村社区服务体系与长期照护服务体系等，并出台相关政策，对传统的非正式支持网进行激励。

4. 在社会支持的实现途径方面，针对陷于不同困境的家庭照护者，分别采取有针对性的支持方式。

针对青壮年家庭照护者，青壮年家庭经济状况相对较好，对经济补偿需求相对较小，应当以提供服务支持为主，而提供方式可以实行政府购买、照护者自愿购买与邻里互助相结合。

针对老年家庭照护者，他们普遍经济收入较低，应当实现经济补偿与服务支持相结合，而服务支持应以政府购买服务与邻里互助为主。

针对不堪承受高等级失能老人长期照护的家庭照护者，应当在农村大力发展各种层次的民营养老与托老机构，使他们得到更多的喘息机会。

5. 在社会支持场合与时间方面，所有家庭照护者在陷于照护困境时，都应当得到及时有效的社会支持。具体来说，当青壮年家庭照护者忙于生计时；当老年照护者体力不济时；当家庭照护者经济受到较大影响时；当家庭照护者无力承担高等级失能老人的长期照护时，社会支持体系都应提供相应的社会支持。

第六章　调查地区农村失能老人家庭照护者的抱怨研究

在《现代汉语词典》中，抱怨的含义是"心中不满，诉说别人不对"，因此，失能老人家庭照护者抱怨的含义应当是，"照护者心中不满，从而，诉说包括老人、亲属、社区等在内的各种主体的不对"。抱怨虽然源于心理与精神受损，但并不完全等同于心理与精神的受损。一些照护者虽然承受着巨大的心理压力，但仍然能够体谅老人与亲属，从而并不抱怨。

当前，随着城市化、老龄化的快速发展，农村失能老人的照护需求有不断增加的趋势。另外，激烈的市场竞争与生存压力又在不断冲击照护者的心理底线。如果不对照护者进行有效的支持，照护者的抱怨将成为农村失能老人家庭照护中一种十分普遍的现象，而抱怨的泛滥会导致照护者对失能老人的疏忽与虐待。因此，探讨照护者抱怨产生的原因，对于制定家庭照护者扶持政策具有重要意义。

一些学者从伦理与孝道等视角来理解与增进照护者的照护动力（姚远，2008；吕红平、李振纲，2008），主张照护者发扬孝文化传统，无怨无悔地照护老人。本研究认为，面对城市化与社会转型，应当从照护者核心生计资源与外围支持网的视角来看待照护者的抱怨问题。

本章的研究目的是探讨照护者的核心生计资源与外围支持网在照护者抱怨中的影响作用。本章首先运用质性研究法，研究农村失能老人家庭照护者抱怨的影响因素；运用统计学与计量经济学方法对影响因素进行进一步探讨，并比较分析子女照护者与配偶照护者抱怨的来源差别；最后对本章基本结论进行了小结，并提出了农村失能老人家庭照护者社会支持体系的构建对策。

一 调查地区农村失能老人家庭照护者抱怨影响因素的质性研究

（一）质性研究方法简介

质性研究方法是"研究者在自然情境下采用多种资料收集方法对社会现象进行整体性探究，通过与研究对象的互动对其行为和意义构建获得解释性理解的一种活动"（陈向明，2010）。熊秉纯（2001）认为，质性研究是一种"以文字叙述为材料、以归纳法为论证步骤、以建构主义为前提"的研究方法。

质性研究往往运用非概率抽样方法，缺乏定量研究的严谨与科学，因而，无法对事物发展的一般性趋势与发展规律进行预测。质性研究的特点与长处在于发现事物的真实性与多样性，从而，能够弥补定量方法的不足。正是基于这一优点，质性研究方法在社会学中得到了广泛采用。

在本研究中，质性研究对于探讨家庭照护者抱怨形成机理具有较好的方法论意义，因此，本节利用质性研究方法研究农村失能老人家庭照护者的抱怨问题。

（二）农村失能老人家庭照护者抱怨的质性研究

从抱怨的形成机理看，家庭照护者的抱怨大多与照护者的亲情认同感、支持网、生计以及老人的失能情况等直接相关。本节拟运用质性研究中的口述史方法，研究亲情认同感、生计、支持网以及失能老人照护过程对家庭照护者抱怨的影响。

笔者在实地调查过程中，发现家庭照护者抱怨具有以下基本倾向：面对失能老人这一灾难性事件的冲击，对老人的亲情认同感可以抵消抱怨；强有力的支持网可以削弱抱怨；生计压力则强化抱怨；而照护的艰辛过程往往加剧抱怨。

1. 家庭照护者对亲情的认同感与抱怨程度有较强的相关性

（1）配偶照护者的亲情认同感最高、怨言最少

对失能老人的亲情认同感是维系家庭照护的根本。配偶往往对夫妻之间几十年的深厚感情最为认同，因而，怨言最少。

潜江市老新镇举子河村 3 组羊某（男，76 岁，重度失能，失能时间

为3年；编号：LX048）。照护者为羊妻（78岁）。羊妻对老伴非常有感情，调查员没有听到她有丝毫怨言，照护可谓任劳任怨，夫妻之情令人动容。访谈是在调查员与羊妻之间进行的，以下是羊妻讲述：

案例6.1（LX048） 任劳任怨地照护老伴

老头子有病，有高血压、脑血栓，在床上睡了2年了。去年在潜江中心医院住院，都是女儿们出钱，报销之后，自己出了1000多元。村卫生室医生一般不出诊，怕出事了担当不起。要老头子自己去，叫他来都不来。这两年，都是我一个人照护老头子，老头子那么大个头。夜晚要起来好几次，我刚睡了一会，老头子就叫，"老婆子，我要喝"，我就起来弄水给他喝。又过了一会，他又叫，"老婆子，我要松手"，我就抱着老头子坐到凳子上拉屎。他的块头那么大，我好造孽。女儿说，"妈妈只怕要死在爸爸前面"。老头子一年到头都要睡在床上，他知道我的好，有一次，老头子说，"老婆子，我沾了你的光"，我说，"说这个话干什么？我不照护你，谁来照护你？"全村人都知道我们好，他年轻时对我好，我在他那里发脾气，老头子活着就没有什么意思了。老头子说，"等以后天气好了，我就来想一点法"。我说，"你想什么法？想头发？我不给绳子你，不给药你，你还想什么法？你要死了，我也就不活了"。

隔壁三家的人都不管我们，都只管自己。去年，我在门口菜园子里做事。老头子在床上睡烦了，出来倒在门口地上，我看到了，边跑边脱袄子，冬腊月，我想把老头子拉起来，拉得汗直滴的，旁边一个放牛的，只当没有看见。

老头子想吃点东西，我问他想吃什么，他说，想吃肉，想吃咸鸭蛋。可我又没有钱，我就想政府给我一点钱，我就可以买肉、买咸鸭蛋了。

潜江市龙湾镇柴铺村10组李某（男，64岁，重度失能，失能时间为2年；编号：LW045）。李妻（64岁）承担了主要照护职责。李某的家是一栋老式三间平房，调查员到李家时，李某睡在床上，叫了好几声，他都没有任何反应。后来听李妻说，老人已经连续8天没有吃饭，仅靠喝饮料维持生命。李某由他的妻子负责照料，李妻是一个十分仔细、并对丈夫充满感情的人，虽然偶有几句责怪老人的话语，但总体上能够履行自己的照护责任与义务。访谈是在调查员与李妻之间进行的，以下是李妻讲述：

案例6.2（LW045）
照护者虽偶有怨言，但总体上履行了照护老伴的责任

老头子在床上已经睡了2年了，老人从十六岁就开始当村干部，还当了八年村书记。他人直爽，别人都喜欢他。自从他瘫在床上之后，他整个人都变了，以前他从不打牌、不乱要东西吃，现在，只要看到门口有人卖东西，他就说要我去买。别人都说他这个病看不好了的，可只要他在电视上看到广告说哪种药可以治好他的病，他也一定要我们去买。药吃了这么多，也不见好，但他还是要买，说，你让我吃了这种药，我死了都不怪你。他把话都说到这个分上，借钱也要为他看哪。

我们有三个儿女，大儿子37岁，在家务农；二儿子35岁，在潜江打工；女儿41岁，嫁在老新姚桥村，在珠海打工。三个孩子都不大管我们，两个儿子三不知里买点菜来，基本上也不给钱我们。女儿两个小孩在读书，过年才能来一次，也只带点人事来。农村不比城市，老人只要能动一动的，都要自己动手，我只要能自己做好的，就不找儿女们，他们没有给你的，你找他们要什么呢？这两年要照料老头子，我都没有出过门。我去地里拉棉花都只能拉一袋，刚拉一袋，就听他在家里叫，就只能回来。老头子瘫在床上，屎尿都在床上，屎拉不出来，都是我用手把它抠出来的。买纸尿布（40多块钱一袋，一袋只有10张）为他隔尿，一袋只管得了5天。经济上我也承受不起。

在失能老人繁重的家庭照护中，夫妻感情比任何其他情感都更有意义。俗话说，"半路的夫妻胜过亲生的儿女"，笔者在调查中发现，即使是再差的夫妻情感，也比亲生的儿女强。潜江市龙湾镇瞄新村5组朱某（男，65岁，中度失能，失能时间为4年；编号：LW024）。主要照护者为朱某的妻子（61岁），照护者是失能老人的第二任妻子，而且一只腿有残疾。失能老人朱某年轻时好吃懒做、爱赌博、品性较差，而且常常欺负妻子。因此，家庭经济状况较差。两个老人都住在一间破旧的砖瓦房中，房子是三间的，与周边鳞次栉比的小洋楼相比，显得十分寒酸。两个老人一人住一间房。访谈是在调查员与朱妻之间进行的，朱妻显然对朱某以及照护过程充满怨恨，虽然讲了许多气话，但仍然能够为朱某提供基本的食物以及洗漱护理，只是态度较差。

访谈期间，朱某用双手拄着拐杖，站在一边静静地听着。而照料者有一只腿是跛的，一只眼睛是瞎的。以下是朱妻讲述：

案例 6.3（LW024）
配偶照护者虽充满怨恨、但仍然能够提供基本照护

他年轻的时候，狠不过，欺负我老实、说我憨，老说，"你只会憨做"。他自己好吃喝玩乐、游手好闲。没有钱了，还到处扯债。没有钱还给别人，别人还到家里来要拆房子。他倒好，包一夹，又跑出去了。我说，你要拆，只能拆他的一半，还有一半是我的，不能拆。他现在成了这个样子，腿子直弹的，他倒在地上，爬得起来就爬，爬不起来，谁也不管。家里有他不多，没他不少。我是吃我自己的，我不靠谁，他在床上睡了四年，我从来就不跟他洗澡。我的眼睛不是生下来就是瞎的，我眼睛得了病，我想要看，他就是不管。我要是倒在床上了，想要喝口水，他都不会管的。

家里被他玩得像水洗的，几个儿女们都出去了，两个女儿都出嫁了，儿子也到老新潭沟做了别人家的上门女婿。儿子要不出去做上门女婿，还有个人可以照料他一下。儿女们各有各的家，他们自己家里也有伢子老小，我们等于是多余的，一年上头才回来一次，他们也没有办法。

（2）儿媳对失能老人的亲情认同感较低、怨言较多

由于性别上的优势，儿媳往往需要承担老年人的照护责任。但儿媳与公公婆婆之间的关系常常是一对难解的矛盾，由于没有血缘关系，儿媳常常对公婆亲情缺乏认同感，因此，大多数儿媳不愿意照护公婆，在照护过程中，往往也是怨声载道。尤其是一些更需要照护的中度与重度失能老人，即使能够得到儿媳的照护，也仅仅是提供食物等基本生活资料。

潜江市老新镇徐李村4组李某（女，80岁，瘫痪在床，重度失能，时间为3年；编号：LX033）。李某平常都住在小儿子家后面的杂物间中，小儿子的房子比较豪华，装修也好。老人生有3个儿子和2个女儿。长子59岁，次子53岁，小儿子50岁。两个女儿中，长女49岁，嫁在潭沟村，来得比较少，小女44岁，嫁在三合村，因为与徐李村是邻村，所以，经常过来帮老人洗澡洗头洗衣服。三个儿子都在徐李村种田，轮流供养老人，每家一个月。访谈是在调查员与小儿媳（50岁）之间进行的，言谈

之中，照护者对老人的厌恶与抱怨溢于言表。以下是小儿媳讲述：

案例 6.4（LX033）　子女照护中，儿媳充满怨恨

我们这里的风俗是"父亲随老大，母亲随老小"，所以，老东西就住在我们家。我真恨不得用铁锨把她轰出去。平时，都是她住在三合的小女儿来帮她洗，我才不管她呢。我就给她一点饭吃。她拉屎拉尿都在屋里，都是她的儿子帮忙倒。我刚嫁过来时，怀老大，想吃米酒糟，她就在徐李街上卖米酒糟，都不肯给我弄一点，还是我自己到街上买的，两角钱一碗，我一共吃了两碗，才算解了馋。那时，我们生活困难，别人吃香油，我们天天吃酱油，老东西都不肯帮我一把，我现在盖房子、安置儿子结婚还欠别人 5 万元债，还有一个孙子要照料，能对她这样，就够好了。

2. 家庭照护者的生计压力是影响抱怨的关键因素

照护与生计之间是零和博弈关系。我国的大多数照护者还远远没有达到不需要忙于生计与从事生产，而专门从事照护的阶段。因此，生计的艰难是导致照护者产生抱怨情绪的重要原因。即使以前关系较好的夫妻，一旦一方失能之后，另一方在照护过程中，也难免因为生计而导致抱怨。潜江市浩口洪场村 2 组詹某（男，60 岁，轻度失能，失能时间为 6 年；编号：HK004）。老人在村上担任村会计达 10 多年，从外表看，老人长得比较气派，但中风偏瘫之后，说话就不连贯了。其妻子（61 岁）承担了主要照护职责。詹某家是公路边一间气派的三层楼，老两口生有 3 个女儿，长女 40 岁，留在家里吃老米饭（招上门女婿），在上海当保姆，而女婿则在家中做木工活，他们的儿子在潜江读高中。次女 38 岁，嫁洪宋粮站，但单位已经倒闭，二女儿得了乳腺癌，开刀动了手术，家庭经济困难，靠女婿开车养活一家人。三女儿 36 岁，嫁浩口幸福村，在家务农。三个女儿都不大管老人，逢年过节买点吃喝，平时不管。大女儿还说，"妈妈要是死在爸爸前面了，我是不管爸爸的"。女婿住在家里，他不说怪话，也不帮老人，看到了像没有看到的。

访谈是在调查员与照护者之间进行的，以下是照护者讲述：

案例 6.5（HK004）　生计的压力，使配偶照护者充满怨恨

我一天搞到黑的事，晚上回来了还要照护他，都六七年了，换了谁也受不了。他还经常在家里哭，我有时为他洗澡，搞烦了，就用手巾服子抽他，他就哭。我在外面搞事搞了一天，回来晚了，他就说我回来迟了，就骂我，我就说他，他就哭。

在潜江市农村，一些人即使已经是老人了，但仍然需要从事生产劳动。老新镇田李村7组田某（男，90岁，中度失能，失能时间为8年；编号：LX002）。老人配偶健在，他的妻子还能慢慢走动，但已经没有能力照护老人了。老人两口子住熊老公路边上儿子的楼房旁边的一间低矮的杂物间。老人生了3个儿子和2个女儿。老人的长子71岁，在田李村务农。次子在监利做上门女婿，三子在东荆做上门女婿。长女嫁在渔洋，次女嫁在田李村。两个儿子和两个女儿有时过来看一下老人，平时管得少，主要由长子负责老人的照料。老人的长子已经71岁了，仍然需要像年轻人一样从事生产劳动。访谈是在调查员与长子之间进行的，访谈过程中，作为一个年逾古稀的老人，照护者充满无奈与抱怨，以下是老人的长子讲述：

案例6.6（LX002）　　生计之难，使子女照护者充满怨恨

我今年71岁了，生了3个儿子和2个女儿。大儿子在田李村种田，小儿子在老新做服装生意，大女儿嫁在沙市，二女儿和小女儿都嫁在监利新沟。儿女们都在做自己的事，我自己还能动，就没有找儿子们。我身体不好，有肺气肿、冠心病、高血压等好几种病，每年治病都要花好几千元，去年还在潜江住了2个月院。我还能动，儿子们还要做自己的事，就没有找儿子们。老婆身体也差，一年做2个手术，钱都是我出的，儿子们不给钱。

老伴除了帮我料理家务，其他什么事情都是我做。我一个人要管两个老人，还要管自己和老婆看病。每天天不亮就起床到棉花田里洒农药，天黑下来才收工回家。农闲了，还要到砖厂做小工。别人比我年轻些的人，在家里看电视，我在棉花田里洒药，在砖厂做事。

3. 家庭照护者的支持网作用弱化是导致抱怨的决定因素
（1）村委会的不公允与不作为对照护者抱怨的影响比较大
村委会是潜江市大多数农村居民能够获得支持的唯一正规渠道，帮助

与支持老人本应是村委会的一项基本职能，但当前潜江市农村养老照护服务体系还是空白，能够提供的正规支持就是向民政办推荐低保。而且，大多数村干部对自己支持老年人家庭的职责认识不够，一些村干部甚至认为，老人的照护与管理全是子女的事，与村委会无关。另外，村委会在向镇民政办推荐低保过程中，的确存在不公平现象，较少考虑老人的失能因素。因此，大多数照护者对村委会充满怨言。

潜江市老新镇三合村4组徐某母（女，90岁，丧偶，重度失能，失能时间为4年）。徐某的家离公路有1公里左右，是一间老式三间平房。徐某已经69岁，老两口种了3亩地，还要管一个孙子。徐某夫妇二人与老人都没有血缘关系（徐妻是老人儿媳，老人的儿子死后，徐某入赘，做了上门女婿）。但徐某仍然不想把老人送养老院，因为怕名声不好。徐某夫妇生有一个女儿，也招了上门女婿，两口子在上海打工，孙子则由老两口照料。访谈是在调查员与徐某之间进行的，以下是徐某讲述：

案例6.7（LX039）　村委会的不公允与不作为，使照护者充满怨恨

我们两口子身体都不好，老伴一年药费都要2000元，我的肝上也有问题，一年也要500元，我们两口子只种了3亩多地，一年光种子、农药、化肥都要3500元。种田也弄不到什么钱。女儿女婿两口子在上海打工，把孙子留给我们照料。孙子在徐李上小学，女儿女婿不给我们钱，我们还要倒贴钱管孙子。

老人在床上睡了4年了，屎尿都拉在床上，洗衣送饭都是我们两口子。有时你在外面做事才回来，老人就说，帮我把这弄一下，帮我把那弄一下。把我都搞得烦了。你看我又不是在玩，我身体也不好。我在做事吵，我不做事，我没有吃的，您不是也没有吃的。

我只想上面帮我弄个低保。办了低保，我看病就可以不出钱。别人住好大的楼房的人，都办了低保。杨大才天天打牌，都有低保，我又不是不会打，村上的干部办低保就看谁有关系、谁狠。把这一段时间忙完了，我要到镇上去找民政。

（2）面对晚辈支持不足，少数家庭照护者表现出怨言，但大多数能够体谅晚辈

一些老年人在照护自己失能的配偶过程中，也同样需要得到子女的支

持。当前，失能老人仍然处于多子女阶段，理论上讲，"多子多福"，子女越多，老人照护者获得支持的可能性越大，但实际上，子女大多忙于自己的家庭生计，常常无法对照护者进行有效的帮助与支持，现在能够给予老年人有效支持的子女并不多见。一些老年人照护者反映，"只要有你在照护，他们（指子女）就不会管的"。面对这种现象，少数照护者表现出较强的怨言。

潜江市龙湾腰河村 8 组陈某（男，72 岁，中度失能，失能时间为 8 年；编号：LW069）。陈妻（70 岁）承担了主要照护职责。老两口住在原腰河管理区的一间遗弃的公房中，这间房子十分破旧，周围也没有什么人。访谈是在调查员与陈妻之间进行的，讲述中，照护者表现出了无奈与怨言。以下是老伴讲述：

案例 6.8（LW069）　　子女无情，照护者充满无奈与怨恨

老头子瘫痪已经 8 年了，这几年都是我一个人在安置。我生了 3 个儿子和 2 个女儿。大儿子 51 岁，全家人都在外打工，有时几年都不回来，但至今在家里都没有盖房子。去年给二儿子几千元钱，要他帮忙在家里买了个地基，还说剩下的几百元钱给我们用，他弄几个钱都不容易，我哪里好要他的钱呢？我又退给他们了。二儿子 49 岁，在村里当过书记，现在腰河街上卖化肥，平时也不管我们。小儿子 43 岁，也在腰河种田，他的两个伢子，一个在武汉读大学，一个在读初中，种了 20 多亩田，还欠了很多债，平时也过来帮我务一下农。大女儿 46 岁，嫁在无锡，在无锡打工，她多年也没有回来了，也不管我们。小女儿 40 岁，嫁在腰河 6 组，刚盖了房子。

几个儿女对我们都不好，我们在这里住了几年了，儿子们盖楼房，都没有为我们预备房间的，那天在街上碰到小女儿，找她要百把元钱，她都不给，说你有儿子的。世上还有这么马虎的女儿。我只对不起我的大女儿，那年她一个人跑到车站坐车出去到无锡打工，我连送都没有去送她一下。她只怕还记着我们的仇。

我的身体很不好，有胆囊炎、高血压、胃病，儿子们不给我们钱，我们都自己管自己，就种了门口的亩把田的豆子，前几天我不安逸了，医生跟我说，你千万不能再种田了。可我不种田，哪个又来管我呢？手头上本来就没有钱，老头子又总想吃药，一听说哪里有药，就想买的吃。前几

天，有人找到这里，说有一种药蛮灵，他一听，就信了，硬把我叫醒，把手上的几个钱要去买了药吃。吃了又不见好。

熊口赵脑村3组刘某（男，66岁，部分失能，失能时间为6年；编号：XK022）。其配偶（63岁）承担了主要照护任务。刘某与老伴住在儿子楼房后的一间小屋里，刘某前年到猪屋上去捡瓦，结果掉下来之后，摔成瘫痪，本来儿子们想跟他治好，但他怕花钱，没有看。实在拖不过去，才到荆州治疗，花了好几万元。但走路必须拄拐杖，行走很困难，上厕所经常也要老伴帮忙，但手还比较顺，因此，还要帮儿子摘棉花。调查员刚到家时，与刘某交谈，刘对儿子们很不满意，过了半个多小时后，刘的老伴拉棉花回来了，刘妻则是另一种说法，刘妻很能够体谅儿女们的难处。以下分别为刘某与妻子的讲述：

案例6.9（XK022） 对子女的行为，夫妻之间有不同理解

刘某讲述：

养人没有意思，你一不能动，他就恨不得把你往外掀，儿子一打牌就打得直飞的，就是不肯花块把钱跟我们买个过早。都是老婆子在管我，儿子们不给我们钱，是她在外赶工弄点钱，跟我在治点病。

与失能老人的怨恨不同，照护者刘妻对儿子们的行为有不同的理解。

刘妻讲述：

不是说伢子不孝顺，儿子也难，他的一个儿子在武汉读三本大学，一年就要好几万元，他还种了18亩多地，伢子们也要生活。怪只怪老头子不听话，从猪屋上落下来后，儿子们都要跟他看，他说睡得好的，硬是不看，结果，害得儿子们花冤枉钱，去年看病，儿子出了好几万元。我的身体也不好，每年光吃药都要一千多元，我一有时间就出去赶工、帮儿子做点事。我整天忙得作脚跳，回来还要照护老头子。

值得注意的是，毕竟"血浓于水"，虽然有少数照护者对晚辈的支持乏力表现出了一定的怨言，但大多数照护者仍然能够体谅儿女们生存的不易，所以，对晚辈的抱怨并不多见。"儿女们管我们管得少，现在儿子们不骂你，给你点粮食，给你点油，就是好的，儿子儿媳差了一身债，儿媳又有病，跟儿媳看病又要花钱，这几年她的病才好了一点。儿子还种了那么多地，每天又那么忙，我不怪儿子不管我们"（编号：LX048）。

（3）在失能老人的轮流照护中，家庭照护者往往心存怨言

一些老人失能之后，往往会在几个子女之间进行轮流照护。但兄弟妯娌之间往往会出现冲突与抱怨。"老东西有三个儿子，每人管一个月，为了管老东西，三个弟兄总在吵，关系搞得蛮僵"（编号：LX033）。笔者实地调查中发现，尤其是农忙期间，或者照护者有事需要外出时，兄弟妯娌之间的冲突会比较集中。

4. 长期而又繁重的照护过程对抱怨程度影响较大

无论是夫妻情感还是父子（母子）关系，都是人世间最真挚的亲情。这种亲情本来是维系家庭照护的根基，但老人一旦失能之后，照护的艰辛往往会超过照护者的忍耐极限，照护者的抱怨在所难免。

随着农村老龄化快速发展，种种繁重的照护责任纷至沓来，照护的艰辛不断地冲击着照护者的耐心：

（1）两个失能的父母都需要照护，照护者苦不堪言

潜江市老新镇直路河村5组李某（男，76岁，重度失能，失能时间为6年；编号：LX019）。李某已经76岁，他的老伴也失能3年了，家中有两个失能老人，两个老人都住在长子家中。照护者为了免去为老人穿脱衣服的麻烦，李某一年四季都赤条条躺在床上。老人生了3个儿子和2个女儿。照料主要由长子完成。次子和三子都在直路河村种田，但平时只给点米，不给钱。长女嫁在棉条湾村，也只给买点食物，而小女儿嫁在周矶，除了逢年过节给点钱之外，平时很少管。访谈是在调查员与长子之间进行的，访谈中，充满抱怨。以下是长子讲述：

案例6.10（LX019）
家有2个失能老人需要照护，照护者苦不堪言

家中两个老人都瘫痪在床上，父亲已经6年了，母亲也有3年了。父亲还要吃好东西，不给吃就在家里大喊大叫。老人穿衣脱衣不方便，我们干脆就不给他穿，整个人赤条条睡在床上，大小便也在房中，一进门就一股臭气。

老人除了瘫在床上这个问题之外，其他器官都很好，这么大的红青椒一口就能吃一个。老母亲瘫痪在床上也有3年了，一年上头有类风湿，要贴药。

以前父母健康的时候，有他们罩着，生活过得比较自由。现在，上有老，下有小，什么事情都要自己做。儿子在外面打工，不给我们什么钱，去年还倒找我们要了1万多元。我们这里靠近东荆河，是个出了名的水窝子，一下雨就淹，年成好的时候还有点收成，年成不好时，瞎忙一场。父母成了这个样子，又不能出门，做什么事情都没有心情。老人要是得的是癌症，还只要管几个月，要是这样，一管几年都不死，你真是一点法都没有。人生真是一点意思都没有。

（2）重度失能20年的老伴需要照护，照护者牢骚满腹

龙湾镇李台村9组李某妻子（女，78岁，重度失能，失能时间为20年；编号：LW023），李某（79岁）承担了主要照护职责，老人有4个儿子，大儿子已经58岁，小儿子40岁。老人的4个儿子住在一起，一字排开4间3层楼房，而老人则住在儿子门前的一间低矮的红砖房中。四个儿子中，有三个在家务农。照料者虽然已经79岁，但身体硬朗，声音洪亮，思路清晰，一点也不显老态。但老人对照料工作显然已经十分厌倦，满口都是牢骚话。访谈是在调查员与李某之间进行的，以下是李某讲述：

案例6.11（LW023） 长时期照护，配偶照护者牢骚满腹

她在床上已经20年了，刚开始还以为会好的，哪个晓得一睡下去就这样了，就再也不好了，我现在都还记得她得病的那天。我被她拖得苦得狠，我每天忙了外面，还要回来照护她。她天天要我把农药给她喝，我说，药就在那里，你自己去喝，我保证不拦你。她说要我喂给她喝。我哪个喂她呢？她说要我把她丢到河里，我说，你又不是不晓得河在哪里，你自己爬过去，她说要我把她丢到河里去，我把她丢到河里，"咚"的一声，别人都听到了，还说我不好。

我找村干部想弄个低保，村干部说，你有几个儿子，不跟我弄，村上几个弄了低保的，哪个不是几个儿子？我的儿子没得出息，要有出息，当个村干部，我都可以弄个低保。村上干部弄低保，就看你家里有没有人。像我这样的人都没有低保，一个个比我们年轻得多的人都在吃低保。

（3）性格古怪的失能老人实在难伺候，照护者烦不胜烦

尤其是一些老人失能之后，性格变得古怪，从而更难伺候。老新秀河

村4组徐某（女，86岁，中度失能，失能时间为4年；编号：LX003）。老人生有4个儿子和5个女儿，4个儿子中，老大已经66岁，小儿子也有50岁了，都在农村种地。老人由4个儿子轮流照料，每家10天。5个女儿也都在农村，有时间也过来帮忙洗衣服、洗床上。调查员进行调查时，老人正好住在老大家后厢房的一间房子中。访谈是在调查员与老大之间进行的。老大66岁了，曾经参军、入党，并担任过村干部，并有3个孩子。以下是照护者讲述：

案例6.12（LX003）　　照护古怪的失能老人，子女照护者烦不胜烦
不是我们不想安置老人，实在是老妈太烦人。以前老父亲也在床上也瘫了几年，可父亲脾气好，能自己动就自己动，我们都愿意安置他，但老妈脾气古怪，很难侍候。她还很能吃，还尽要吃好的，你不给她好东西吃，她就在家里发脾气，就把便桶倒在地上，弄得房子里臭不可闻。她又懒，明明能扶着板凳走，她就是不肯走，明明能动，她就是不肯动。她要是自己动一下，我们也轻松一些，可她整天就是要睡在床上，就是要别人侍候。我们几个都烦死她了。再过几年，我们都要人侍候了，还有孙子要管，儿子儿媳也不听话，生意做亏了，正在闹离婚，我现在还要管老人，实在是没有能力了。

老新镇烈士村4组王某（男，74岁，重度失能，失能时间为5年；编号：LX034）。主要照护者为其配偶（74岁），老两口一生没有生育。老两口住在公路边上的一间破烂的小茶馆中。访谈是在调查员与老人无条件之间进行的，以下是王妻讲述：

案例6.13（LX034）　　照护古怪的失能老人，配偶照护者烦不胜烦
老头子中风瘫痪已经4年了，每天三餐都要吃降压药，每天3颗，1颗2元钱，1个月就要180元。他尿和屎都拉在屋里，要我侍候，脾气还大得很，经常还要冤枉我，我最听不得冤枉话。我自己身体也不好，有高血压，忙一天，还呕他的气。家里的收入就靠开茶馆，几个熟人照顾我的生意，一天能够赚个十几元钱。我想把他送到养老院，可我不安置他，谁又来心疼他呢？好在村里的干部看我们是孤老，跟我们两个人弄了个农村五保，每人每个月有130元，加上开茶馆的收入和农保收入，一年也就

2000 元。

（4）百岁失能老人需要照护，照护者充满无奈与怨恨

随着生活与医疗条件改善，长寿而不健康的现象越来越普遍，以前比较少见的 90 岁以上甚至百岁以上的高寿老人时有出现。高寿失能老人的照护是未来需要特别关注的一个问题。一些照护者自己都已经达到了古稀之年，身体状况也较差、体力与精力也不足，但还要照护百岁失能老人。

老新镇全福村 8 组杨某的母亲（女，100 岁，丧偶，部分失能，失能时间为 15 年；编号：LX037）。老人一个人独居在离公路 1 公里左右的破烂小屋里，老人生活自理起来比较难，因此，常常需要儿子照料。老人没有子女，收养了杨某作为儿子。访谈是在调查员与杨某之间进行的，以下是杨某讲述：

案例 6.14（LX037）
年近古稀，还要照护失能的百岁母亲，照护者充满怨恨（一）

我年纪也大了，下半年就 70 岁了，我的身体也不好，挑不动水。我冬天过去帮老母亲送饭，我都冷得打哆嗦，我都要人管了，巴不得把老母送回老家。我的老婆身体也差，每年药费都要 3000 多元。我一个人还种了 5 亩地，养活 3 个人，既要管老伴，又要管老人。我管不了老人，想把老母送到养老院，可儿子（在村上当书记）说，有子女的人就不能送养老院。

现在的儿女们，只要你还有能力，子女就不给你钱，只要你还能动，儿子们就不管你。我的儿子们更不管老母，年轻人讲卫生，他一看到老人就走，嫌老人脏，说一辈人管一辈人，不跟老人拢堆，老人坐过的板凳，他们都要把它丢掉。

照料老人，对我也有影响，本来，我种不了地了，去年准备到外面去管门，这也比在家里强，但有老母亲在家，走不脱。

老新镇文成 2 组叶某（女，104 岁，重度失能，失能时间为 20 年；编号：LX001）。老人住在儿子楼房中的一间小房中。老人只有一个 75 岁的儿子，照护则主要由他履行。访谈是在调查员与照护者之间进行的，以下是照护者讲述：

案例 6.15（LX001）
年逾古稀，还要照护失能的百岁母亲，照护者充满怨恨（二）

母亲在床上瘫了 20 年了，我的老伴也死了 20 多年了，母亲一直都是我一个人照料。我年纪也大了，自己都要人照料了，身体也不好，有坐骨神经痛，腿肿。老人虽然 100 多岁了，可除了瘫在床上起不来，其他一点问题都没有。还很能吃，你刚刚给她吃了，她说还没有吃，就在家里叫。孙媳妇说，老人一天不死，她就一天不回来。我有 3 个儿子和 3 个女儿，他们对我都蛮好，要不是照料老母亲，我就到女儿家中去过了。

（三）农村失能老人家庭照护者抱怨的分布特征

1. 家庭照护者抱怨的分布情况

在实地调查中，调查员根据照护者口述情况，发现照护者的抱怨分布有以下特征：

表 6.1　　　　农村失能老人家庭照护者抱怨的分布特征

考察变量	主体	代表性语句	出现频率	结　论
亲情认同感	照护者	老东西早点死了好	偶尔	儿媳讲得较多，其他身份的照护者讲得较少
生计压力	照护者	不是我不想照护他（她），我又没有玩，我一天做到晚的事；我一家人还要生活	很频繁	生计压力大的青壮年照护者讲得多
支持网	失能老人子女	不是儿女们不管，儿女们有自己的家，家里事情多，手头紧	频繁	老年配偶照护者能够体谅儿女，对儿女们抱怨较少
	村委会	谁有关系、谁狠，谁就得低保	很频繁	大多数照护者对村委会抱怨多
	养老院	想将老人送到养老院，但养老院不收	偶尔	少数照护者对养老院有抱怨
	邻里	别人家有自己的事，有自己的老人。你不在的时候，他们顶多帮忙收一下衣服，给老人送点吃的	很少	大多数照护者对邻里不抱怨
	服务体系	没有听说，不知道	频繁	心存疑虑、不知道，担心又要收钱

续表

考察变量	主体	代表性语句	出现频率	结　论
照护过程	高等级、长期照护	老人在床上一瘫就是几年，都是我一个人在照护，换了谁都受不了	高等级、长期照护者很频繁	大多数照护者有抱怨

在亲情认同感方面，偶尔有儿媳发表类似的言语："老东西早点死了好"，但大多数虽有牢骚，但不太激烈。

在生计压力方面，青壮年家庭照护者经常发表类似言语："不是我不想照护他（她），我又没有玩，我一天做到晚的事"；"我一家人还要生活"。

在支持网方面，抱怨主要集中在村委会方面，尤其是对村委会的不作为以及低保申请中的不公允现象怨言较多。大多数照护者能够体谅自己的儿女；也有一些照护者对养老院有微词，但频率不高，表明大多数照护者能够认同自己对老人的照护职责。对邻里有怨言的很少，可能是因为照护者对邻里本来就没有寄多大希望。而绝大多数农村家庭照护者对服务体系还没有听说过，即使调查员对照护者进行了介绍，但照护者基本心存疑虑，所以，不存在抱怨。

需要长期照护以及高等级失能老人的家庭照护者抱怨很频繁，经常发表类似语言："老人在床上一瘫就是几年，都是我一个人在照护，换了谁都受不了。"

2. 家庭照护者抱怨的频率比较

笔者在调查中，比较了家庭照护者抱怨的频率，频率高的抱怨主要集中在生计、村委会以及高等级、长期失能老人照护三个方面。因此，在化解家庭照护者抱怨的主攻方向上，应当加强对照护者生计的保护、加快构建社区服务体系，并对需要长期照护的高等级失能老人实现机构照护。

二　调查地区农村失能老人家庭照护者抱怨影响因素的定量分析

（一）研究假设与变量设置

1. 研究假设

根据本章研究目的，拟从失能老人、照护者资源与生计压力三个角度研究照护者抱怨的影响因素,其中,照护者资源包括照护者经济资源、人力资源、非正式支持网、正式支持网等方面。具体说来,针对这些可能会影响农村失能老人家庭照护者抱怨的因素,作出如下假设:

(1) 失能老人特征

失能老人年龄。失能老人年龄越大,照护者觉得"老人已经活够了,怎么还不死",所以,假设失能老人年龄越大,照护者抱怨越大。

失能等级。失能等级越高,照护者需要付出的辛劳越多,所以本书预期失能等级越高,照护者抱怨越大。

(2) 照护者人力资源

与失能老人关系。一般来说,配偶照护者比子女照护者更注重与失能老人几十年的夫妻情感,更倾向于不抱怨,而子女照护者往往生计压力更大,可能更倾向于抱怨。

性别。男性一般不太愿意从事照护之类的家庭工作,性格也比女性更急躁,更倾向于抱怨。

年龄。年纪轻的照护者在外发展的机会多,生计压力也大。本书预期,年龄越轻的照护者越倾向于抱怨。

文化水平。照护者文化水平越高,挣钱的机会越多,照护的机会成本越高,但文化水平高的照护者可能更明事理。因此,本书认为,文化水平对照护者抱怨的影响方向不确定。

健康。健康状况好的照护者生计压力大,照护成本高;而健康状况差的虽然能够更体谅失能老人,但照护者体力差,可能无力履行自己的照护职责。本书认为,照护者健康对照护者抱怨的影响方向不明确。

(3) 照护者经济资源

家庭年经济收入。家庭年经济收入代表照护者的财富创造能力,照护者财富创造能力越强,照护的机会成本越高。本书预期,家庭年经济收入越高,照护者越倾向于抱怨。

借款机会。借款机会代表照护者社会活动能力与信誉,照护者在需要资金帮助时,越难获得借款,可能越倾向于抱怨。

(4) 非正式支持网

老人子女数。老人的其他子女对失能老人具有不可推卸的照护责任,失能老人子女数越多,照护者获得帮助的机会越多。本书预期,老人子女数对照护者抱怨有负向影响。

老人儿子帮助。老人儿子的帮助可以减轻照护者负担,本书预期,老人儿子的帮助可以减轻照护者抱怨。

老人女儿帮助。女儿的帮助一般是洗衣、洗澡等,而且女儿比儿子更细腻,本书预期,老人女儿的帮助可以减轻照护者抱怨。

邻里帮助。"远亲不如近邻",邻里帮助以及与照护者之间的情感可以减缓照护者抱怨,本书预期,邻里帮助对照护者抱怨有负向影响。

(5) 正式支持网

村委会。获得村委会向镇民办推荐的低保可以一定程度上缓解照护者的经济压力。本书假设村委会帮助可以减轻照护者抱怨。

(6) 照护者生计压力

子女能力。照护者子女能力越强,对照护者帮助作用越大,照护者抱怨越小。本书假设子女能力对照护者抱怨有负向影响。

耕地面积。耕地面积越大,照护者需要投入的时间越多,而用于照护的时间则会减少。本书假设耕地面积越大,照护者抱怨越大。

打短工意愿。打短工意愿越强,照护老人的时间越少。本书预期,打短工意愿对照护者抱怨有正向影响。

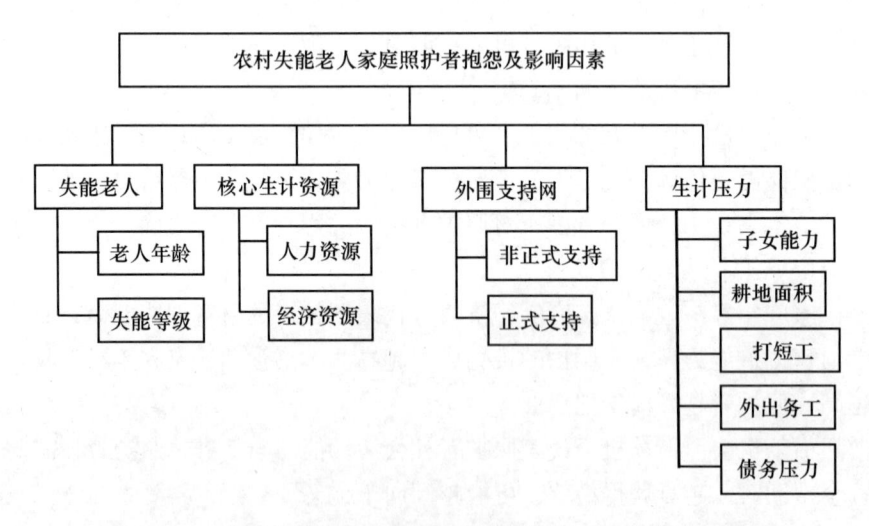

图 6.1 农村失能老人家庭照护者抱怨的影响因素分析框架

外出务工意愿。外出务工可以增加照护者收入,缓解生计压力,还可以摆脱繁重的照护任务。本书预期外出务工意愿对照护者抱怨有正向影响。

债务压力。债务是压在照护者心头上的一座山，本书预期债务压力对照护者抱怨有正向影响。

2. 变量设置

（1）因变量。因变量是照护者抱怨，根据调查员对照护者言行的评价——"照护者是否有怨言"进行选择。并设置：否＝1；是＝2。

（2）自变量。根据研究假设以及调查数据，自变量分别为：失能等级（SNDJ）、失能老人年龄（LRNL）、与老人关系（GX）、照护者性别（ZHXB）、照护者年龄（ZHNL）、照护者文化（ZHWH）、照护者健康（ZHJK）、家庭年收入（JTSR）、借款机会（JKJH）、老人子女数（ZNS）、老人儿子提供的帮助（EZ）、老人女儿提供的帮助（NE）、邻里帮助（LJ）、村委会帮助（CWH）、照护者性别（ZHXB）、照护者的子女能力（ZNNL）、耕地面积（GDMJ）、打短工意愿（DG）、外出务工意愿（WG）、债务（ZW）等。

（二）模型估计与结果分析

1. 模型估计方法与结果

在本项目研究之前，本书作者比较了使用 Logistic 模型与最优尺度回归两种方法所得到的研究结论，发现最优尺度回归方法处理本项目研究数据结果更为满意。因此，本书采用最优尺度分析法对照护者抱怨的影响因素进行分析。

最优尺度回归模型如下：$Y_{by} = F(W_1; W_2; W_3; W_4; W_5; W_6)$。其中，$Y_{by}$ 表示照护者的抱怨，W_1 表示失能老人因素变量，W_2 表示照护者人力资源变量，W_3 表示照护者经济资源变量，W_4 表示非正式支持网变量，W_5 表示正式支持网变量，W_6 表示照护者生计压力变量。

表 6.2　　　　　标准化系数、相关性与容忍度指标

变量	标准化回归系数			相关性			重要性	容忍度	
	系数	标准差	P 值	零阶相关	偏相关	部分相关		变换后	变换前
SNDJ	0.15	0.054	0.001	0.174	0.168	0.145	0.096	0.937	0.935
LRNL	0.11	0.065	0.098	0.069	0.101	0.087	0.027	0.648	0.422

续表

变量	标准化回归系数 系数	标准化回归系数 标准差	标准化回归系数 P值	相关性 零阶相关	相关性 偏相关	相关性 部分相关	重要性	容忍度 变换后	容忍度 变换前
GX	0.18	0.099	0.069	0.327	0.111	0.095	0.219	0.275	0.164
ZHXB	0.08	0.063	0.222	0.010	0.075	0.064	0.003	0.689	0.661
ZHNL	-0.25	0.101	0.002	-0.31	-0.15	-0.129	0.285	0.268	0.179
ZHWH	-0.15	0.08	0.034	0.111	-0.112	-0.096	-0.06	0.421	0.388
ZHJK	-0.01	0.066	0.955	-0.19	-0.013	-0.011	0.01	0.629	0.594
JTSR	0.20	0.09	0.009	0.292	0.132	0.114	0.211	0.335	0.289
JKJH	0.21	0.085	0.002	-0.142	0.15	0.13	-0.11	0.379	0.400
ZNS	-0.18	0.062	0.000	-0.148	-0.174	-0.151	0.097	0.716	0.626
EZ	-0.08	0.059	0.196	-0.156	-0.079	-0.068	0.044	0.771	0.765
NE	0.07	0.059	0.211	-0.049	0.076	0.065	-0.013	0.793	0.737
LJ	-0.10	0.056	0.019	-0.067	-0.111	-0.096	0.025	0.873	0.912
CWH	-0.01	0.057	0.815	-0.03	-0.014	-0.012	0.001	0.837	0.869
ZNNL	0.12	0.058	0.044	-0.004	0.122	0.105	-0.002	0.805	0.744
GDMJ	-0.06	0.061	0.336	0.055	-0.064	-0.055	-0.013	0.723	0.358
DG	0.10	0.061	0.071	0.189	0.099	0.085	0.069	0.734	0.73
WG	-0.06	0.065	0.475	0.154	-0.053	-0.045	-0.032	0.646	0.658
ZW	0.14	0.062	0.024	0.273	0.137	0.118	0.142	0.706	0.712

调整后的 $R^2 = 0.188$ $F = 3.229$ $Sig = 0.000$

在表6.2中,模型调整后的 R^2 为0.188,这表明所选六大微观变量能够解释照护者的抱怨程度的18.8%。模型的相伴概率值 $P < 0.000$,表明模型具有统计学意义;模型的各自变量的容忍度在变换前、后都大于0.1,表明模型不存在显著的共线性问题。

2. 自变量的影响方向与显著性比较

由表6.1可见,六大微观因素中,其对照护者抱怨的影响具有以下特点:

(1) 失能老人状况

失能等级系数为0.15,显著性水平为0.001,表明老人失能等级对照护者抱怨有显著影响,且失能等级越高,照护者抱怨越大。

失能老人年龄系数为0.11,显著性水平为0.098,表明老人年龄对照护者抱怨有显著影响,且老人年龄越大,照护者抱怨越大。

(2) 照护者人力资源

照护者与失能老人的关系的系数为 0.18,显著性水平为 0.069,表明与失能老人关系对照护者抱怨有显著影响,子女比配偶更容易产生抱怨。

照护者性别系数为 0.08,显著性水平为 0.222,表明男性比女性更倾向抱怨,但影响作用不显著。

照护者年龄系数为 -0.25,显著性水平为 0.002,表明照护者年龄对照护者抱怨有显著的负向影响,照护者年龄越小,越倾向于抱怨。

照护者文化的系数为 -0.15,显著性水平为 0.034,表明照护者文化对照护者抱怨有显著的负向影响,照护者文化水平越高,越不倾向于抱怨。

照护者健康系数为 -0.01,显著性水平为 0.955,表明照护者健康状况对照护者抱怨影响不显著。

(3) 照护者经济资源

照护者家庭年经济收入系数为 0.20,显著性水平为 0.009,表明照护者家庭年经济收入对照护者抱怨有显著影响,且家庭年经济收入越高,照护者抱怨越大。

借款机会系数为 0.21,显著性水平为 0.002,表明借款机会对照护者抱怨有显著影响,且照护者借款越难,照护者抱怨越大。

(4) 非正式支持网

老人子女数的系数为 -0.18,显著性水平为 0.000,表明老人子女数对照护者抱怨有显著的负向影响,老人子女数越多,照护者越是倾向于不抱怨,表明照护者的子女数对于稳定照护者情绪具有一定的积极意义。

老人儿子提供帮助系数为 -0.08,表明老人儿子提供帮助越多,照护者抱怨越少,但显著性水平为 0.196,没有通过显著性检验,原因可能是老人儿子大多以自己生计为主,提供的帮助无法对照护者抱怨形成显著性影响。

老人的女儿提供帮助系数为 0.07,显著性水平为 0.211,影响不显著。表明老人女儿越提供帮助,照护者抱怨越多,但女儿的帮助对照护者抱怨没有形成显著性影响。这与研究假设相反,可能的原因是,女儿虽然提供了帮助,但女儿大多离老人较远,而且她也有自己家的事情,所以,女儿提供帮助的频率并不高。这反而激起照护者对女儿的思念,并加剧了照护者抱怨。

邻里帮助的系数为 -0.10，显著性水平为 0.019，表明邻里帮助对照护者的抱怨具有显著的负向影响。邻里关系越好，提供帮助越多，照护者越是倾向于不抱怨。

(5) 正式支持网

村委会系数为 -0.01，显著性水平为 0.815，没有通过检验，表明照护者获得村委会推荐的低保对照护者抱怨有缓解作用，但影响作用并不显著。可能是因为村委会只推荐低保、不提供服务的帮助模式无法对照护者抱怨形成显著性影响。

(6) 照护者的生计压力

照护者的子女能力系数为 0.12，显著性水平为 0.044，表明照护者子女能力对照护者抱怨有显著的正向影响，照护者子女越有能力帮助照护者，照护者越倾向于抱怨。与研究假设相反，可能的原因是，照护者大多能够体谅老人能力较弱的子女，而能力较强的子女如果帮助老人较少，则会心生怨恨。

耕地面积系数为 -0.06，显著性水平为 0.336，没有通过显著性检验。表明耕地面积越大，照护者抱怨越少，这与研究假设相反，可能是因为当前种地有较好的收益，而且每年种地时间并不长，因此，大家都非常乐意种地。另外，大多数照护者耕地面积并不大，因此，无法对照护者抱怨形成显著性影响。

打短工意愿系数为 0.10，显著性水平为 0.071，表明打短工意愿对照护者抱怨有显著的正向影响，照护者打短工的意愿越强烈，抱怨越大。

外出务工意愿系数为 -0.06，显著性水平为 0.475，没有通过检验。照护者外出意愿越强，抱怨越少，这与研究假设相反。可能是因为大多数照护者年龄已经老化，没有选择外出外工，而是选择留在家中照护老人，这种权衡部分反映了照护者意愿。因此，外出务工意愿对照护者抱怨没有形成显著影响。

债务压力系数为 0.14，显著性水平为 0.024，债务压力对照护者抱怨有显著的正向影响，即照护者债务压力越大，越倾向于抱怨。

3. 自变量的重要性比较

由标准化系数、重要性系数与显著性水平，可以比较各个自变量对照护者抱怨的影响力（仅比较重要性系数的绝对值大小）。对照护者抱怨的影响作用力顺序依次为：照护者年龄、与老人关系、年收入、债务、借款机会、子女数、失能等级、打短工意愿、照护者文化水平、失能老人年龄、邻里、子女能力等。

（三）主要结论

通过以上的研究，得出了以下结论和一些政策启示：

1. 年龄、与老人关系、家庭年经济收入是导致照护者产生抱怨的首要因素。年龄较轻的子女照护者创造财富的能力更强、生计压力更大，也更倾向于产生抱怨。因此，应当注重保护照护者的人力资源和可持续生计能力。

2. 子女数、失能等级对照护者抱怨的影响力不容忽视。因此，少子女家庭与高失能等级的照护者需要得到政府与社会的更多关注。

3. 照护者的支持网对缓解照护者抱怨的作用还有待强化。老人其他儿子和女儿对照护者的帮助、村委会推荐低保等对缓解照护者抱怨的作用不显著。邻里帮助的作用虽然在统计学上是显著的，但影响力排名靠后。因此，尽快构建农村社区居家养老服务体系与长期照护服务体系、制定发展型的家庭政策等途径，强化照护者的支持网对照护者的帮助作用。

三 调查地区农村失能老人的配偶与子女照护者的抱怨比较

配偶与子女是农村失能老人家庭照护的主要照护资源，如前所述，照护者自身情况、照护者生计压力对照护者的抱怨具有较大影响，而子女照护者与配偶照护者在这两个方面都存在较大的差异，因此，有必要将子女照护者与配偶照护者分开进行比较。

另外，全部303个样本分成两组数据之后，一些在全部数据中显著的变量的影响作用变得不再显著。基于这种考虑，重新选择了解释变量，主要从失能老人因素、照护者人力资源、直系亲属资源、社区资源与生计压力五个方面进行比较。

（一）变量定义与描述统计分析

1. 变量定义

变量定义如表6.3所示：

表 6.3　　　　　　　　　　　　　　变量定义

	变量名	代码	变量类型	变量解释
被解释变量	抱怨程度	BY2	有序分类	1 = 无怨言，2 = 有一些怨言，3 = 有很大怨言
解释变量 — 失能老人因素	失能老人年龄	LRNL	数值变量	调查对象年龄
解释变量 — 失能老人因素	失能等级	SNDJ	有序分类	1 = 半失能，2 = 轻度失能，3 = 中度失能，4 = 重度失能
解释变量 — 人力资源因素	照护者年龄	ZHNL	数值变量	调查对象年龄
解释变量 — 人力资源因素	照护者健康	ZHJK	有序分类	1 = 健康，2 = 一般，3 = 不健康，4 = 很不健康
解释变量 — 非正式支持网	老人子女总数	ZNS	数值变量	实际调查数
解释变量 — 非正式支持网	老人儿子帮助频率	EZ	有序分类	1 = 不管，2 = 物资、资金、劳务帮助，3 = 轮流照护
解释变量 — 非正式支持网	老人女儿帮助频率	NE	有序分类	1 = 不管，2 = 物资、资金、劳务帮助
解释变量 — 非正式支持网	邻里是否帮助	LJ	有序分类	1 = 无邻里，2 = 不管，3 = 偶尔管，4 = 经常管
解释变量 — 正式支持网	村委会提供帮助	CWH	有序分类	1 = 不管，2 = 管
解释变量 — 生计压力	耕地面积	GDMJ	数值变量	实际调查数
解释变量 — 生计压力	打短工倾向	DG	有序分类	1 = 无，2 = 有一些，3 = 很强烈
解释变量 — 生计压力	外出务工倾向	WG	有序分类	1 = 无，2 = 有一些，3 = 很强烈
解释变量 — 生计压力	债务压力	ZW	名称变量	1 = 无，2 = 有
解释变量 — 生计压力	盖房压力	GF	名称变量	1 = 无，2 = 有

2. 变量的描述统计分析

表 6.4　　　　　　　　　　　　变量的描述统计

变量名	配偶照护 平均值	配偶照护 标准差	配偶照护 最小值	配偶照护 最大值	子女照护 平均值	子女照护 标准差	子女照护 最小值	子女照护 最大值
抱怨程度	1.34	0.612	1	3	1.81	0.78	1	3
失能老人年龄	74.16	6.934	60	91	82.92	8.28	60	104
失能等级	2.61	1.189	1	4	2.66	1.178	1	4
照护者年龄	73.54	7.46	53	90	53.11	9.303	35	76
照护者身体	2.95	0.805	1	4	2.02	0.863	1	4

续表

变量名	配偶照护				子女照护			
	平均值	标准差	最小值	最大值	平均值	标准差	最小值	最大值
老人子女总数	4.34	1.546	1	9	4.07	1.948	1	9
老人儿子帮助频率	1.66	0.474	1	2	1.70	0.815	1	3
老人女儿帮助频率	1.78	0.414	1	2	1.64	0.481	1	2
邻里是否帮助	2.43	0.756	1	4	2.52	0.681	1	4
村委会是否提供低保	1.40	0.491	1	2	1.25	0.432	1	2
耕地面积	2.14	3.992	0	18	9.12	7.096	0	50
打短工倾向	1.28	0.654	1	3	1.52	0.769	1	3
外出务工倾向	1.08	0.273	1	2	1.41	0.493	1	2
债务压力	1.07	0.253	1	2	1.37	0.485	1	2
盖房压力	1.03	0.174	1	2	1.24	0.428	1	2

从上表6.4可见，配偶照护者的抱怨程度均值为1.34，明显低于子女照护者的1.81。这是因为子女照护者往往比配偶照护者有更高的生计压力，另外，配偶照护者往往比子女照护者更加看重与老人之间几十年的夫妻感情，因此，更能体贴老人。

在失能老人方面，配偶照护中，失能老人平均年龄为74.16岁，明显低于子女照护中失能老人的平均年龄82.92岁。配偶照护与子女照护中的失能等级分别为2.61与2.66，并无显著差异。

在人力资源方面，配偶照护与子女照护中的照护者年龄分别为73.54岁与53.11岁，很多配偶照护者自身都已经步入了人生暮年，而子女照护者则正当壮年，处于"上有老、下有小"的生命周期。配偶照护与子女照护中的照护者平均身体状况分别为2.95与2.02，配偶照护者健康状况接近于不健康，而子女照护者健康状况在一般状况。子女照护者的身体情况明显好于配偶照护者。

在非正式支持网方面，配偶照护与子女照护中的老人子女数分别为4.34与4.07，并无明显差异。配偶照护与子女照护中的儿子帮助频率分别为1.66与1.70，并无明显差异。配偶照护与子女照护中的女儿帮助频率分别为1.78与1.64，表明配偶照护时，老人的女儿提供了更多的帮助，可能是因为女儿一般与母亲关系更加亲近，因此，提供帮助也更多。

配偶照护与子女照护中的邻里帮助均值分别为 2.43 与 2.52，子女照护时，邻里提供了更多的帮助，可能是因为子女一般工作比较忙碌，在外活动能力强，与邻里关系更加融洽，所以，能够获得更多的邻里帮助。

在正式支持网方面，配偶照护与子女照护中的村委会提供低保均值分别为 1.40 与 1.25，表明配偶照护时，照护者家庭更容易获得村委会向镇民政办推荐低保的帮助。

在生计压力方面，配偶照护与子女照护中的平均耕地面积分别为 2.14 与 9.12，配偶照护者明显低于子女照护者。配偶照护与子女照护中的打短工倾向分别为 1.28 与 1.52，子女照护者明显高于配偶照护者。配偶照护与子女照护中的外出务工倾向分别为 1.08 与 1.41，子女外出打工的倾向明显高于配偶照护者。配偶照护与子女照护中的债务压力平均值分别为 1.07 与 1.37，配偶照护者因为年事已高，不需要借钱，而子女照护者的债务压力则明显高于配偶照护者。配偶照护与子女照护中的盖房压力平均值分别为 1.03 与 1.24，子女照护者明显高于配偶照护者。可见，子女照护者比配偶照护者的生计压力更大。

（二）计量结果分析

1. 子女照护者抱怨影响因素分析

表 6.5　标准化系数、相关性与容忍度指标（子女照护者数据）

变量	标准化回归系数			相关性			重要性	容忍度	
	系数	标准差	P 值	零阶相关	偏相关	部分相关		变换后	变换前
LRNL	−0.04	0.115	0.725	−0.087	−0.032	−0.027	0.012	0.429	0.437
SNDJ	0.37	0.079	0.000	0.371	0.388	0.354	0.474	0.899	0.92
ZHNL	0.11	0.129	0.411	−0.021	0.074	0.062	−0.008	0.341	0.326
ZHJK	0.12	0.079	0.15	0.141	0.129	0.109	0.055	0.902	0.831
ZNS	−0.04	0.106	0.735	−0.126	−0.03	−0.026	0.016	0.5	0.46
EZ	−0.11	0.091	0.232	−0.128	−0.107	−0.09	0.048	0.679	0.652
NE	−0.11	0.098	0.285	−0.108	−0.096	−0.081	0.039	0.593	0.589
LJ	−0.11	0.084	0.194	−0.215	−0.116	−0.098	0.081	0.798	0.815
CWH	−0.08	0.081	0.308	−0.091	−0.091	−0.077	0.026	0.865	0.855
GDMJ	0.03	0.082	0.716	0.016	0.033	0.027	0.002	0.849	0.841
DG	0.07	0.088	0.588	0.177	0.065	0.055	0.039	0.724	0.737

续表

变量	标准化回归系数			相关性			重要性	容忍度	
	系数	标准差	P值	零阶相关	偏相关	部分相关		变换后	变换前
WG	0.10	0.093	0.273	0.148	0.098	0.083	0.052	0.659	0.656
ZW	0.13	0.084	0.127	0.114	0.136	0.116	0.05	0.793	0.776
GF	0.17	0.08	0.038	0.201	0.185	0.158	0.115	0.885	0.885
调整后的 $R^2 = 0.202$			$F = 3.232$		$Sig = 0.000$			

在表6.5中，模型调整后的 R^2 为0.202，这表明所选变量能够解释照护者的抱怨程度的20.20%。模型的相伴概率值 $P < 0.000$，表明模型具有统计学意义；模型的各自变量的容忍度在变换前、后都大于0.30，表明模型不存在共线性问题。由表6.5可以得出以下结论：

（1）在失能老人情况中，失能等级对照护者的抱怨程度具有正向影响，且在1%的水平上显著，即失能等级越高，照护者怨言越多。而失能老人年龄对照护者的抱怨程度没有显著性影响。

（2）照护者人力资源对照护者抱怨程度没有显著性影响。

（3）照护者的支持网对照护者的抱怨程度没有显著性影响。

（4）照护者的生计压力中，盖房压力对照护者的抱怨程度具有正向影响，且在5%的水平上显著，即照护者需要盖房的压力越大，照护者的怨言越多。而耕地面积、打短工、外出务工、债务压力等对照护者抱怨程度没有显著性影响。

通过以上的分析可以发现，子女照护者的抱怨不来自社会资源、也不来自人力资源，主要来自失能老人需要子女付出的劳动与需要盖房的生计压力等。

由标准化系数、重要性系数与显著性水平可知，失能等级对照护者抱怨程度的影响力大于盖房的压力。

2. 配偶照护者抱怨影响因素分析

表6.6　标准化系数、相关性与容忍度指标（配偶照护者数据）

变量	标准化回归系数			相关性			重要性	容忍度	
	系数	标准差	P值	零阶相关	偏相关	部分相关		变换后	变换前
LRNL	0.16	0.142	0.253	-0.105	0.095	0.085	-0.08	0.27	0.266

续表

变量	标准化回归系数			相关性			重要性	容忍度	
	系数	标准差	P值	零阶相关	偏相关	部分相关		变换后	变换前
SNDJ	0.13	0.077	0.108	0.125	0.134	0.12	0.073	0.913	0.918
ZHNL	-0.31	0.15	0.038	-0.207	-0.173	-0.155	0.301	0.245	0.244
ZHJK	-0.19	0.08	0.005	-0.123	-0.191	-0.172	0.107	0.85	0.733
ZNS	-0.12	0.089	0.167	-0.109	-0.115	-0.103	0.062	0.689	0.708
EZ	0.06	0.083	0.454	-0.019	0.063	0.056	-0.006	0.797	0.807
NE	0.14	0.082	0.08	0.068	0.146	0.13	0.045	0.82	0.851
LJ	-0.14	0.078	0.028	-0.068	-0.146	-0.131	0.043	0.911	0.944
CWH	0.11	0.079	0.168	0.136	0.115	0.103	0.069	0.877	0.9
GDMJ	-0.26	0.107	0.015	0.001	-0.202	-0.183	-0.001	0.482	0.476
DG	-0.04	0.085	0.602	0.026	-0.044	-0.039	-0.005	0.759	0.736
WG	-0.07	0.089	0.428	-0.051	-0.066	-0.059	0.017	0.689	0.681
ZW	0.24	0.096	0.014	0.255	0.204	0.185	0.283	0.593	0.593
GF	0.10	0.099	0.305	0.195	0.086	0.076	0.092	0.555	0.554

调整后的 $R^2 = 0.123$　　$F = 2.316$　　$Sig = 0.004$

在表6.6中，模型调整后的 R^2 为0.123，这表明所选变量能够解释照护者的抱怨程度的12.30%。模型的相伴概率值 $P < 0.004$，表明模型具有统计学意义；模型的各自变量的容忍度在变换前、后都大于0.20，表明模型不存在共线性问题。由表6.6可以得出以下结论：

（1）在失能老人情况中，失能老人年龄与失能等级对照护者抱怨程度都没有显著性影响，表明配偶照护者能够体谅与理解失能老人，不因老人失能而嫌弃自己的老伴。

（2）在照护者情况中，照护者年龄对抱怨程度具有负向影响，且在5%的水平上显著，即照护者年龄越小，照护者怨言越大，这可能是因为年龄较小的照护者面临更高的生计压力。照护者身体对抱怨程度具有负向影响，且在1%的水平上显著，即照护者身体状况越差，照护者怨言越小。可能是因为照护者身体状况越差，反而感到人生来日不多，因此，能与老伴在一起相互体贴。笔者在调查中发现，一些半失能老人照护自己完全失能的配偶，却并未表露出一丝怨言。

（3）在照护者的支持网中，老人的女儿帮助对照护者的抱怨程度具有正向影响，且在10%的水平上显著。即女儿越是提供帮助，照护者怨言越大。邻里帮助对照护者的抱怨程度具有负向影响，且在5%的水平上显著，即邻里帮助越多，照护者怨言越少。而老人的儿子的帮助、村委会提供的低保对缓解照护者的抱怨程度没有显著性影响。

（4）在照护者的生计压力中，耕地面积对照护者的抱怨程度具有负向影响，且在5%的水平上显著。即照护者越是耕种了土地，抱怨程度反而越低。可能是因为配偶照护者本来耕种的土地就较少，一些身体情况较好的照护者可能还能从耕种中获得乐趣。债务压力对照护者的抱怨程度具有正向影响，且在5%的水平上显著。即照护者面临的债务压力越大，在照护中的怨言就越多。而打短工、外出务工以及盖房压力等对照护者的抱怨程度的影响在统计学上不显著。

综合比较模型的标准化系数、重要性系数以及显著性水平等，对照护者抱怨程度的影响力大小顺序依次为：照护者年龄、债务压力、照护者身体、老人女儿帮助的频率、邻里帮助与耕地面积等。

3. 主要结论

由于子女照护者与配偶照护者具有不同的生存状态，因此，他们对失能老人照护的怨言具有不同的来源。子女照护者的抱怨主要来自失能老人与自己盖房的压力，因此，子女照护者往往嫌弃自己失能的父母。而配偶照护者则能够体贴与理解自己失能的老伴，并不因其失能而生怨言，其报怨主要来自自己年龄较大与身体体力的不济。

四 本章结论与农村失能老人家庭照护者抱怨化解的社会支持

（一）本章基本结论

本章运用质性研究方法与最优尺度回归方法研究了照护者抱怨以及抱怨产生的原因，并探讨了照护者的资源与支持网对抱怨的影响作用，形成了以下一些基本结论：

1. 调查地区大多数家庭照护者能够认可自己的照护职责，从而，为家庭照护社会支持政策的实施奠定了伦理学基础

从实地调查结果看，八成以上的家庭照护者能够克服各种困难、任劳

任怨地履行自己应尽的对老年人的责任与义务，表明在调查地区实施家庭社会支持政策、维护家庭在失能老人照护中的主体地位仍然具有现实基础。

2. 必须从家庭发展与社会支持的角度看待农村失能老人家庭照护者的抱怨问题

既要从伦理学角度强调家庭对老年人的照护责任，更要从生计与社会资源两个维度理解家庭照护者的抱怨问题。面对农村老年人照护需求的快速增长，如何实现家庭发展仍然是每个农村家庭的首要任务，在家庭生存竞争压力得不到缓解，而社会支持体系没有及时跟进时，家庭照护者会倾向于抱怨。因此，通过构建家庭照护者社会支持体系，缓解家庭照护对家庭发展能力的破坏性影响是强化家庭照护意识的必然选择。

（二）农村失能老人家庭照护者抱怨化解的社会支持

1. 强化社会支持是化解农村失能老人家庭照护者抱怨的根本途径

从研究结果看，照护者可以利用的支持网对缓解照护者抱怨的作用较小。尽快建立健全农村社区居家养老服务体系与长期照护服务体系、强化照护者非正式支持网等，并针对照护者不同的生存状态以及生计压力，实行差异化扶持政策。从而，平息老年人家庭照护中的抱怨情绪，使照护者更加心平气和地履行照护责任。

2. 大力发展农村托老机构，为农村失能老人家庭照护者提供替代性喘息服务支持

喘息服务是为家庭照护者减负的一个有效途径。欧美国家已经形成了比较完备的管理运行机制。喘息服务一般由政府机构或民间组织负责牵头管理，服务队伍由经过专门培训的护理员组成，从而，为家庭照护者提供临时性、替代性服务，使家庭照护者从繁重的照护中得到暂时性解脱休整。目前，我国上海、浙江、江苏等东部经济发达地区城市已经试水，并得到了广大家庭的一致好评，被誉为老年人家庭照护者的"救火队"。

农村家庭照护者一般在需要从事生计经营活动与心情郁闷时需要喘息服务，因此，应当大力发展农村托老服务等，使家庭照护者能够有足够的时间从事生产，在繁重的照护之余，能够舒缓压力、放松心情。从而，在家庭生计任务完成以及心情得到调整之后，能够以更加平和的心态重新履行自己的照护责任。

喘息服务在我国中西部（尤其是农村地区）还是空白，应当在政府支持与民间参与下，充分利用现有的村集体公共设施与留守妇女资源，在低盈利前提下，大力发展农村托老服务。从而，为家庭照护者减重压、为照护者心情构建一个临时性舒缓通道。

3. 发展农村养老护理机构，使重度失能老人能够实现机构照护

当前，我国农村（尤其是中西部地区农村）养老护理机构严重不足，无法适应农村照护需求快速上涨的趋势。应当采取多项举措来弥补这一短板：其一，转变养老院职能，把照护失能老人界定为乡镇养老院的基本职责。其二，鼓励社会力量举办老年人护理院。其三，在乡镇实行医养融合，为失能老人提供照护服务。总之，通过发展农村养老护理机构，使家庭照护者从高等级失能老人的长期照护中得到解脱。

第七章　调查地区农村失能老人家庭照护者对社会服务的需求研究

在失能老人的家庭照护中，照护者面临着生计压力与照护压力的多重冲击，他们"有说不尽的苦"（党俊武，2009），家庭照护的基础地位正受到严重侵蚀。如何构建失能老人照护者的支持体系、满足照护者对于社会服务的需求是未来中国农村需要解决的一项重大问题。

魏彦彦、孙陆军（2012）在2000年与2006年中国城乡老年人口抽样调查中发现，为农村在家居住的失能老人提供照料服务支持的主要是家庭。目前关于扶持家庭照护者的研究主要有两个思路：第一个是家庭政策思路。在家庭政策目标方面，吴帆、李建民（2012）认为，应当将家庭作为社会政策的基本对象，全面促进家庭发展能力的建设。而在家庭政策的方向与力度方面，胡湛、彭希哲（2012）认为，中国的家庭政策体系应实现向明确型和发展型转变。陈卫平（2012）认为，作为一个发展中国家，我国的家庭政策应该是适度的、生产性的。第二个是长期照护服务体系建设思路。当前，我国面向农村失能老年人的社会服务还是空白（党俊武，2009）。因此，杜鹏（2011）认为，应构建包括长期照护保险制度和长期照护服务的长期照护服务体系。而杨团（2011）则认为，应构建融入社区服务的中国农村老年人照护服务体系。在失能老人机构照护方面，穆光宗（2012）认为，机构养老在国家养老服务体系中具有"支撑"地位而不仅仅是"补充"，是接收失能老人最合适的地方。另外，老年照料市场、养老服务产业化、家庭服务业也得到了学术界的广泛研究（石人炳，2012；刘晓梅，2012；姜长云，2010）。

以上的研究无疑是开拓性的，但现有的文献中，关于农村失能老人家庭照护者对社会服务的需求的研究比较匮乏。本书利用相关实地调查数据，从微观角度对农村失能老人家庭照护者对社会服务的需求及其影响因素进行实证分析，为相关决策部门提供政策参考。

本章的研究目的是探讨照护者核心生计资源与外围支持网在照护者对社会服务需求中的影响作用，并比较农村失能老人家庭照护者对社会组织的需求。本章首先比较分析农村失能老人家庭照护者对社会服务的需求；其次，运用最优尺度回归分析方法研究照护者对社会服务需求水平的影响因素，并对五种社会服务需求的影响因素进行比较；再次，比较了农村失能老人家庭照护者对社会组织的需求；最后，对本章基本结论进行了小结，并提出了农村失能老人家庭照护者社会支持体系的构建对策。

一 调查地区农村失能老人家庭照护者对社会服务需求的一般特征

（一）变量选择与赋值

1. 变量选择与研究假设

因变量。本书运用意愿调查法来获取失能老人家庭照护者对社会服务的需求程度，共分为三个等级：不需要、比较需要和很需要。另外，笔者在调查中发现，潜江农村失能老人家庭照护者对社会服务需求知之甚少，例如，大多数照护者对长期照护与居家养老都缺乏认知，因此，本研究主要考察农村照护者最感兴趣的五种支持与服务，分别是：照护者对资金帮助、上门服务、喘息服务、日托服务、养老院服务五种支持与服务的需求。

自变量。根据已有的相关研究成果，本书将影响照护者需求的因素变量分为四个类别，即失能老人变量、照护者核心生计资源变量、照护者外围支持网压力变量、照护者生计压力变量。以下对各个自变量进行设定，并作出理论假设。

（1）失能老人变量

失能老人是照护者每天必须面对并付出一定帮助的照护对象，老人自身的特征对照护者各个方面都有直接影响。本章将失能老人特征设定为失能等级与失能老人年龄。理论上，老人年龄越大，失能的可能性也越大，失能等级越高，对照护者各个方面影响也越大，因此，需要帮助的概率也越大。本章预计，这两个因素对照护者寻求社会服务都具有正向的影响。

（2）照护者核心生计资源变量

照护者核心生计资源包括人力资源与经济资源。

在照护者人力资源变量方面。本书引入照护者年龄、性别、文化水平、照护者健康4个因素作为照护者个人因素变量。一般来说，照护者年龄越轻，从事生产、养育子女等方面的生计压力也越大，所以，越需要得到社会服务；而年龄越大，虽然从事生产、养育子女的任务已经完成，但体力也越差，也需要得到社会服务。因此，年龄对照护者社会服务需求的影响方向还需要运用计量经济学方法来确定。性别方面，传统上女性更多地担负起老人的照护责任，因此，女性可能更需要获得社会服务，但现在妇女外出务工或者在家庭附近打工的机会也越来越普遍，因此，性别对社会服务需求的影响方向还需要运用计量经济学方法来确定。文化水平越高，外出谋发展的机会也越多，因此，本章预计，文化对照护者社会服务需求具有正向影响。照护者健康状况越差，则体力与经济状况也越差，因此，越需要社会服务。

在照护者经济资源变量方面。本章引入照护者经济等级、获得贷款的机会作为代理变量。照护者经济条件越好，需要社会帮助的可能性越小；照护者获得贷款的机会反映了照护者的能力与社会交往，一般而言，机会越多，能力越强，发展潜力越大，照护失能老人的机会成本也越高，因此，越需要获得社会服务。

（3）照护者外围支持网变量

照护者外围支持网变量包括照护者非正式支持网变量与正式支持网变量。

在照护者非正式支持网变量方面。本章选择老人子女数、老人儿子帮助频率、老人女儿帮助频率、邻里帮助频率4个变量作为代理变量。从理论上看，照护者非正式支持网越丰富，对社会服务的需求就会越小。

在照护者正式支持网变量方面。本章选择村委会帮助（低保）作为代理变量。本章预计，村委会对照护者的帮助作用越大，照护者对社会服务的需求就越小。

（4）照护者生计压力变量

本章选择耕地面积、子女能力、打短工、外出务工、盖房、债务、儿女婚事等几种常见生计活动作为影响照护者的生计压力。一般而言，照护者面临这些生计活动的压力越大，越没有精力从事照护，因此，对社会服务的需求越强烈。预计这些变量对社会服务的需求是正向影响。

2. 变量赋值

因变量、自变量的类型与赋值如表 7.1 所示。

表 7.1 变量定义

	变量名	代码	变量类型	变量解释
被解释变量	资金帮助	ZJ	有序分类	1 = 不需要，2 = 有一些需要，3 = 很需要
	上门服务	SM	有序分类	1 = 不需要，2 = 有一些需要，3 = 很需要
	喘息服务	CX	有序分类	1 = 不需要，2 = 有一些需要，3 = 很需要
	日托服务	RT	有序分类	1 = 不需要，2 = 有一些需要，3 = 很需要
	养老院服务	YL	有序分类	1 = 不需要，2 = 有一些需要，3 = 很需要
解释变量	失能老人因素	失能老人年龄	LRNL	数值变量	调查对象年龄
		失能等级	SNDJ	有序分类	1 = 半失能，2 = 轻度失能，3 = 中度失能，4 = 重度失能
	照护者核心生计资源	照护者年龄	ZHNL	数值变量	调查对象年龄
		照护者性别	ZHXB	名称变量	1 = 女，2 = 男
		照护者文化	ZHWH	有序分类	1 = 文盲，2 = 小学，3 = 初中，4 = 高中及以上
		照护者健康	ZHJK	有序分类	1 = 健康，2 = 一般，3 = 不健康，4 = 很不健康
		经济等级	JJDJ	有序分类	1 = 富裕，2 = 一般，3 = 贫困
		贷款机会	DKJH	有序分类	1 = 容易，2 = 一般，3 = 难
	照护者外围支持网	老人子女数	ZNS	数值变量	实际调查数
		老人儿子帮助频率	EZ	有序分类	1 = 不管，2 = 物资、资金、劳务帮助，3 = 轮流照护
		老人女儿帮助频率	NE	有序分类	1 = 不管，2 = 物资、资金、劳务帮助
		邻里是否帮助	LJ	有序分类	1 = 无邻里，2 = 不管，3 = 偶尔管，4 = 经常管
		村委会提供低保	CWH	有序分类	1 = 不管，2 = 管
	生计压力	耕地面积	GDMJ	数值变量	实际调查数
		子女能力	ZNNL	有序分类	1 = 需照护者帮助，2 = 能力一般，3 = 能够帮助照护者
		打短工	DG	有序分类	1 = 无，2 = 有一些，3 = 很强烈
		外出务工	WG	名称变量	1 = 无，2 = 有
		盖房	GF	名称变量	1 = 无，2 = 有
		债务	ZW	名称变量	1 = 无，2 = 有
		儿女婚事	HS	名称变量	1 = 无，2 = 有

（二）农村失能老人家庭照护者对社会服务需求比较

表 7.2　　家庭照护者希望政府或者社区给予帮助的需求情况

需求内容		不需要	比较需要	很需要	均值	标准差
资金帮助	频数	53	101	149	2.32	0.754
	百分比（%）	17.5	33.3	49.2		
上门服务	频数	83	120	100	2.06	0.776
	百分比（%）	27.4	39.6	33.0		
喘息服务	频数	179	62	62	1.61	0.805
	百分比（%）	59.1	20.5	20.5		
日托服务	频数	211	66	26	1.39	0.641
	百分比（%）	69.6	21.8	8.6		
养老院服务	频数	254	21	28	1.25	0.613
	百分比（%）	83.8	6.9	9.2		

从上表 7.2 可见，在 5 种比较农村失能老人家庭照护者社会服务需求中，需要频率依次为：资金帮助、上门服务、喘息服务、日托服务与养老院服务。

在资金帮助方面。资金因为其无可比拟的流动性备受照护者青睐，尤其是一些老年照护者本来收入就比较低（一些老人除了新农保之外，基本上没有稳定的收入来源），因此，82.5% 的照护者表示需要政府提供资金帮助。

在上门服务方面。上门服务因老人不离开自己家门也得到大家认可，72.6% 的照护者希望有组织能够提供上门服务，尤其是在农忙或者照护者需要外出时，上门服务更受欢迎。

在喘息服务方面。41.0% 的照护者因为长期从事照护，身心俱疲，希望有人能够暂时替换一下自己。

在日托服务方面。很多照护者对托老服务仍心存疑虑，一方面，有人当心要出钱（有的照护者表示，不出钱就送去，出钱就不送去）；另一方面，也有人怕麻烦（有照护者表示，每天送来接去，太花时间）。因此，只有 30.4% 的照护者希望将失能老人送托老所。

在养老院服务方面。愿意将失能老人送养老院的比例则更低，只有16.1%的照护者有意愿将老人送养老院。究其原因，其一，失能老人大多不愿意离开生活了大半辈子的家；其二，一些照护者怕将老人送养老院后，别人说闲话；其三，一些照护者担心把老人送养老院要花钱。值得注意的是，一些配偶照护者愿意将失能老人送养老院，但前提是老两口子一起去，这样，方便照护自己的老伴。

（三）样本数据分布

1. 照护者对资金帮助的需求分布

表 7.3　　　　　　　　　照护者对资金帮助的需求分布

变量	特征	人数（均值）	需求程度（%）		
			不需要	比较需要	很需要
老人年龄	均值	78.26	80.25	78.82	77.18
失能等级	部分失能	77	14.29	35.06	50.65
	轻度失能	56	17.86	28.57	53.57
	中度失能	71	21.13	31.00	47.89
	重度失能	99	17.17	36.36	46.46
照护者年龄	均值	63.97	66.19	60.94	65.23
照护者性别	女	160	18.75	32.5	48.75
	男	143	16.08	34.27	49.65
照护者文化	文盲	157	18.47	27.39	54.14
	小学	94	10.64	38.30	51.06
	初中	44	27.27	43.18	29.55
	高中及以上	8	25	37.5	37.5
照护者健康	健康	53	20.75	49.06	30.19
	一般	87	18.39	39.08	42.53
	不健康	117	13.68	30.77	55.56
	很不健康	46	21.74	10.87	67.39
经济等级	富裕	33	42.42	48.48	9.09
	一般	93	13.98	46.24	39.78
	贫困	177	14.69	23.73	61.58

续表

变量	特征	人数（均值）	需求程度（%）不需要	需求程度（%）比较需要	需求程度（%）很需要
贷款机会	容易	65	23.08	49.23	27.69
	一般	59	15.25	37.29	47.46
	难	179	16.20	26.26	57.54
子女数	均值	4.21	4.57	4.46	3.93
老人儿子帮助	不管	128	12.5	31.25	56.25
	资金、物资、劳务	143	21.68	32.17	46.15
	轮流照护	32	18.75	46.88	34.38
老人女儿帮助	不管	86	16.28	31.40	52.33
	资金、物资、劳务	217	17.97	34.10	47.93
邻里	无邻里	22	4.55	36.36	59.09
	不管	135	16.3	34.07	49.63
	偶尔管	127	22.05	31.5	46.46
	经常管	19	10.53	36.84	52.63
村委会	不提供	204	19.12	35.29	45.59
	提供	99	14.14	29.29	56.57
耕地面积	均值	5.41	5.94	6.4	4.55
子女能力	需照护者帮助	41	14.63	39.02	46.34
	能力一般	147	15.65	32.65	51.70
	能够帮助照护者	112	20.54	33.04	46.43
打短工	无	226	18.58	33.63	47.79
	有一些	35	20	42.86	37.14
	很强烈	42	9.52	23.81	66.67
外出务工	无	232	18.97	31.47	49.57
	有	71	12.68	39.44	47.89
盖房	无	264	18.18	34.85	46.97
	有	39	12.82	23.08	64.10
债务	无	239	19.25	33.05	47.70
	有	64	10.94	34.38	54.69
儿女婚事	无	230	18.26	31.30	50.43
	有	73	15.07	39.73	45.20

从上表7.3可以发现，不同变量在对资金需求方面有以下特点：

在失能老人方面：

失能老人年龄与照护者对资金的需求方面呈负相关关系，但差距不大。在失能等级中，重度失能老人与中度失能老人的照护者需要资金帮助的比率略低于部分失能老人与轻度失能老人。

在照护者核心生计资源方面：

在照护者人力资源方面，照护者平均年龄呈"V"形，比较需要资金帮助的照护者平均年龄最低。男性照护者需要资金帮助的比率略高于女性。而在文化水平方面，文盲与小学文化水平的照护者需要资金帮助的比率明显高于初中与高中文化水平。在照护者健康方面，照护者健康状况越差，对资金的需求程度越大，而且差异十分明显。

在照护者经济情况方面，经济条件与对资金需求情况呈现明显的正相关关系。而且越难获得贷款的照护者对资金的需求程度越大。

在照护者外围支持网方面：

在照护者的非正式支持网方面，子女数与对资金的需求程度呈负相关关系。老人的其他儿子对照护者帮助越频繁，照护者对资金的需求越小。从老人女儿处获得了帮助的照护者对资金的需求弱于女儿不管老人的照护者。无邻里的照护者对资金的需求程度高于其他三种类型的照护者。

在照护者的正式支持网方面，获得了村委会推荐的低保的照护者比没有获得的照护者更需要资金帮助。

在生计压力方面：

耕地面积与照护者对资金的需求呈倒"V"形，两者之间并没有显著的线性关系。而且子女能力与照护者对资金的需求呈倒"V"形。而在家附近打短工意愿强烈的照护者对资金帮助的需求程度最大。有外出务工想法的照护者寻求资金帮助的意愿略高于没有外出务工打算的照护者。而有盖房倾向的照护者很需要资金帮助的比率明显高于没有盖房倾向的照护者。家中还欠债务的照护者对资金的需求也高于不欠债的照护者。有儿女尚未完婚的照护者对资金的需求程度也高于没有这一压力的照护者。

2. 照护者对上门服务的需求分布

表7.4 照护者对上门服务的需求分布

变量	特征	人数（均值）	对上门服务的需求程度（%）		
			不需要	比较需要	很需要
老人年龄	均值	78.26	78.55	78.79	77.39
失能等级	部分失能	77	58.44	27.27	14.29
	轻度失能	56	42.86	37.5	19.64
	中度失能	71	4.23	59.15	36.62
	重度失能	99	11.11	36.36	52.53
照护者年龄	均值	63.97	62.31	64.84	64.29
照护者性别	女	160	25.63	39.37	35
	男	143	29.37	39.86	30.77
照护者文化	文盲	157	26.11	42.68	31.21
	小学	94	25.53	36.17	38.30
	初中	44	38.64	34.09	27.27
	高中及以上	8	12.5	50	37.5
照护者健康	健康	53	37.74	28.30	33.96
	一般	87	29.89	37.93	32.18
	不健康	117	28.21	43.59	28.21
	很不健康	46	8.70	45.65	45.65
经济等级	富裕	33	48.48	30.30	21.21
	一般	93	32.26	38.71	29.03
	贫困	177	20.90	41.81	37.29
贷款机会	容易	65	40	35.38	24.62
	一般	59	23.73	38.98	37.29
	难	179	24.02	41.34	34.64
子女数	均值	4.21	4.24	4.33	4.06
老人儿子帮助	不管	128	28.91	35.94	35.16
	资金、物资、劳务	143	25.87	41.26	32.87
	轮流照护	32	28.13	46.88	25
老人女儿帮助	不管	86	26.74	39.53	33.72
	资金、物资、劳务	217	27.65	39.63	32.72

续表

变量	特征	人数（均值）	对上门服务的需求程度（%）		
			不需要	比较需要	很需要
邻里	无邻里	22	31.82	36.36	31.82
	不管	135	23.7	42.96	33.33
	偶尔管	127	26.77	37.8	35.43
	经常管	19	52.63	31.58	15.79
村委会	不提供	204	29.9	41.18	28.92
	提供	99	22.22	36.36	41.41
耕地面积	均值	5.41	7.23	4.99	4.42
子女能力	需照护者帮助	41	29.27	36.59	34.15
	能力一般	147	31.29	37.41	31.29
	能够帮助照护者	112	20.54	43.75	35.71
打短工	无	226	30.09	42.04	27.88
	有一些	35	31.43	40	28.57
	很强烈	42	9.52	26.19	64.29
外出务工	无	232	29.74	41.81	28.45
	有	71	19.72	32.39	47.89
盖房	无	264	28.03	39.77	32.20
	有	39	23.08	38.46	38.46
债务	无	239	29.71	39.33	30.96
	有	64	18.75	40.63	40.63
儿女婚事	无	230	29.57	40.87	29.57
	有	73	20.55	35.62	43.84

从上表7.4可以发现，不同变量在对上门服务需求方面有以下特点：

在失能老人方面：

失能老人平均年龄与照护者对上门服务的需求方面差距不大，并未发现显著差异。在失能等级中，随着失能等级的提高，照护者对上门服务帮助需求显著上升，表明失能等级与上门服务需求之间存在明显的正相关关系。

在照护者核心生计资源方面：

在照护者人力资源方面，不需要上门服务的照护者平均年龄略低于其他两种类型的照护者，但差异并不明显。男性照护者对上门服务的需求比率略低于女性。而在文化水平方面，小学与高中文化水平的照护者对上门服务帮助的需求高于文盲与初中文化水平的照护者，但两者并不存在线性关系。在照护者健康方面，很不健康的照护者对上门服务的需求程度明显高于其他照护者。

在照护者经济情况方面，经济条件与对上门服务需求情况呈现明显的正相关关系，经济条件越好的照护者对上门服务越感兴趣。而且很容易获得贷款的照护者对上门服务的需求程度相对较小。

在照护者外围支持网方面：

在照护者的非正式支持网方面，子女数与对上门服务的需求程度之间呈倒"V"形关系。老人的其他儿子对照护者帮助越多，照护者对上门服务的需求越小，两者之间的相关关系十分显著。从老人女儿处获得了帮助的照护者对上门服务的需求略低于女儿不管老人的照护者。经常获得邻里帮助的照护者对上门服务的需求程度明显低于其他三种类型的照护者，表明邻里帮助可能在一定程度上能够替代上门服务。

在照护者的正式支持网方面，获得了村委会推荐低保的照护者比没有获得的照护者更需要上门服务帮助，而且两者之间的差异十分显著。

在生计压力方面：

耕地面积与照护者对上门服务的需求之间呈负相关关系，即耕地面积越大，对上门服务的需求越小。可能的解释是因为潜江当前户均土地面积还不大，还不足以影响到对失能老人的照护。子女能够帮助照护者的家庭对上门服务的需求相对较高，但差距并不大。而在家附近打短工意愿强烈的照护者对上门服务帮助的需求程度最大。有外出务工想法的照护者寻求上门服务帮助的意愿明显高于没有外出务工打算的照护者。而有盖房倾向的照护者对上门服务帮助的需求比率略高于没有盖房倾向的照护者。家中还欠债务的照护者对上门服务的需求也高于不欠债的照护者。有儿女尚未完婚的照护者对上门服务的需求程度也高于没有这一压力的照护者，而且差距较大。

3. 照护者对喘息服务的需求分布

表 7.5　　　　　　　　照护者对喘息服务的需求分布

变量	特征	人数（均值）	对喘息服务的需求程度（%）		
			不需要	比较需要	很需要
老人年龄	均值	78.26	77.49	78.85	79.9

续表

变量	特征	人数（均值）	对喘息服务的需求程度（%）		
			不需要	比较需要	很需要
失能等级	部分失能	77	70.13	16.88	12.99
	轻度失能	56	60.71	23.21	16.07
	中度失能	71	53.52	19.72	26.76
	重度失能	99	53.54	22.22	24.24
照护者年龄	均值	63.97	68.15	59.05	56.81
照护者性别	女	160	61.88	22.5	15.63
	男	143	55.94	18.18	25.87
照护者文化	文盲	157	72.61	15.92	11.46
	小学	94	47.87	29.79	22.34
	初中	44	43.18	15.91	40.91
	高中及以上	8	12.5	25	62.5
照护者健康	健康	53	41.51	26.42	32.08
	一般	87	48.28	25.29	26.44
	不健康	117	69.23	17.09	13.68
	很不健康	46	73.91	13.04	13.04
经济等级	富裕	33	39.39	21.21	39.39
	一般	93	45.16	24.73	30.11
	贫困	177	70.06	18.08	11.86
贷款机会	容易	65	35.38	29.23	35.38
	一般	59	40.68	25.42	33.90
	难	179	73.74	15.64	10.61
子女数	均值	4.21	4.21	4.32	4.13
老人儿子帮助	不管	128	57.03	20.31	22.66
	资金、物资、劳务	143	66.43	19.58	13.99
	轮流照护	32	34.38	25	40.63
老人女儿帮助	不管	86	51.16	25.58	23.26
	资金、物资、劳务	217	62.21	18.43	19.35
邻里	无邻里	22	59.09	22.73	18.18
	不管	135	62.22	18.52	19.26
	偶尔管	127	55.12	22.83	22.05
	经常管	19	63.16	15.79	21.05

续表

变量	特征	人数（均值）	对喘息服务的需求程度（%）		
			不需要	比较需要	很需要
村委会	不提供	204	59.8	19.12	21.08
	提供	99	57.58	23.23	19.19
耕地面积	均值	5.41	4.05	5.69	9.08
子女能力	需照护者帮助	41	39.02	29.27	31.71
	能力一般	147	61.22	16.33	22.45
	能够帮助照护者	112	62.5	23.21	14.29
打短工	无	226	64.60	19.47	15.93
	有一些	35	40	17.14	42.86
	很强烈	42	45.24	28.57	26.19
外出务工	无	232	65.95	18.97	15.09
	有	71	36.62	25.35	38.03
盖房	无	264	62.50	18.94	18.56
	有	39	35.90	30.77	33.33
债务	无	239	66.53	17.99	15.48
	有	64	31.25	29.69	39.06
儿女婚事	无	230	67.83	16.96	15.22
	有	73	31.51	31.51	36.99

从上表7.5可以发现，不同变量在对喘息服务需求方面有以下特点：

在失能老人方面：

失能老人平均年龄与照护者对喘息服务之间呈正相关关系，但差距不大。在失能等级中，中度失能老人与重度失能老人的照护者对喘息服务的需求明显较高，表明失能等级与喘息服务需求之间可能存在正相关关系。

在照护者核心生计资源方面：

在照护者人力资源方面，照护者年龄与对喘息服务需求之间呈负相关关系，表明越是年轻的照护者越是需要喘息服务。男性照护者对喘息服务的需求比率略高于女性。而在文化水平方面，文化水平越高的照护者对喘息服务的需求越大，两者之间呈显著的线性相关关系。在照护者健康方面，健康状况越好，对喘息服务的需求反而越大，可能的原因是，身体情况好的照护者想法与欲望多，因此，更需要喘息。一些身体差（尤其是很

第七章　调查地区农村失能老人家庭照护者对社会服务的需求研究　189

不健康)的照护者已经进入无欲无求阶段,不想再找别人来代替自己了。

在照护者经济情况方面,经济条件、贷款机会与对喘息服务需求之间都呈现明显的正相关关系,即经济条件越好、越容易获得贷款的照护者对喘息服务越感兴趣。

在照护者外围支持网方面:

在照护者的非正式支持网方面,子女数与对喘息服务的需求程度之间呈倒"V"形关系。获得老人的其他儿子提供轮流照护的照护者对喘息服务的需求最大。而从老人女儿处获得了帮助的照护者对喘息服务的需求略低于女儿不管老人的照护者。能够获得邻里帮助的照护者对喘息服务的需求程度略低于其他两种类型的照护者。

在照护者的正式支持网方面,获得了村委会推荐低保的照护者比没有获得的照护者对喘息服务的需求略低。

在生计压力方面:

耕地面积与照护者对喘息服务的需求之间呈正相关关系,即耕地面积越大,对喘息服务的需求越大。子女能力与对喘息服务的需求之间存在一定的线性关系,子女能力越弱,照护者对喘息服务的需求越大。而有在家附近打短工意愿的照护者对喘息服务帮助的需求程度明显高于没有这一意愿的照护者。有外出务工想法的照护者寻求喘息服务帮助的意愿明显高于没有外出务工打算的照护者。而有盖房倾向的照护者对喘息服务帮助的需求比率略高于没有盖房倾向的照护者。家中还欠债务的照护者对喘息服务的需求也高于不欠债的照护者。有儿女尚未完婚的照护者对喘息服务的需求程度也高于没有这一压力的照护者,而且差距十分明显。

4. 照护者对日托服务的需求分布

表 7.6　　　　　　　　照护者对日托服务的需求分布

变量	特征	人数（均值）	对日托服务的需求程度（%）		
			不需要	比较需要	很需要
老人年龄	均值	78.26	77.55	80.23	79.08
失能等级	部分失能	77	76.62	16.88	6.49
	轻度失能	56	67.86	25	7.14
	中度失能	71	60.56	28.17	11.27
	重度失能	99	71.72	19.19	9.09

续表

变量	特征	人数（均值）	对日托服务的需求程度（%）		
			不需要	比较需要	很需要
照护者年龄	均值	63.97	66.98	58.83	52.54
照护者性别	女	160	70	23.75	6.25
	男	143	69.23	19.58	11.19
照护者文化	文盲	157	80.89	17.20	1.91
	小学	94	60.64	29.79	9.57
	初中	44	56.82	15.91	27.27
	高中及以上	8	25	50	25
照护者健康	健康	53	49.06	30.19	20.75
	一般	87	66.67	25.29	8.05
	不健康	117	76.92	18.80	4.27
	很不健康	46	80.43	13.04	6.52
经济等级	富裕	33	45.45	39.39	15.15
	一般	93	60.22	27.96	11.83
	贫困	177	79.10	15.25	5.65
贷款机会	容易	65	44.62	33.85	21.54
	一般	59	57.63	32.20	10.17
	难	179	82.68	13.97	3.35
子女数	均值	4.21	4.12	4.38	4.58
老人儿子帮助	不管	128	68.75	22.66	8.59
	资金、物资、劳务	143	76.92	16.78	6.29
	轮流照护	32	40.63	40.63	18.75
老人女儿帮助	不管	86	63.95	29.07	6.98
	资金、物资、劳务	217	71.89	18.89	9.22
邻里	无邻里	22	72.73	18.18	9.09
	不管	135	71.85	20.74	7.41
	偶尔管	127	66.93	23.62	9.45
	经常管	19	68.42	21.05	10.53
村委会	不提供	204	69.12	23.04	7.84
	提供	99	70.71	19.19	10.1
耕地面积	均值	5.41	4.48	6.76	9.55

续表

变量	特征	人数（均值）	对日托服务的需求程度（%）		
			不需要	比较需要	很需要
子女能力	需照护者帮助	41	56.10	26.83	17.07
	能力一般	147	71.43	17.69	10.88
	能够帮助照护者	112	71.43	25.89	2.68
打短工	无	226	73.01	19.03	7.96
	有一些	35	60	28.57	11.43
	很强烈	42	59.52	30.95	9.52
外出务工	无	232	74.57	20.26	5.17
	有	71	53.52	26.76	19.72
盖房	无	264	71.97	20.83	7.20
	有	39	53.85	28.21	17.95
债务	无	239	75.73	17.99	6.28
	有	64	46.88	35.94	17.19
儿女婚事	无	230	77.39	18.26	4.35
	有	73	45.21	32.88	21.92

从上表7.6可以发现，不同变量在对日托服务需求方面有以下特点：

在失能老人方面：

照护者不需要日托服务的失能老人平均年龄明显低于其他两种类型的失能老人。在失能等级中，中度失能老人与重度失能老人的照护者对日托服务的需求明显较高，表明失能等级与日托服务需求之间可能存在正相关关系。

在照护者核心生计资源方面：

在照护者人力资源方面，照护者年龄与对日托服务需求之间呈负相关关系，表明越是年轻的照护者越是需要日托服务。男性照护者对日托服务的需求比率略高于女性。而在文化水平方面，初中、高中文化水平的照护者对日托服务的需求明显大于文盲与小学文化水平的照护者。在照护者健康方面，自评身体健康的照护者对日托服务的需求最大，可能的原因是，身体情况好的照护者之所以需要将老人进行日托，主要目标还是希望有更多的时间从事生产性活动。而一些身体差的照护者从事生产活动的能力也较差,因此,对日托的需求就会减少。

在照护者经济情况方面,经济条件、贷款机会与对日托服务需求之间都呈现明显的正相关关系,即经济条件越好、越容易获得贷款的照护者对日托服务越感兴趣。

在照护者外围支持网方面:

在照护者的非正式支持网方面,子女数与对日托服务的需求程度之间呈线性关系,但子女数差异不显著。获得老人的其他儿子提供轮流照护的照护者对日托服务的需求最大。而从老人女儿处获得了帮助的照护者对日托服务的需求也高于女儿不管老人的照护者。能够获得邻里帮助的照护者对日托服务的需求程度略高于其他两种类型的照护者。

在照护者的正式支持网方面,获得了村委会推荐低保的照护者比没有获得的照护者对日托服务的需求略高。

在生计压力方面:

耕地面积与照护者对日托服务的需求之间呈正相关关系,即耕地面积越大,对日托服务的需求越大。子女能力与对日托服务的需求之间存在一定的线性关系,子女能力越弱,照护者对日托服务的需求越大。而有在家附近打短工意愿的照护者对日托服务帮助的需求程度明显高于没有这一意愿的照护者。有外出务工想法的照护者寻求日托服务帮助的意愿明显高于没有外出务工打算的照护者。而有盖房倾向的照护者对日托服务帮助的需求比率略高于没有盖房倾向的照护者。家中还欠债务的照护者对日托服务的需求也显著高于不欠债的照护者。有儿女尚未完婚的照护者对日托服务的需求程度也高于没有这一压力的照护者,而且差距十分明显。

5. 照护者对养老院服务的需求分布

表 7.7 照护者对养老院服务的需求分布

变量	特征	人数(均值)	对养老院的需求程度(%)		
			不需要	比较需要	很需要
老人年龄	均值	78.26	78.56	75.43	77.75
失能等级	部分失能	77	87.01	7.79	5.19
	轻度失能	56	89.29	3.57	7.14
	中度失能	71	81.69	9.86	8.45
	重度失能	99	79.80	6.06	14.14

续表

变量	特征	人数（均值）	对养老院的需求程度（%）		
			不需要	比较需要	很需要
照护者年龄	均值	63.97	64.94	59.48	58.46
照护者性别	女	160	86.25	5.63	8.13
	男	143	81.12	8.39	10.49
照护者文化	文盲	157	87.26	6.37	6.37
	小学	94	79.79	10.64	9.57
	初中	44	81.82	2.27	15.91
	高中及以上	8	75	0	25
照护者健康	健康	53	86.79	3.77	9.43
	一般	87	79.31	9.20	11.49
	不健康	117	88.03	7.69	4.27
	很不健康	46	78.26	4.35	17.39
经济等级	富裕	33	81.82	6.06	12.12
	一般	93	84.95	5.38	9.68
	贫困	177	83.62	7.91	8.47
贷款机会	容易	65	87.69	6.15	6.15
	一般	59	79.66	3.39	16.95
	难	179	83.80	8.38	7.82
子女数	均值	4.21	4.3	3.71	3.82
老人儿子帮助	不管	128	80.47	9.38	10.16
	资金、物资、劳务	143	88.11	5.59	6.29
	轮流照护	32	78.13	3.13	18.75
老人女儿帮助	不管	86	80.23	6.98	12.79
	资金、物资、劳务	217	85.25	6.91	7.83
邻里	无邻里	22	86.36	4.55	9.09
	不管	135	80.74	7.41	11.85
	偶尔管	127	85.83	7.09	7.09
	经常管	19	89.47	5.26	5.26
村委会	不提供	204	86.76	5.39	7.84
	提供	99	77.78	10.1	12.12
耕地面积	均值	5.41	5.34	5.13	6.29

续表

变量	特征	人数（均值）	对养老院的需求程度（%）		
			不需要	比较需要	很需要
子女能力	需照护者帮助	41	80.49	12.20	7.32
	能力一般	147	82.31	4.08	13.61
	能够帮助照护者	112	87.5	8.036	4.46
打短工	无	226	85.84	7.52	6.64
	有一些	35	74.29	5.71	20
	很强烈	42	80.95	4.76	14.29
外出务工	无	232	87.5	6.03	6.47
	有	71	71.83	9.86	18.31
盖房	无	264	86.36	5.68	7.95
	有	39	66.67	15.38	17.95
债务	无	239	86.19	6.28	7.53
	有	64	75	9.38	15.63
儿女婚事	无	230	86.52	6.09	7.39
	有	73	75.34	9.59	15.07

由表7.7可见，不同变量在对养老院服务需求方面有以下特点：

在失能老人方面：

照护者对养老院服务的需求与失能老人平均年龄之间呈"V"形，比较需要养老院服务的失能老人平均年龄最低。在失能等级中，失能等级越高，对养老院服务需求越大，表明失能等级与养老院服务需求之间可能存在正相关关系。

在照护者核心生计资源方面：

在照护者人力资源方面，照护者年龄与对养老院服务需求之间呈负相关关系，表明越是年轻的照护者越是需要养老院服务。男性照护者对养老院服务的需求比率略高于女性。而在文化水平方面，文化水平与照护者对养老院服务的需求呈线性关系，表明文化水平越高，对养老院服务需求越大。在照护者健康方面，自评身体很不健康的照护者对养老院服务的需求最大。

在照护者经济情况方面，经济条件与对养老院服务需求之间都呈现明显的正相关关系，即经济条件越好的照护者对养老院服务越感兴趣。而获得贷款机会一般的照护者对养老院服务需求比其他两种的类型的照护者明显要高。

在照护者外围支持网方面：

在照护者的非正式支持网方面，子女数与对养老院服务的需求程度之间呈负相关关系，但子女数差异不显著。获得老人的其他儿子提供轮流照护的照护者对养老院服务的需求最大。而从老人女儿处获得了帮助的照护者对养老院服务的需求则要略低于女儿不管老人的照护者。能够获得邻里帮助的照护者对养老院服务的需求程度略低于其他两种类型的照护者，表明邻里帮助与养老院之间可能存在替代关系。

在照护者的正式支持网方面，获得了村委会推荐低保的照护者比没有获得的照护者对养老院服务的需求高。

在生计压力方面：

耕地面积与照护者对养老院服务的需求之间并未呈现典型的线性关系，但耕地面积大的照护者很需要养老院服务。子女能力与对养老院服务的需求之间呈倒"V"形。而有在家附近打短工意愿的照护者对养老院服务帮助的需求程度明显高于没有这一意愿的照护者。有外出务工想法的照护者寻求养老院服务帮助的意愿明显高于没有外出务工打算的照护者。而有盖房倾向的照护者对养老院服务帮助的需求比率略高于没有盖房倾向的照护者。家中还欠债务的照护者对养老院服务的需求也显著高于不欠债的照护者。有儿女尚未完婚的照护者对养老院服务的需求程度也高于没有这一压力的照护者，而且差距十分明显。

二 调查地区农村失能老人家庭照护者对社会服务需求的影响因素

（一）照护者对社会服务需求的最优尺度回归分析

1. 照护者对资金帮助需求的最优尺度回归分析

运用 SPSS 软件对调查数据进行最优尺度回归分析。本研究首先将所有变量引入模型，为了增强模型的效果，按照退步法，并依据概率值（P 值）大小顺序逐步删除一些没有通过显著性检验的变量，最终得到表 7.8 结果（注：表 7.9—表 7.12 中四个最优尺度回归模型都采用类似方法）。

结果表明，模型的确定系数为 0.177，这表明所选择的变量的解释力达到 17.7%。模型的相伴概率值 $P < 0.001$，表明模型具有统计学意义；模型的各自变量的容忍度在变换前、后都大于 0.3，表明模型不存在显著的共线性问题。

表 7.8 标准化系数、相关性与容忍度指标（照护者对资金帮助需求）

变量	标准化回归系数 系数	标准差	P 值	相关性 零阶相关	偏相关	部分相关	重要性	容忍度 变换后	变换前
SNDJ	-0.06	0.054	0.297	-0.042	-0.066	-0.058	0.011	0.93	0.927
ZHNL	-0.285	0.088	0.001	0.013	-0.19	-0.17	-0.016	0.354	0.302
ZHXB	0.133	0.058	0.023	0.03	0.136	0.12	0.017	0.817	0.668
ZHWH	-0.212	0.067	0.000	-0.169	-0.188	-0.167	0.153	0.621	0.406
ZHJK	0.222	0.067	0.000	0.161	0.196	0.175	0.152	0.619	0.609
JJDJ	0.323	0.07	0.000	0.33	0.267	0.242	0.454	0.561	0.526
ZNS	-0.096	0.062	0.12	-0.153	-0.093	-0.082	0.063	0.719	0.668
EZ	-0.132	0.061	0.03	-0.139	-0.13	-0.114	0.078	0.752	0.78
NE	0.054	0.059	0.365	-0.044	0.054	0.048	-0.01	0.78	0.787
LJ	-0.056	0.054	0.336	-0.077	-0.063	-0.055	0.018	0.949	0.926
CWH	0.021	0.056	0.708	-0.107	0.022	0.02	-0.01	0.892	0.876
GDMJ	-0.03	0.072	0.679	-0.119	-0.025	-0.022	0.015	0.525	0.534
ZNNL	-0.046	0.058	0.433	-0.059	-0.047	-0.041	0.012	0.817	0.75
DG	0.098	0.059	0.100	0.137	0.099	0.087	0.057	0.778	0.748
WG	0.046	0.066	0.479	0.026	0.042	0.037	0.005	0.641	0.623

调整后的 $R^2 = 0.177$　　$F = 4.057$　　$Sig = 0.000$

在表 7.8 中，从模型的相关参数可以得到以下结论：

(1) 变量的影响方向比较

照护者年龄对资金帮助在 1% 的水平上具有显著性负向影响，即照护者年龄越小，对资金帮助的需求越强烈。

照护者性别对资金帮助在 5% 的水平上具有显著性正向影响，即男性照护者对资金帮助的需求比女性照护者高。

照护者文化水平对资金帮助在 1% 的水平上具有显著性负向影响，即照护者文化水平越低，对资金帮助的需求程度越高。

照护者健康对资金帮助在1%的水平上具有显著性正向影响，即照护者健康状况越差，对资金帮助的需求程度越高。

照护者经济等级对资金帮助在1%的水平上具有显著性正向影响，即照护者经济状况越差，对资金帮助的需求越强烈。

老人儿子的帮助对资金帮助在5%的水平上具有显著性负向影响，即失能老人儿子对照护者的帮助越多，照护者对资金帮助的需求程度越低。

而失能等级、子女数、女儿的帮助、村委会、邻里帮助、耕地面积、子女能力、外出务工等变量对资金需求虽有影响，但在统计学上并不显著。

（2）变量的影响力比较

由标准化系数、重要性系数及显著性水平可知，对资金帮助影响力大小顺序依次为：照护者的经济等级、文化、健康。可见，照护者经济资源与人力资源是影响照护者对资金需求的最重要因素。

2. 照护者对上门服务需求的最优尺度回归分析

表7.9 标准化系数、相关性与容忍度指标（照护者对上门服务的需求）

变量	标准化回归系数 系数	标准差	P值	相关性 零阶相关	偏相关	部分相关	重要性	容忍度 变换后	变换前
SNDJ	0.416	0.049	0.000	0.473	0.457	0.394	0.478	0.896	0.922
ZHNL	0.206	0.089	0.022	0.051	0.138	0.107	0.026	0.269	0.249
ZHXB	-0.099	0.055	0.07	-0.051	-0.109	-0.084	0.012	0.715	0.668
ZHWH	0.088	0.069	0.198	0.022	0.077	0.059	0.005	0.449	0.404
ZHJK	0.166	0.053	0.000	0.166	0.184	0.143	0.067	0.748	0.596
JJDJ	0.081	0.063	0.195	0.172	0.077	0.059	0.034	0.542	0.521
ZNS	-0.112	0.057	0.049	-0.055	-0.118	-0.091	0.015	0.669	0.649
EZ	-0.021	0.054	0.689	-0.018	-0.024	-0.018	0.001	0.745	0.779
NE	-0.026	0.053	0.622	-0.016	-0.03	-0.023	0.001	0.768	0.783
LJ	-0.113	0.05	0.007	-0.131	-0.135	-0.104	0.036	0.848	0.92
CWH	0.109	0.05	0.029	0.128	0.131	0.101	0.034	0.868	0.873
GDMJ	-0.132	0.063	0.036	-0.163	-0.126	-0.097	0.052	0.54	0.53
ZNNL	0.073	0.054	0.161	0.084	0.081	0.063	0.015	0.746	0.682

续表

变量	标准化回归系数			相关性			重要性	容忍度	
	系数	标准差	P值	零阶相关	偏相关	部分相关		变换后	变换前
DG	0.127	0.053	0.017	0.252	0.143	0.111	0.078	0.769	0.731
WG	0.16	0.058	0.006	0.157	0.165	0.128	0.061	0.64	0.622
ZW	0.104	0.056	0.062	0.105	0.112	0.087	0.027	0.687	0.688
HS	0.2	0.062	0.001	0.124	0.191	0.149	0.06	0.555	0.529

调整后的 $R^2 = 0.361$　　$F = 8.033$　　$Sig = 0.000$

由表7.9可见，模型的确定系数为0.361，这表明所选择的变量的解释力达到36.1%。模型的相伴概率值 $P<0.001$，表明模型具有统计学意义；模型的各自变量的容忍度在变换前、后都大于0.24，表明模型不存在显著的共线性问题。

从模型的相关参数可以得到以下结论：

（1）变量的影响方向比较

失能等级对上门服务需求在1%的水平上具有显著性正向影响，即老人失能等级越高，照护者对上门服务的需求越强烈。

照护者年龄对上门服务需求在5%的水平上具有显著性正向影响，即照护者年龄越大，对上门服务需求越强烈。

照护者性别对上门服务需求在10%的水平上具有显著性负向影响，即女性对上门服务需求程度高于男性。

照护者健康对上门服务需求在1%的水平上具有显著性正向影响，即照护者健康状况越差，对上门服务需求程度越大。

老人的子女总数对上门服务需求在5%的水平上具有显著性负向影响，即失能老人子女数越多，对上门服务的需求程度越低。

邻里帮助对上门服务需求在1%的水平上具有负向影响，即得到邻里帮助越多的照护者对上门服务的需求程度较低。

村委会对上门服务需求在5%的水平上具有显著性正向影响，即越是得到了低保的照护者对上门服务的需求程度越高。

耕地面积对上门服务需求在5%的水平上具有显著的负向影响，即耕地面积越多，对上门服务的需求程度越低。可能的解释是，潜江当前耕地面积户均数量较少，对照护者影响程度不大。

打短工对上门服务需求在5%的水平上具有显著的正向影响，即在附近打短工机会多的照护者对上门服务的需求程度较高。

外出务工对上门服务需求在1%的水平上具有显著的正向影响，即外出务工倾向越强烈，对上门服务的需求程度越高。

债务压力对上门服务的需求在10%的水平上具有显著的正向影响，即有债务压力的照护者对上门服务的需求程度较高。

儿女婚事对上门服务需求在1%的水平上具有显著的正向影响，即有儿女没有结婚的照护者对上门服务的需求较高。

而照护者文化水平、儿子的帮助、女儿的帮助、子女能力等变量对上门服务需求虽有影响，但在统计学上并不显著。

（2）变量的影响力比较

由标准化系数、重要性系数及显著性水平可知，对资金帮助影响力大小顺序依次为：失能等级、打短工、照护者健康、照护者外出打工、儿女婚事、耕地面积、邻里帮助、村委会、债务、照护者年龄、子女总数、照护者性别等。而失能等级、打短工、照护者健康、照护者外出打工的影响力排前4位。

3. 照护者对喘息服务需求的最优尺度回归分析

表7.10 标准化系数、相关性与容忍度指标（照护者对喘息服务的需求）

变量	标准化回归系数			相关性			重要性	容忍度	
	系数	标准差	P值	零阶相关	偏相关	部分相关		变换后	变换前
LRNL	0.114	0.057	0.047	0.113	0.119	0.103	0.049	0.816	0.835
SNDJ	0.123	0.053	0.005	0.155	0.138	0.12	0.073	0.957	0.938
ZHNL	-0.175	0.082	0.034	-0.384	-0.126	-0.109	0.259	0.391	0.287
ZHXB	0.107	0.055	0.054	0.104	0.115	0.1	0.043	0.871	0.657
ZHWH	0.1	0.056	0.046	0.232	0.105	0.091	0.089	0.829	0.415
ZHJK	-0.057	0.062	0.357	-0.258	-0.055	-0.047	0.057	0.69	0.627
ZNS	0.052	0.063	0.405	-0.018	0.05	0.043	-0.004	0.669	0.661
EZ	0.044	0.058	0.561	0.16	0.045	0.039	0.027	0.781	0.773
NE	-0.098	0.059	0.097	-0.091	-0.099	-0.085	0.034	0.762	0.747
LJ	-0.062	0.053	0.259	-0.007	-0.069	-0.06	0.002	0.937	0.924
CWH	0.075	0.055	0.169	0.008	0.082	0.071	0.002	0.884	0.875

续表

变量	标准化回归系数			相关性			重要性	容忍度	
	系数	标准差	P值	零阶相关	偏相关	部分相关		变换后	变换前
GDMJ	0.144	0.064	0.025	0.305	0.133	0.116	0.17	0.642	0.627
ZNNL	0.038	0.056	0.501	-0.098	0.04	0.035	-0.014	0.839	0.758
DG	0.107	0.057	0.062	0.211	0.111	0.096	0.087	0.811	0.799
ZW	0.11	0.062	0.074	0.296	0.107	0.092	0.126	0.699	0.695

调整后的 $R^2 = 0.210$　　$F = 5.175$　　$Sig = 0.000$

由表 7.10 可见，模型的确定系数为 0.210，这表明所选择的变量的解释力达到 21.0%。模型的相伴概率值 $P < 0.001$，表明模型具有统计学意义；模型的各自变量的容忍度在变换前、后都大于 0.28，表明模型不存在显著的共线性问题。

从模型的相关参数可以得到以下结论：

(1) 变量的影响方向比较

失能老人年龄对喘息服务在 5% 的水平上具有显著性正向影响，即失能老人年龄越大，照护者对喘息服务的需求越强烈。

失能等级对喘息服务在 1% 的水平上具有显著性正向影响，即失能等级越高，照护者对喘息服务的需求越强烈。

照护者年龄对喘息服务在 5% 的水平上具有显著性负向影响，即照护者年龄越小，对喘息服务的需求越强烈。

照护者性别对喘息服务在 10% 的水平上具有显著性正向影响，即男性照护者对喘息服务的需求程度高于女性。

照护者文化水平对喘息服务在 5% 的水平上具有显著性正向影响，即照护者文化水平越高，照护者对喘息服务的需求越强烈。

老人女儿提供帮助对喘息服务在 10% 的水平上具有显著性负向影响，即老人女儿提供的帮助越多，照护者对喘息服务需求越低。

耕地面积对喘息服务在 5% 的水平上具有显著性正向影响，即照护者耕地面积越多，对喘息服务需求越大。

打短工对喘息服务在 10% 的水平上具有显著性正向影响，即照护者在家庭附近打短工的意愿越强烈，对喘息服务需求越大。

债务对喘息服务在 10% 的水平上具有显著性正向影响，即照护者债务压力越大,对喘息服务需求越大。

而照护者健康、子女总数、儿子的帮助、村委会、邻里的帮助、子女能力等变量对喘息服务需求虽有影响,但在统计学上并不显著。

(2) 变量的影响力比较

由标准化系数、重要性系数及显著性水平可知,对资金帮助影响力大小顺序依次为:照护者年龄、照护者文化、失能等级、老人年龄、照护者性别、女儿的帮助。可见,照护者人力资源与失能老人情况是影响喘息服务需求的主要因素。

4. 照护者对日托服务需求的最优尺度回归分析

表 7.11 标准化系数、相关性与容忍度指标(照护者对日托服务的需求)

变量	标准化回归系数			相关性			重要性	容忍度	
	系数	标准差	P 值	零阶相关	偏相关	部分相关		变换后	变换前
SNDJ	0.07	0.053	0.187	0.087	0.079	0.069	0.026	0.964	0.956
ZHNL	-0.171	0.08	0.033	-0.375	-0.126	-0.111	0.273	0.423	0.318
ZHWH	0.113	0.06	0.015	0.288	0.111	0.098	0.138	0.746	0.581
ZHJK	-0.073	0.059	0.221	-0.234	-0.073	-0.064	0.072	0.766	0.626
DKJH	-0.146	0.062	0.018	-0.315	-0.14	-0.124	0.195	0.714	0.494
ZNS	0.107	0.063	0.088	0.082	0.101	0.089	0.037	0.689	0.677
EZ	0.07	0.059	0.241	0.199	0.071	0.062	0.059	0.791	0.807
NE	-0.098	0.058	0.093	-0.046	-0.100	-0.088	0.019	0.797	0.800
LJ	-0.062	0.053	0.262	0.008	-0.069	-0.06	-0.002	0.963	0.934
CWH	0.06	0.054	0.266	0.009	0.066	0.058	0.002	0.933	0.909
ZNNL	0.103	0.064	0.078	-0.146	0.095	0.084	-0.064	0.662	0.691
HS	0.174	0.072	0.016	0.330	0.142	0.126	0.243	0.525	0.542

调整后的 $R^2 = 0.190$ $F = 5.116$ $Sig = 0.000$

由表 7.11 可见,模型的确定系数为 0.190,这表明所选择的变量的解释力达到 19.0%。模型的相伴概率值 $P < 0.001$,表明模型具有统计学意义;模型的各自变量的容忍度在变换前、后都大于 0.30,表明模型不存在显著的共线性问题。

从模型的相关参数可以得到以下结论:

(1) 变量的影响方向比较

照护者年龄对日托服务在5%的水平上具有显著性负向影响，即照护者年龄越小，对日托服务的需求越强烈。

照护者文化水平对日托服务在5%的水平上具有显著性正向影响，即照护者文化水平越高，对日托服务的需求越强烈。

贷款机会对日托服务在5%的水平上具有显著性负向影响，即越是难以获得贷款的照护者，对日托服务的需求越少。笔者在调查中发现，一些老人基本上很难得到借款，他们对日托服务没有表现出明显的兴趣。

老人女儿的帮助对日托服务在10%的水平上具有显著性负向影响，即老人女儿帮助越多，照护者对日托服务的需求越少。

照护者子女的能力对日托服务在10%的水平上具有显著性正向影响，即照护者子女能力越强，越能帮助照护者，照护者对日托服务的需求越少。

儿女婚事对日托服务在5%的水平上具有显著性正向影响，即有子女没有成家的照护者对日托服务的需求较高。因为一般而言，有子女没有成家的照护者年龄一般较轻，生计压力也较大。

而失能等级、照护者健康、子女总数、儿子的帮助、村委会、邻里的帮助等变量对日托服务需求虽有影响，但在统计学上并不显著。

(2) 变量的影响力比较

由标准化系数、重要性系数及显著性水平可知，对资金帮助影响力大小顺序依次为：照护者年龄、儿女婚事、贷款机会、照护者文化、女儿帮助与子女能力等。

5. 照护者对养老院服务需求的最优尺度回归分析

表7.12 标准化系数、相关性与容忍度指标（照护者对养老院服务的需求）

变量	标准化回归系数 系数	标准化回归系数 标准差	标准化回归系数 P值	相关性 零阶相关	相关性 偏相关	相关性 部分相关	重要性	容忍度 变换后	容忍度 变换前
SNDJ	0.133	0.056	0.001	0.109	0.141	0.13	0.087	0.957	0.949
ZHNL	-0.225	0.09	0.013	-0.159	-0.147	-0.136	0.215	0.366	0.334
ZHJK	0.206	0.063	0.000	0.093	0.191	0.178	0.116	0.743	0.619
JJDJ	-0.203	0.078	0.001	-0.028	-0.153	-0.142	0.034	0.488	0.352

续表

变量	标准化回归系数 系数	标准化回归系数 标准差	标准化回归系数 P值	相关性 零阶相关	相关性 偏相关	相关性 部分相关	重要性	容忍度 变换后	容忍度 变换前
DKJH	0.304	0.093	0.000	0.007	0.192	0.179	0.013	0.345	0.311
ZNS	-0.08	0.066	0.229	-0.102	-0.072	-0.066	0.049	0.676	0.683
EZ	0.091	0.060	0.105	0.048	0.090	0.082	0.026	0.817	0.792
NE	-0.052	0.062	0.395	-0.069	-0.051	-0.047	0.022	0.789	0.793
LJ	-0.091	0.057	0.08	-0.082	-0.095	-0.087	0.045	0.926	0.934
CWH	0.13	0.058	0.027	0.098	0.132	0.122	0.076	0.883	0.868
ZNNL	-0.079	0.059	0.184	-0.105	-0.079	-0.073	0.05	0.851	0.735
WG	0.128	0.066	0.053	0.192	0.115	0.106	0.148	0.688	0.676
GF	0.131	0.064	0.039	0.153	0.123	0.113	0.121	0.740	0.682

调整后的 $R^2 = 0.107$　　$F = 2.782$　　$Sig = 0.000$

由表7.12可见,模型的确定系数为0.107,这表明所选择的变量的解释力达到10.7%。模型的相伴概率值 $P < 0.001$,表明模型具有统计学意义;模型的各自变量的容忍度在变换前、后都大于0.3,表明模型不存在显著的共线性问题。

从模型的相关参数可以得到以下结论:

(1) 变量的影响方向比较

失能等级对养老院服务需求在1%的水平上具有显著性正向影响,即老人失能等级越高,照护者对养老院服务的需求越强烈。

照护者年龄对养老院服务需求在5%的水平上具有显著性负向影响,即照护者年龄越小,对养老院服务的需求越强烈。

照护者健康对养老院服务需求在1%的水平上具有显著性正向影响,即照护者健康状况越差,对养老院服务的需求越强烈。

经济等级对养老院服务在1%的水平上具有显著的负向影响,即越是富裕的家庭照护者对养老院服务需求越高。

贷款机会对养老院服务需求在1%的水平上具有显著性正向影响,即越难获得贷款的照护者,对养老院服务的需求越强烈。

村委会推荐低保对养老院服务需求在5%的水平上具有显著性正向影响,即获得低保的照护者对养老院服务的需求更为强烈。

邻里帮助对养老院服务需求在10%的水平上具有显著性负向影响，即照护者获得邻里帮助越少，对养老院服务的需求越强烈。

外出务工对养老院服务在10%的水平上具有显著的正向影响，即有外出务工倾向的照护者对养老院服务需求较高。

盖房对养老院服务在5%的水平上具有显著的正向影响，即有盖房倾向的照护者对养老院服务需求较高。

而子女总数、儿子的帮助、女儿的帮助、子女的能力等变量对养老院服务需求虽有影响，但在统计学上并不显著。

（2）变量的影响力比较

由标准化系数、重要性系数及显著性水平可知，对资金帮助影响力大小顺序依次为：照护者年龄、外出务工、盖房、照护者健康、失能等级、村委会、邻里帮助、经济等级、贷款机会。照护者年龄、外出务工、盖房、照护者健康的影响力位于前4位。

（二）五种社会服务需求影响因素比较

根据以上的分析，将五种社会服务需求的影响因素的作用力进行排序，如表7.13所示。

表7.13　　　　　　　　社会服务需求的影响因素排序

社会服务	第1位因素	第2位因素	第3位因素	第4位因素
资金帮助	经济等级	文化	健康	儿子帮助
上门服务	失能等级	打短工	照护者健康	外出打工
喘息服务	照护者年龄	照护者文化	失能等级	老人年龄
日托服务	照护者年龄	儿女婚事	贷款机会	照护者文化
养老院服务	照护者年龄	外出务工	盖房	照护者健康

从上表7.13可见，照护者人力资源与失能老人情况、生计压力是影响社会服务需求的最重要因素，照护者可以利用的支持网等对社会服务需求有一定的影响，但影响作用力不大。由此可以得出结论，一般照护者都能够认可自己对照护失能老人的照护职责，只要照护者能够独立完成照护任务就不会寻求社会服务，而当照护者由于自身能力、生计压力等无法完成的任务时，必须大力发展社会化服务体系，以替代照护者的

部分照护职能。

三 调查地区农村失能老人家庭照护者对社会组织的需求比较

（一）农村失能老人家庭照护者对中央政府及政策的要求

调查地区农村失能老人家庭照护者对政府与政策十分满意。几乎所有的家庭照护者对中央政府及政策都赞不绝口，"现在的政策真是太好了"，"我们的日子从来没有像现在这样太平过"，赞美之声不绝于耳。至于为什么农村还存在一些问题，大多数人表示，"上面的政策还是好的，都是下面的一些干部们搞坏了"。因此，意见与抱怨主要集中在农村社区以及村干部上。

在具体要求方面，农村家庭照护者对中央政府及政策没有提出要求。这一现象一方面反映了调查地区广大居民民风淳朴、懂得知足。另一方面也反映了大多数农村家庭照护者对于社会服务体系以及政府的服务职能等相关知识的欠缺。

（二）农村失能老人家庭照护者对社区的要求

在调查地区，农村家庭照护者反映最激烈的是村委会在推荐低保过程中的不公平问题。这一方面表明大多数农村家庭经济仍然不富裕，即使是每月几十元的低保收入也很重要、也要争取一下；另一方面也表明家庭照护者希望老人失能对自己家庭的影响得到适度的经济补偿。所以，家庭照护者最直接的要求是希望社区村委会在推荐低保过程中，要更加公平、少讲关系，从而，更多地考虑失能老人的影响问题。

社区村委会的另一个职责是在居家养老服务中承担主体性责任，但由于调查地区农村养老照护社会服务还是空白，绝大多数农村家庭照护者还没有社会化养老服务等方面的相关概念，也缺乏基本知识。因此，当笔者就此问题征求意见时，大多数家庭照护者都很疑惑，甚至担心成为又一个征收费用的名目与借口。

（三）农村失能老人家庭照护者对养老院或民间照护机构的要求

一些长期照护高等级失能老人的家庭照护者深受照护之苦，他们也有一定的意愿将老人送养老院或者托老所等照护机构，但大多数照护者对养老院与照护机构仍然心存疑虑。这反映调查地区养老照护机构仍然是传统的管理经营模式，没有随着农村老龄化发展而及时转型。尤其是一些养老照护机构的高收费令照护者望而却步。

在对养老院或者民间照护机构的要求方面，子女照护者与配偶照护者之间存在一定差异。子女往往较多考虑经济问题，而一些配偶照护者显然比子女照护者在照护老人方面更为尽责，且夫妻几十年感情使他们不愿意在人生的最后几年就此分开。一些子女照护者表示，"养老院不收钱就送过去，收钱就不送"。事实上，一些老人失能之后，子女照护者在经过一段时间相对较为精心照护之后，往往会松懈许多（比如，仅仅提供基本食物，其他方面则管得较少），因此，经济上的直接影响其实并不很大，如果送养老院收费较高，则子女照护者可能更多倾向于居家照护。而一些配偶照护者则表示，"如果去养老院，就和老伴一起去"，一些老年人希望两口子同时进养老院的想法正是老两口夫妻深情的生动写照。

因此，在中西部地区养老院及照护机构在向农村失能老人家庭照护者提供收养服务方面，应当充分考虑家庭照护者的经济承受能力，同时，对于一些老年人希望夫妻共同进养老院的特殊需求也应当予以适当考虑。

四　本章结论与农村失能老人家庭照护者的社会支持

（一）本章基本结论

本章先后研究了照护者对资金帮助、上门服务、喘息服务、日托服务与养老院服务五种社会服务的需求及影响因素，并探讨了照护者的核心生计资源与外围支持网对社会服务需求的影响作用，形成了以下一些基本结论：

1. 照护者核心生计资源（人力资源、经济资源）以及生计压力是影响照护者对社会服务需求的关键因素。年龄轻、生计压力大、创造财富能力强的照护者更需要喘息服务、日托服务与养老院服务。文化水平低、家庭经济条件较差的照护者更需要资金帮助，而健康状况差的照护者对资金帮助与上门服务需求都较高。因此，应构建多元化社会支持体系，以满足不同生存状态照护者的支持需求。针对一些年龄较轻但生计压力较大的照护者，应当实施发展型家庭政策，通过大力发展上门服务、日托服务、喘息服务、养老院服务等替代性服务，使照护者有更多的精力从事生产经营性活动。而针对经济条件较差、年老体弱的家庭照护者，应当注重资金补偿与上门服务。

2. 老人的失能等级是导致照护者对社会服务需求的重要因素。照护者承担高等级失能老人的照护能力有限，而家庭困难的照护者特别需要资金帮助。因此，针对一些高等级失能老人照护者，针对失能等级高、需要长期照护的失能老人照护者，应当通过发展养老院服务，使失能老人得到专业化照护。

3. 照护者可以利用的外围支持网对照护者的帮助作用不大。亟待强化农村社区服务与制定鼓励直系亲属参与照护的政策，以挖掘社区资源与亲属资源对照护者的支持潜力。在家庭政策上，采取更加强有力的措施，鼓励直系亲属以及邻里帮助照护者。在社区资源与社区政策上，应当重新界定村委会职能，通过构建社区居家养老服务体系、长期照护服务体系等途径，减缓照护者的照护压力。

4. 调查地区农村居民对社会化服务方面的相关知识十分欠缺，对政策的未来走向也充满怀疑。由于农村居家养老服务体系在广大中西部地区还是新鲜事物，农村居民对社会支持体系等方面的基本情况很不了解。在政策支持方面，农村失能老人家庭照护者对中央政府及政策没有太多要求，一些要求主要集中在村委会以及养老机构等方面。

（二）农村失能老人家庭照护者的社会支持

1. 在家庭照护者社会服务体系的构建中，政府应当主动作为，加强对农村居民开展长期照护服务等相关知识的宣传与教育，使农村居民具备基本的社会服务方面的知识，从而消除他们对社会化养老照护服务的顾虑。

2. 农村社区是满足家庭照护者基本要求的落脚点，应当明确将扶持老年人及家庭照护者界定为乡镇政府与村委会的一项基本责任，使其在农村养老服务体系建设中的发挥主导作用。

3. 中西部农村在养老服务体系建设中，应当充分考虑农村居民的经济负担能力以及一些老年人家庭照护者的个性化服务需求。在经济收费上，可以实行免费或者低收费。在养老院及照护机构服务方面，尊重一些老年人的特殊要求。笔者在调查中发现，一些老年配偶照护者与失能老人之间感情深厚，可以为他们在养老机构提供夫妻双人间等，使老人能够实现人生末年与老伴不离不弃的想法。

第八章　农村失能老人子女对家庭照护者的支持研究

失能老人的子女是照护者一个重要的支持网，赡养老人是每个子女应尽的责任与义务，这也是对照护者应有的支持。探讨老人子女对照护者的支持及其影响因素，对于缓解照护者压力具有重要的理论与实际意义。

学术界从以下两个方面对此问题进行了相应的研究：一是关于子女支持对于老人的影响与作用方面。张震（2002）的研究表明，来自子女的生活照料和感情支持对高龄老人的存活具有显著的积极影响。刘慧君、蔡艳芝、李树茁（2013）的研究表明，子女教育与经济支持分别在不同时期对提高老人生存质量发挥保护功能。但王萍、李树茁（2011）发现，获得经济支持或日常照料反而加速了老人生活自理能力的衰退速度，因此，代际支持应以老人需求为中心，老人在健康允许下的利他行为有助于生活自理能力的良好发展。二是关于子女支持老人的影响因素方面。谢桂华（2009）分析了老年人的居住模式、与子女的居住距离和儿女数量对子女赡养行为的影响。孙鹃娟（2006）研究了劳动力迁移过程中的农村留守老人照料问题研究。陈欣欣、董晓媛（2011）研究了社会经济地位与性别对老年人家庭照料的影响。陈卫、杜夏（2002）检验了子女数量和性别对高龄老人养老与生活状况的影响。

这些文献对于研究老人子女对照护者的支持奠定了基础，但现有的文献较少从照护者角度出发，研究老人子女对照护者的支持问题。本章的研究目的是研究失能老人的子女作为一个重要的非正式支持网对于照护者的支持作用及影响因素。本章利用2013年暑期调查数据，首先，对农村失能老人子女对家庭照护者的支持内容进行了比较；其次，分别分析了老人子女提供照护、食物、资金以及问候的影响因素；最后，对本章基本结论进行了小结，并提出了农村失能老人家庭照护者社会支持体系的构建对策。

需要说明的是，本章所研究的老人子女是指除作为直接照护者之外的子女，即如果老人的子女是照护者，则研究除此子女的其他子女对照护者的支持问题。

一　样本描述与农村失能老人子女对家庭照护者的支持内容比较

（一）数据来源

2013年7—8月，笔者组织武汉科技大学文法与经济学院部分研究生与优秀本科生暑期返乡时调查所得。在调查前，笔者对调查学生进行了认真筛选，并2次组织培训。数据来源地点与户数如下表8.1所示：

表8.1　　　　　　　　　　　数据来源

地点	户数
湖北省随州市淅河镇余家畈村	15
广西桂平市白沙镇白沙村	3
山东嘉祥县卧龙镇魏坊村、周庄村	9
湖北省阳新县洋港镇泉口村、崩山村	14
山东诸城市贾悦镇东村、西村	15
湖北宜昌市太平镇林家溪村	15
山西朔州市怀仁县何家堡镇跃进村	13
湖北襄阳龙王镇龙兴村、庙坡村	14
湖北襄阳欧庙镇孟湾村、杨集村、何湾村	15
湖北随州马坪镇棚岗子村、高岗村、刘家土村	10
四川省简阳市江源镇丰产村、民族村、墨池村	12
河南信阳光山马畈镇太平村、柳店村、冷大湾、十里	14
湖北黄冈市浠水县边河镇碧峰村、刘家嘴村、童家冲村、黄泥畈村、桃树坳村	13
山西省长治市长子县鲍店镇王史村	9
河南省洛阳新安县铁门镇庙头村、后沟村、南李村、毛家沟村、寺平沟村、薛村	15
湖北省当阳市洒溶镇红日村、红升村、明星村、红明村	15

(二) 数据的描述分析

调查共获得失能老人 201 个，失能老人成年健在子女共 712 个，平均每个老人共 3.542 个子女。

表 8.2　　　　　　　　　　样本基本特征描述

样本基本特征	分类情况	单位数	所占比例（%）
失能老人特征			
年龄	60—69 岁	61	30.35
	70—79 岁	77	38.31
	80 岁及以上	63	31.34
性别	女	106	52.74
	男	95	47.26
失能等级	轻度	101	50.25
	中度	71	35.32
	重度	29	14.43
失能时间	0.5—2 年	58	28.86
	2—3 年	73	36.32
	3—5 年	49	24.38
	5 年及以上	50	24.88
老人子女数	1—3 个	63	31.34
	4—5 个	113	56.22
	6 个及以上	25	12.44
直接照护者信息			
与老人关系	配偶	81	40.30
	子女	120	59.70
照护者年龄	59 岁及以下	98	48.76
	60—69 岁	61	30.35
	70 岁以上	42	20.90
照护者性别	女	73	36.32
	男	128	63.68

续表

样本基本特征	分类情况	单位数	所占比例（%）
照护者文化	文盲	77	38.31
	小学	59	29.35
	初中	55	27.36
	高中及以上	10	4.98
照护者健康	健康	82	40.80
	一般	87	43.28
	不健康	32	15.92
职业	务农	98	48.76
	务农兼打短工	33	16.42
	打短工	16	7.96
	经商	21	10.45
	专职照护	33	16.42
家庭经济	好	25	12.44
	一般	138	68.66
	差	38	18.91
是否感到为难	不为难	57	28.36
	比较为难	119	59.20
	很为难	25	12.44
是否需要老人其他子女的帮助	否	33	16.42
	是	168	83.58
老人其他子女的信息			
年龄	49岁及以下	436	61.24
	50—59岁	210	29.49
	60岁及以上	66	9.27
性别	女	332	46.63
	男	380	53.37
文化水平	文盲	74	10.39
	小学	284	39.89
	初中	275	38.62
	高中及以上	79	11.10

续表

样本基本特征	分类情况	单位数	所占比例（%）
子女从事职业	务农	306	42.98
	在外打工	254	35.67
	经商	104	14.61
	公职人员	48	6.74
家庭经济	好	190	26.69
	一般	463	65.03
	差	59	8.29
主要居住地	本村	216	30.34
	本镇	182	25.56
	本县（市）	127	17.84
	本省	79	11.10
	外省	108	15.17
子女的身体健康	健康	458	64.33
	一般	228	32.02
	不健康	26	3.65
子女其他家庭成员健康	都健康	605	84.97
	有人身体不健康	107	15.03
子女提供帮助			
提供照护	很少	204	28.65
	有时	320	44.94
	经常	188	26.40
提供食物	很少	233	32.72
	有时	328	46.07
	经常	151	21.21
提供资金	很少	216	30.34
	有时	395	55.48
	经常	101	14.19
问候	很少	144	20.22
	有时	325	45.65
	经常	243	34.13

如上表 8.2 所示，各个变量具有如下一些特征：

在失能老人特征方面，失能老人年龄在 60—69 岁、70—79 岁与 80 岁及以上的比例分别为 30.35%、38.31% 与 31.34%，年龄增长导致生理机能退化是老人失能的重要原因。而女性与男性所占样本比例分别为 52.74%、47.26%，可能是因为女性比男性寿命更长，因此，失能女性比例更高。失能等级方面，轻度失能比例超过一半，而重度失能比例相对较少。而失能时间在 3 年及以上的比例接近一半。这一代老人仍然处于多子女时代，老人有 4—5 个子女的比例超过一半。

在直接照护者方面，失能老人由儿子、儿媳、女儿与女婿等子女进行照护的比例接近六成。与此相对应，照护者年龄在 59 岁及以下的比例接近一半。而超过六成的照护者为男性，可能是因为调查员访谈中，更多选择了户主。而超过六成的照护者文化水平为文盲或者小学。而照护身体状况为不健康的比例仅为 15.92%，这是因为调查员在调查中更多地选择了年轻的照护者。而照护者从事务农或者打短工的比例超过 70%，专职照护的比例仅为 16.42%，一般是一些年龄较大、丧失了劳动能力的老人。照护者家庭经济为一般的比例接近七成，而家庭经济为差的比例仅为 18.91%。而超过七成的照护者不同程度感到为难，超过八成的照护者需要得到老人子女的帮助。

在老人其他子女方面，老人九成以上的子女年龄在 59 岁及以下，而文化水平在初中、高中及以上的比例接近一半，表明老人其他子女的人力资源还具有很强的财富创造力。在子女职业方面，子女在家务农的比例为 42.98%，而在外打工的比例为 35.67%，忙于生计日益成为影响照护供给的重要原因。在子女居住地方面，子女居住在本村的比例仅为 30.34%，居住在本省或者外省的比例为 26.27%。空间上远离老人，使得子女无法为照护者提供有效的帮助。

（三）农村失能老人子女对照护者支持内容比较

从表 8.2 可见，经常能够提供照护、食物、资金与问候的比例分别为 26.40%、21.21%、14.19% 与 34.13%，而很少提供照护、食物、资金与问候的比例分别为 28.65%、32.72%、30.34% 与 20.22%，大多数子女仅有时为照护者提供一些相关支持。

表8.3　　　　失能老人子女提供支持内容变量赋值与均值比较

失能老人子女提供支持内容	赋值	均值	标准差
提供照护	无或很少=0，有时=1，经常=2	0.97	0.742
提供食物	无或很少=0，有时=1，经常=2	0.87	0.721
提供资金	无或很少=0，有时=1，经常=2	0.81	0.633
提供问候	无或很少=0，有时=1，经常=2	1.14	0.717

由表8.3可见，按照失能老人子女提供照护、食物、资金、问候的均值，大小顺序依次为：问候、照护、食物与资金。而子女提供照护、食物与资金的均值都要低于1（即低于"有时"水平），表明子女提供支持频率较低。

二　农村失能老人子女提供照护及影响因素

（一）农村失能老人子女提供照护的单因素分析

表8.4　　　　解释变量与提供照护的交互分析

变量名称	变量分类	很少（%）	有时（%）	经常（%）	卡方值	P值
老人信息						
年龄	60—69岁	29.08	38.27	32.65	8.613	0.072
	70—79岁	26.01	48.35	25.64		
	80岁及以上	31.28	46.50	22.22		
性别	女	28.46	48.14	23.40	4.536	0.104
	男	28.87	41.37	29.76		
失能等级	轻度	30.54	42.43	27.03	2.841	0.585
	中度	25.40	48.41	26.19		
	重度	30.00	45.56	24.44		
失能时间	0.5—2年	32.68	40.0	27.32	27.310	0.000
	2—3年	24.84	53.50	21.66		
	3—5年	21.86	40.44	37.70		
	5年及以上	34.73	47.90	17.37		

续表

变量名称	变量分类	很少（%）	有时（%）	经常（%）	卡方值	P 值
老人子女数	1—3 个	28.79	45.45	25.76	5.392	0.249
	4—5 个	27.13	47.59	25.29		
	6 个及以上	33.10	36.55	30.34		
照护者信息							
与老人关系	配偶	28.53	43.91	27.56	0.418	0.811
	子女	28.75	45.75	25.50		
照护者年龄	59 岁及以下	26.15	46.46	27.38	2.288	0.683
	60—69 岁	29.81	43.27	26.92		
	70 岁及以上	31.84	44.13	24.02		
照护者性别	女	24.07	45.56	30.37	5.808	0.055
	男	31.45	44.57	23.98		
照护者文化	文盲	30.35	42.02	27.63	5.270	0.510
	小学	27.27	45.45	27.28		
	初中	24.87	48.70	26.42		
	高中及以上	38.89	44.44	16.67		
照护者健康	健康	36.58	41.95	21.48	17.836	0.001
	一般	23.08	48.08	28.85		
	不健康	22.55	44.12	33.33		
职业	务农	27.65	43.58	28.77	18.429	0.018
	务农兼打短工	21.90	49.52	28.57		
	打短工	34	46	20		
	经商	41.33	29.33	29.33		
	专职照护	27.42	54.03	18.55		
家庭经济	好	38.46	47.25	14.29	15.259	0.004
	一般	26.24	46.92	26.84		
	差	31.36	34.75	33.90		
是否感到为难	不为难	25.53	48.40	26.06	7.678	0.104
	比较为难	27.93	45.72	26.35		
	很为难	40	32.5	27.5		
其他子女帮助	否	37.72	42.98	19.30	6.607	0.037
	是	26.92	45.32	27.76		

第八章 农村失能老人子女对家庭照护者的支持研究　217

续表

变量名称	变量分类	很少（%）	有时（%）	经常（%）	卡方值	P值
子女信息							
年龄	49岁及以下	28.44	43.12	28.44	6.048	0.196
	50—59岁	29.05	45.24	25.71		
	60岁及以上	28.79	56.06	15.15		
性别	女	27.11	46.69	26.20	0.947	0.623
	男	30	43.42	26.58		
文化水平	文盲	29.73	47.30	22.97	13.254	0.039
	小学	22.89	51.41	25.70		
	初中	34.18	37.45	28.36		
	高中及以上	29.11	45.57	25.32		
子女从事职业	务农	20.85	48.53	30.62	28.896	0.000
	在外打工	37.80	44.49	17.72		
	经商	31.73	37.5	30.77		
	公职人员	23.40	40.43	36.17		
家庭经济	好	37.37	36.84	25.79	11.739	0.019
	一般	24.84	48.60	26.57		
	差	30.51	42.37	27.12		
主要居住地	本村	21.30	45.83	32.87	51.877	0.000
	本镇	16.48	52.20	31.32		
	本县（市）	40.94	39.37	19.69		
	本省	30.38	46.84	22.78		
	外省	48.15	36.11	15.74		
子女的身体健康	健康	32.10	42.14	25.76	8.064	0.089
	一般	21.93	50.44	27.63		
	不健康	26.92	46.15	26.92		
子女家庭成员健康	都健康	29.59	44.13	26.28	1.842	0.398
	有人不健康	23.36	49.53	27.10		

由表8.4可见，失能老人年龄与提供照护负相关，且在10%的水平显著。失能时间与提供照护负相关，且在1%的水平显著。性别与提供照护负相关，且在10%的水平上显著。照护者健康状况与提供照护正相关，

且在 1% 的水平上显著。照护者职业与提供照护负相关，且在 5% 的水平上显著。照护者经济条件与提供照护正相关，且在 1% 的水平上显著。照护者对老人子女的照护支持需求与提供照护正相关，且在 5% 的水平上显著。老人子女文化水平与提供照护正相关，且在 5% 的水平上显著。老人子女职业与提供照护正相关，且在 1% 的水平上显著。老人子女家庭经济与提供照护正相关，且在 5% 的水平上显著。老人子女的居住地与提供照护负相关，且在 1% 的水平上显著。老人子女的健康与提供照护负相关，且在 10% 的水平上显著。

其他因素与提供照护之间不存在统计学上的显著性差异。

（二）农村失能老人子女提供照护的多因素分析

1. 自变量定义

本节以及以下各节所用自变量定义与赋值如表 8.5 所示。

表 8.5　　　　　　　　　　　　模型自变量赋值

变量名称	变量定义
失能老人信息	
年龄	实际调查数据
性别	女 = 1，男 = 2
失能等级	轻度失能 = 1，中度失能 = 2，重度失能 = 3
失能时间	实际调查数据
老人在世的子女数	实际调查数据
直接照护者信息	
失能老人关系	配偶 = 1，子女 = 2
年龄	实际调查数据
性别	女 = 1，男 = 2
文化水平	文盲 = 1，小学 = 2，初中 = 3，高中及以上 = 4
身体健康状况	健康 = 1，一般 = 2，不健康 = 3
从事职业	务农 = 1，务农兼打短工 = 2，打短工 = 3，经商 = 4，专职照护 = 5
家庭经济状况	好 = 1，一般 = 2，差 = 3
是否为难	不为难 = 1，比较为难 = 2，很为难 = 3
是否需要其他子女帮忙	否 = 1，是 = 2

续表

变量名称	变量定义
子女信息	
年龄	实际调查数据
性别	女=1，男=2
文化水平	文盲=1，小学=2，初中=3，高中及以上=4
该子女从事职业	务农=1，在外打工=2，经商=3，公职人员=4
家庭经济状况	好=1，一般=2，差=3
一年中，主要居住地	本村=1，本镇=2，本县（市）=3，本省=4，外省=5
该子女的身体健康	健康=1，一般=2，不健康=3
子女其他家庭成员健康	其他人健康都好=1，家中有人身体不健康=2

2. 照护供给的多因素分析

表 8.4 中交互分析结果仅仅检验了各个解释变量与因变量之间的相关性以及影响方向，由于农村失能老人子女提供照护支持是多个因素共同作用的结果，因此，有必要运用 Logistic 模型对这些因素对照护支持的影响程度与显著性水平作进一步的估计。估计结果如表 8.6 所示：

表 8.6 农村失能老人子女对照护者提供照护支持的 Logistic 模型

变量	系数	标准差	z-值	P-值
老人年龄	-0.01	0.017655	-0.56166	0.5743
老人性别	-0.16	0.198698	-0.80541	0.4206
失能等级	0.02	0.112993	0.151635	0.8795
失能时间	-0.04	0.026012	-1.41179	0.158
老人子女数	-0.03	0.058289	-0.53626	0.5918
与老人关系	0.25	0.398718	0.633501	0.5264
照护者年龄	0.003	0.015482	0.195839	0.8447
照护者性别	-0.55	0.222698	-2.44781	0.0144
照护者文化	0.16	0.102447	1.561147	0.1185
照护者健康	0.37	0.127376	2.933781	0.0033
照护者职业	-0.06	0.050657	-1.12719	0.2597
照护者家庭经济	0.16	0.167131	0.93841	0.348

续表

变量	系数	标准差	z-值	P-值
照护者是否为难	-0.36	0.149941	-2.41778	0.0156
其他子女帮助	0.50	0.224366	2.222599	0.0262
子女年龄	-0.02	0.014572	-1.32696	0.1845
子女性别	-0.10	0.1489	-0.69783	0.4853
子女文化水平	0.01	0.112559	0.075925	0.9395
子女从事职业	0.19	0.11027	1.679937	0.093
子女家庭经济	0.18	0.16665	1.09071	0.2754
子女主要居住地	-0.41	0.061722	-6.63389	0.000
子女的身体健康	-0.04	0.151421	-0.27911	0.7802
子女家庭成员健康	-0.11	0.215613	-0.50023	0.6169
常数1	-2.75	1.453359	-1.89112	0.0586
常数2	-0.61	1.449092	-0.41883	0.6753

PseudoR^2 = 0.057026，LR 统计值 = 86.06788，Prob（LR statistic）= 0.000

由表8.6可以得出以下结论：

（1）照护者性别对老人子女提供照护在5%的水平上有显著的负向影响，且女性比男性照护者能够获得更多的子女支持。

（2）照护者文化水平对老人子女提供照护在15%的水平上有显著的正向影响，表明照护者文化水平越高，老人子女提供照护的可能性越大。

（3）照护者健康状况对老人子女提供照护在1%的水平上有显著的正向影响，表明照护者健康状况越差，能够获得更多的子女照护支持。

（4）照护者是否为难对老人子女提供照护在5%的水平上有显著的负向影响，表明照护者越是感到为难，获得子女照护支持可能性越小。

（5）照护者对老人子女支持的需求对老人子女提供照护在5%的水平上有显著的正向影响，表明照护者越是需要老人的其他子女的支持，获得支持的可能性就越大。

（6）老人子女职业对老人子女提供照护在10%的水平上有显著的正向影响，表明务农与打短工的子女提供照护支持的可能性更小。

（7）老人子女居住地对老人子女提供照护在1%的水平上有显著的负向影响，表明居住地离老人越近，提供照护支持的可能性越大。

三 农村失能老人子女提供食物及影响因素

(一) 农村失能老人子女提供食物的单因素分析

表8.7 解释变量与提供食物的交互分析

变量名称	变量分类	很少(%)	有时(%)	经常(%)	卡方值	P值
老人信息						
年龄	60—69岁	26.02	43.37	30.61	28.649	0.000
	70—79岁	28.21	52.38	19.41		
	80岁及以上	43.21	41.15	15.64		
性别	女	36.44	44.41	19.15	5.419	0.067
	男	28.57	47.92	23.51		
失能等级	轻度	30.00	49.73	20.27	20.415	0.000
	中度	36.51	46.43	17.06		
	重度	33.33	30.00	36.67		
失能时间	0.5—2年	40.49	40.00	19.51	23.675	0.001
	2—3年	33.12	39.49	27.39		
	3—5年	26.23	48.63	25.14		
	5年及以上	29.94	56.89	13.17		
老人子女数	1—3个	28.79	48.48	22.73	3.249	0.517
	4—5个	32.18	47.13	20.69		
	6个及以上	37.93	40.69	21.38		
照护者信息						
与老人关系	配偶	28.85	47.44	23.72	4.429	0.109
	子女	35.75	45.00	19.25		
照护者年龄	59岁及以下	31.38	47.077	21.54	4.216	0.378
	60—69岁	35.58	40.87	23.56		
	70岁及以上	31.84	50.28	17.88		
照护者性别	女	23.70	49.63	26.67	18.125	0.000
	男	38.24	43.89	17.87		

续表

变量名称	变量分类	很少（%）	有时（%）	经常（%）	卡方值	P值
照护者文化	文盲	35.80	42.02	22.18	9.614	0.142
	小学	27.27	53.18	19.55		
	初中	32.64	43.52	23.83		
	高中及以上	38.89	50.00	11.11		
照护者健康	健康	35.57	47.99	16.44	7.807	0.099
	一般	31.73	43.91	24.36		
	不健康	27.45	47.06	25.49		
职业	务农	32.96	43.58	23.46	11.836	0.159
	务农兼打短工	32.38	44.76	22.86		
	打短工	38.00	42.00	20.00		
	经商	38.67	41.33	20		
	专职照护	26.61	58.87	14.52		
家庭经济	好	45.05	45.05	9.89	13.937	0.007
	一般	30.82	47.51	21.67		
	差	31.36	40.68	27.97		
是否感到为难	不为难	34.57	46.28	19.15	0.904	0.924
	比较为难	31.76	46.17	22.07		
	很为难	33.75	45.00	21.25		
其他子女帮助	否	36.84	41.23	21.93	1.427	0.490
	是	31.94	46.99	21.07		
子女信息							
年龄	49岁及以下	29.13	47.48	23.39	12.480	0.014
	50—59岁	35.71	43.81	20.48		
	60岁及以上	46.97	43.94	9.09		
性别	女	35.54	44.88	19.58	2.478	0.290
	男	30.26	47.11	22.63		
文化水平	文盲	43.24	41.89	14.86	5.584	0.471
	小学	31.34	45.07	23.59		
	初中	31.64	47.64	20.73		
	高中及以上	31.65	48.10	20.25		

续表

变量名称	变量分类	很少（%）	有时（%）	经常（%）	卡方值	P值
子女从事职业	务农	33.88	48.53	17.59	11.345	0.078
	在外打工	32.28	47.24	20.47		
	经商	27.88	40.38	31.73		
	公职人员	38.30	36.17	25.53		
家庭经济	好	43.16	32.63	24.21	25.691	0.000
	一般	27.21	52.48	20.30		
	差	42.37	38.98	18.64		
主要居住地	本村	29.63	44.44	25.93	8.448	0.391
	本镇	36.81	47.80	15.38		
	本县（市）	34.65	47.24	18.11		
	本省	31.65	45.57	22.78		
	外省	30.56	45.37	24.07		
子女的身体健康	健康	35.37	44.76	19.87	13.414	0.009
	一般	25.00	50.88	24.12		
	不健康	53.86	26.92	19.22		
子女家庭成员健康	都健康	33.06	45.95	20.99	0.237	0.888
	有人不健康	30.84	46.73	22.43		

从表8.7可见，失能老人年龄与老人子女提供食物负相关，且在1%的水平上显著。性别与老人子女提供食物负相关，且在10%的水平上显著。失能等级与老人子女提供食物正相关，且在1%的水平上显著。失能时间与老人子女的提供食物正相关，且在1%的水平上显著。照护者性别与老人子女提供食物负相关，且在1%的水平上显著。照护者健康与老人子女的提供食物正相关，且在10%的水平上显著。照护者家庭经济与老人子女提供食物正相关，且在10%的水平上显著。老人子女年龄与老人子女提供食物负相关，且在5%的水平上显著。老人子女从事职业与老人子女提供食物正相关，且在10%的水平上显著。老人子女家庭经济与老人子女提供食物正相关，且在1%的水平上显著。老人子女的身体状况与老人子女提供食物正相关，且在1%的水平上显著。

(二) 农村失能老人子女提供食物的多因素分析

表8.8 农村失能老人子女对照护者提供食物支持的 Logistic 模型

变量	系数	标准差	z - 值	P - 值
老人年龄	-0.06	0.018183	-3.40906	0.0007
老人性别	-0.22	0.197055	-1.11649	0.2642
失能等级	0.12	0.116174	1.006121	0.3144
失能时间	0.05	0.025337	2.117874	0.0342
老人子女数	0.03	0.058068	0.593222	0.553
与老人关系	0.51	0.402542	1.276209	0.2019
照护者年龄	0.01	0.015551	0.614828	0.5387
照护者性别	-0.73	0.223086	-3.25544	0.0011
照护者文化	0.13	0.103926	1.283925	0.1992
照护者健康	0.19	0.12433	1.489791	0.1363
照护者职业	-0.02	0.050048	-0.34691	0.7287
照护者家庭经济	0.21	0.165257	1.28468	0.1989
照护者是否为难	-0.10	0.147677	-0.69744	0.4855
其他子女帮助	-0.06	0.223424	-0.27505	0.7833
子女年龄	-0.01	0.014725	-0.79612	0.426
子女性别	0.27	0.149777	1.816574	0.0693
子女文化水平	-0.12	0.113775	-1.05544	0.2912
子女从事职业	0.11	0.110495	1.011711	0.3117
子女家庭经济	0.03	0.166557	0.168059	0.8665
子女主要居住地	-0.09	0.058832	-1.53769	0.1241
子女的身体健康	0.07	0.153211	0.433984	0.6643
子女家庭成员健康	-0.00	0.214557	-0.00387	0.9969
常数1	-4.69	1.463678	-3.20369	0.0014
常数2	-2.49	1.455715	-1.71309	0.0867

PseudoR^2 = 0.044309, LR 统计值 = 65.74203, Prob (LR statistic) = 0.000

由表8.8可以得出以下结论：

(1) 失能老人年龄对老人子女提供食物在1%的水平上有显著的负向

影响，表明失能老人年龄越大，子女提供食物支持的可能性越小。

（2）失能时间对老人子女提供食物在 5% 的水平上有显著的正向影响，表明失能老人失能时间越长，老人子女提供食物支持的可能性越大。

（3）照护者性别对老人子女提供食物在 1% 的水平上有显著的负向影响，表明女性照护者比男性能够获得更多的子女提供食物支持。

（4）照护者身体状况对老人子女提供食物在 15% 的水平上有显著的正向影响，表明照护者身体状况越差，子女提供食物支持越多。

（5）老人子女性别对提供食物在 10% 的水平上有显著的正向影响，表明老人的儿子比女儿提供了更多的食物。

（6）老人子女的居住地对老人子女提供食物在 15% 的水平上有显著的负向影响，表明老人的子女的居住地离老人越近，提供食物的可能性越大。

四 农村失能老人子女提供资金及影响因素

（一）农村失能老人子女提供资金的单因素分析

表 8.9　　解释变量与子女提供资金的交互分析

变量名称	变量分类	很少（%）	有时（%）	经常（%）	卡方值	P 值
老人信息							
年龄	60—69 岁	27.5	59.69	12.76	2.925	0.570
	70—79 岁	30.77	55.68	13.55		
	80 岁及以上	32.10	51.85	16.05		
性别	女	30.59	52.66	16.76	4.866	0.088
	男	30.06	58.63	11.31		
失能等级	轻度	34.32	55.95	9.73	25.474	0.000
	中度	28.57	55.95	15.48		
	重度	18.89	52.22	28.89		
失能时间	0.5—2 年	27.80	58.05	14.15	7.871	0.248
	2—3 年	29.94	51.59	18.47		
	3—5 年	27.87	60.11	12.02		
	5 年及以上	36.53	50.90	12.57		

续表

变量名称	变量分类	很少（%）	有时（%）	经常（%）	卡方值	P值
老人子女数	1—3个	31.82	51.52	16.67	4.308	0.366
	4—5个	30.80	57.01	12.18		
	6个及以上	27.59	54.48	17.93		
照护者信息							

变量名称	变量分类	很少（%）	有时（%）	经常（%）	卡方值	P值
与老人关系	配偶	27.24	57.37	15.38462	2.674	0.263
	子女	32.75	54.00	13.25		
照护者年龄	59岁及以下	31.69	55.69	12.62	3.638	0.457
	60—69岁	26.44	56.25	17.31		
	70岁及以上	32.40	54.19	13.41		
照护者性别	女	26.30	61.11	12.59	5.607	0.061
	男	32.81	52.04	15.16		
照护者文化	文盲	31.52	53.70	14.79	13.324	0.038
	小学	27.73	54.09	18.18		
	初中	30.57	62.18	7.25		
	高中及以上	27.78	50.00	22.22		
照护者健康	健康	34.23	52.35	13.42	4.871	0.301
	一般	27.24	58.97	13.78		
	不健康	28.43	53.92	17.65		
职业	务农	32.12	55.59	12.29	11.836	0.159
	务农兼打短工	21.90	62.86	15.24		
	打短工	40.00	42.00	18.00		
	经商	36.00	49.33	14.67		
	专职照护	25.00	58.06	16.94		
家庭经济	好	48.35	46.15	5.49	19.123	0.001
	一般	27.04	57.06	15.90		
	差	30.51	55.93	13.56		
是否感到为难	不为难	39.36	51.06	9.57	12.984	0.011
	比较为难	26.58	58.11	15.32		
	很为难	30.00	51.25	18.75		
其他子女帮助	否	38.60	53.51	7.89	6.933	0.031
	是	28.76	55.85	15.38		

续表

变量名称	变量分类	很少（%）	有时（%）	经常（%）	卡方值	P值
\multicolumn{7}{c}{子女信息}
年龄	49岁及以下	25.69	60.78	13.53	20.709	0.000
	50—59岁	34.76	51.43	13.81		
	60岁及以上	46.97	33.33	19.70		
性别	女	28.31	59.34	12.35	3.989	0.136
	男	32.11	52.11	15.79		
文化水平	文盲	44.59	39.19	16.22	21.110	0.002
	小学	27.11	59.15	13.73		
	初中	31.64	57.45	10.91		
	高中及以上	24.05	50.63	25.32		
子女从事职业	务农	41.37	51.47	7.17	49.415	0.000
	在外打工	22.83	59.06	18.11		
	经商	20.19	62.5	17.31		
	公职人员	21.28	46.81	31.91		
家庭经济	好	22.11	57.37	20.53	28.043	0.000
	一般	30.89	57.67	11.45		
	差	52.54	32.20	15.25		
主要居住地	本村	41.20	47.69	11.11	33.936	0.000
	本镇	29.67	59.34	10.99		
	本县（市）	32.28	54.33	13.39		
	本省	16.46	64.56	18.99		
	外省	17.59	59.26	23.15		
子女的身体健康	健康	29.48	56.55	13.97	7.376	0.117
	一般	29.39	55.26	15.35		
	不健康	53.85	38.46	7.69		
子女家庭成员健康	都健康	31.24	54.21	14.55	2.606	0.272
	有人不健康	25.23	62.62	12.15		

由表8.9可见，失能老人性别与老人子女提供资金负相关，且在10%的水平上显著。失能等级与老人子女提供资金正相关，且在1%的水平上显著。照护者性别与老人子女提供资金负相关，且在10%的水平上

显著。照护者文化水平与老人子女提供资金负相关,且在5%的水平上显著。照护者家庭经济状况与老人子女提供资金正相关,且在1%的水平上显著。照护者是否感到为难与老人子女提供资金正相关,且在5%的水平上显著。照护者是否需要老人子女帮助与老人子女提供资金正相关,且在5%的水平上显著。老人子女年龄与老人子女提供资金负相关,且在1%的水平上显著。老人子女的文化水平与老人子女提供资金负相关,且在1%的水平上显著。老人子女从事的职业与子女提供资金正相关,且在1%的水平上显著。老人子女的家庭经济与子女提供资金负相关,且在1%的水平上显著。老人子女的居住地与子女提供资金负相关,且在1%的水平上显著。

(二) 农村失能老人子女提供资金的多因素分析

表8.10　农村失能老人子女对照护者提供资金支持的 Logistic 模型

变量	系数	标准差	z-值	P-值
老人年龄	0.03	0.018838	1.464073	0.1432
老人性别	-0.43	0.204978	-2.12187	0.0338
失能等级	0.53	0.12131	4.397384	0.000
失能时间	-0.04	0.028015	-1.30703	0.1912
老人子女数	0.04	0.060432	0.698525	0.4848
与老人关系	-0.21	0.42357	-0.49169	0.6229
照护者年龄	-0.01	0.01633	-0.77395	0.439
照护者性别	-0.28	0.228666	-1.23935	0.2152
照护者文化	-0.14	0.110091	-1.2955	0.1951
照护者健康	-0.04	0.131286	-0.32259	0.747
照护者职业	0.086	0.052994	1.629214	0.1033
照护者家庭经济	0.30	0.174847	1.741479	0.0816
照护者是否为难	0.20	0.155335	1.289704	0.1972
其他子女帮助	0.08	0.232784	0.34204	0.7323
子女年龄	-0.04	0.015664	-2.7053	0.0068
子女性别	0.05	0.156395	0.305086	0.7603
子女文化水平	-0.12	0.119001	-1.00447	0.3152

续表

变量	系数	标准差	z-值	P-值
子女从事职业	0.35	0.115733	3.021448	0.0025
子女家庭经济	-0.46	0.17653	-2.60361	0.0092
子女主要居住地	0.17	0.062076	2.71359	0.0067
子女的身体健康	0.043	0.159656	0.266407	0.7899
子女家庭成员健康	0.37	0.223625	1.655414	0.0978
常数1	-0.70	1.519097	-0.46215	0.644
常数2	2.30	1.522858	1.507498	0.1317

PseudoR^2 = 0.07926，LR 统计值 = 107.7407，Prob（LR statistic）= 0.000

由表 8.10 可以得出以下结论：

（1）失能老人年龄对老人子女提供资金在 15% 的水平上有显著的正向影响，表明失能老人年龄越大，老人子女提供资金的可能性越大。可能是因为年龄大的老人的子女一般都已经成人，具备了较强的经济能力，因此，能够提供更多的资金支持。

（2）失能老人性别对老人子女提供资金在 5% 的水平上有显著的负向影响，表明女性失能老人能够获得更多的子女资金支持。

（3）失能等级对老人子女提供资金在 1% 的水平上有显著的正向影响，表明失能等级越高，老人子女提供资金支持的可能性越大。

（4）照护者职业对老人子女提供资金在 15% 的水平上有显著的正向影响，表明从事农业生产、打短工的照护者获得老人子女资金支持的可能性更小。

（5）照护者家庭经济对老人子女提供资金在 10% 的水平上有显著的正向影响，表明照护者家庭经济越困难，获得子女资金支持的可能性越大。

（6）老人子女年龄对老人子女提供资金在 1% 的水平上有显著的正向影响，表明子女年龄越轻，给老人提供资金支持的可能性越大。

（7）老人子女从事职业对子女提供资金在 1% 的水平上有显著的正向影响，表明子女越是从事商业生产、担任公务员等，给老人提供资金支持的可能性越大。

（8）老人子女的家庭经济对子女提供资金在 1% 的水平上有显著的负向影响，表明子女家庭经济条件越差，给老人提供资金支持的可能性

(9) 老人子女的居住地对子女提供资金在1%的水平上有显著的正向影响，表明子女居住地离老人越远，提供资金支持的可能性越大。

(10) 老人子女家庭成员的身体状况对子女提供资金在10%的水平上有显著的正向影响，表明老人子女家庭越是有人身体健康状况较差，给老人提供资金支持的可能性越大。

五 农村失能老人子女提供问候及影响因素

（一）农村失能老人子女提供问候的单因素分析

表8.11　　　　　　解释变量与提供问候的交互分析

变量名称	变量分类	很少（%）	有时（%）	经常（%）	卡方值	P值
老人信息							
年龄	60—69岁	15.31	43.88	40.81	12.475	0.014
	70—79岁	18.68	46.15	35.17		
	80岁及以上	25.93	46.50	27.57		
性别	女	18.88	47.61	33.51	1.469	0.480
	男	21.73	43.45	34.82		
失能等级	轻度	20.54	46.22	33.24	2.927	0.570
	中度	21.83	44.84	33.33		
	重度	14.44	45.56	40.00		
失能时间	0.5—2年	22.44	48.29	29.27	13.458	0.036
	2—3年	19.75	47.77	32.48		
	3—5年	15.85	39.34	44.81		
	5年及以上	22.75	47.31	29.94		
老人子女数	1—3个	14.39	46.97	38.64	14.166	0.007
	4—5个	20.23	49.20	30.57		
	6个及以上	25.52	33.79	40.69		
照护者信息							
与老人关系	配偶	16.67	45.51	37.82	5.696	0.058
	子女	23.00	45.75	31.25		

续表

变量名称	变量分类	很少（%）	有时（%）	经常（%）	卡方值	P值
照护者年龄	59岁及以下	22.77	43.38	33.85	6.422	0.170
	60—69岁	21.15	48.08	30.77		
	70岁及以上	14.53	46.93	38.54		
照护者性别	女	21.85	41.85	36.3	2.540	0.281
	男	19.23	47.96	32.81		
照护者文化	文盲	21.40	47.86	30.74	7.381	0.287
	小学	21.82	43.18	35.00		
	初中	19.17	45.60	35.23		
	高中及以上	8.33	41.67	50.00		
照护者健康	健康	16.78	50.00	33.22	7.789	0.100
	一般	23.08	44.23	32.69		
	不健康	21.57	37.25	41.18		
职业	务农	18.72	48.32	32.96	11.868	0.157
	务农兼打短工	29.52	38.10	32.38		
	打短工	20.00	54.00	26.00		
	经商	20.00	38.67	41.33		
	专职照护	16.94	45.16	37.9		
家庭经济	好	19.78	51.65	28.57	3.274	0.513
	一般	19.68	45.92	34.4		
	差	22.88	39.83	37.29		
是否感到为难	不为难	19.68	50.53	29.79	5.558	0.235
	比较为难	20.72	45.05	34.23		
	很为难	18.75	37.5	43.75		
其他子女帮助	否	19.30	45.61	35.09	0.094	0.954
	是	20.40	45.65	33.95		
子女信息						
年龄	49岁及以下	16.51	44.95	38.54	14.560	0.006
	50—59岁	25.24	47.14	27.62		
	60岁及以上	28.79	45.45	25.76		
性别	女	13.86	43.37	42.77	26.794	0.000
	男	25.79	47.63	26.58		

续表

变量名称	变量分类	很少（%）	有时（%）	经常（%）	卡方值	P 值
文化水平	文盲	24.32	47.30	28.38	7.944	0.242
	小学	23.59	43.31	33.1		
	初中	17.82	45.45	36.73		
	高中及以上	12.66	53.16	34.18		
子女从事职业	务农	18.89	47.23	33.88	6.445	0.375
	在外打工	24.80	42.91	32.29		
	经商	14.42	48.08	37.5		
	公职人员	17.02	44.68	38.3		
家庭经济	好	19.47	48.95	31.58	2.975	0.562
	一般	20.52	45.36	34.12		
	差	20.34	37.29	42.37		
主要居住地	本村	21.30	43.52	35.18	10.564	0.228
	本镇	12.64	52.20	35.16		
	本县（市）	25.20	44.09	30.71		
	本省	24.05	41.77	34.18		
	外省	22.22	43.52	34.26		
子女的身体健康	健康	19.43	46.51	34.06	0.659	0.956
	一般	21.49	44.30	34.21		
	不健康	23.08	42.31	34.61		
子女家庭成员健康	都健康	18.18	47.11	34.71	10.590	0.005
	有人不健康	31.78	37.38	30.84		

从上表8.11可见，失能老人年龄与子女问候负相关，且在5%的水平上显著。失能时间与老人子女问候负相关，且在5%的水平上显著。老人子女数与老人子女问候负相关，且在1%的水平上显著。照护者与老人关系与老人子女问候负相关，且在10%的水平上显著。老人子女年龄与老人子女问候负相关，且在1%的水平上显著。老人子女性别与子女问候负相关，且在1%的水平上显著。子女家庭成员身体状况与老人子女问候负相关，且在1%的水平上显著。

(二) 农村失能老人子女提供问候的多因素分析

表 8.12　农村失能老人子女对照护者提供问候支持的 Logistic 模型

变量	系数	标准差	z-值	P-值
老人年龄	-0.01	0.017687	-0.47214	0.6368
老人性别	-0.22	0.199934	-1.12467	0.2607
失能等级	0.09	0.113698	0.765481	0.444
失能时间	-0.02	0.025909	-0.78304	0.4336
老人子女数	-0.01	0.058149	-0.17063	0.8645
与老人关系	-0.06	0.400228	-0.14734	0.8829
照护者年龄	0.01	0.01541	0.519434	0.6035
照护者性别	-0.20	0.228011	-0.88287	0.3773
照护者文化	0.17	0.105582	1.581415	0.1138
照护者健康	0.02	0.126222	0.155739	0.8762
照护者职业	0.03	0.050295	0.520824	0.6025
照护者家庭经济	-0.03	0.164727	-0.18987	0.8494
照护者是否为难	0.25	0.147975	1.719781	0.0855
其他子女帮助	-0.27	0.219173	-1.24242	0.2141
子女年龄	-0.03	0.01468	-2.11291	0.0346
子女性别	-0.75	0.1514	-4.96863	0.000
子女文化水平	0.088	0.111343	0.788523	0.4304
子女从事职业	0.10	0.109794	0.895604	0.3705
子女家庭经济	0.23	0.163545	1.421132	0.1553
子女主要居住地	-0.14	0.059329	-2.38209	0.0172
子女的身体健康	0.09	0.15238	0.573524	0.5663
子女家庭成员健康	-0.49	0.220736	-2.20931	0.0272
常数1	-4.62	1.406782	-3.28207	0.001
常数2	-2.44	1.397791	-1.74319	0.0813

PseudoR^2 = 0.046325，LR 统计值 = 68.60228，Prob（LR statistic）= 0.000

由表 8.12 可以得出以下结论：

(1) 照护者文化水平对老人子女问候在 15% 的水平上有显著的正向

影响，表明照护者文化水平越高，老人子女问候的可能性越大。

（2）照护者是否为难对老人子女问候在10%的水平上有显著的正向影响，表明感到为难的照护者能够获得更多的子女问候。

（3）老人子女年龄对老人子女问候在5%的水平上有显著的负向影响，表明子女年龄越轻，问候的可能性越大。

（4）老人子女性别对老人子女问候在1%的水平上有显著的负向影响，表明女儿比儿子问候的可能性更大。

（5）老人子女的居住地对老人子女问候在5%的水平上有显著的负向影响，表明老人子女居住地离老人越远，问候老人的可能性越大。

（6）老人子女家庭成员的身体状况对老人子女问候在5%的水平上有显著的负向影响，表明家庭成员身体都健康的照护者，问候老人的可能性更大。

六　本章结论与农村失能老人子女尽孝的社会支持

（一）本章基本结论

本章运用多元有序 Logistic 模型分析了农村失能老人特征、家庭照护者特征以及子女特征对子女支持照护者的影响，形成了以下一些基本结论：

1. 老人子女为照护者提供支持的频率相对较低，没有起到应尽的帮助照护者的作用。

2. 失能老人子女对照护者提供支持的程度由失能老人特征、照护者特征以及子女自身生存状态共同决定。从失能老人特征看，失能老人年龄越大、失能等级越低，获得子女支持的可能性越小。从老人子女自身角度看，子女职业、居住地、家庭经济对子女提供支持具有重要影响。从照护者特征看，照护者身体状况、性别、照护能力以及职业对子女提供支持具有重要影响。表明子女在提供支持方面，在亲情与自身实际处境之间存在一种动态选择与均衡过程。因此，应当完善照护活动的劳动立法，承认照护者照护活动的劳动属性，并以此为依据，在成年子女之间进行分摊，以减缓照护对照护者的影响与冲击。对于不尽孝道的子女，应当采取强制性措施，敦促其履行自己的职责与义务。

(二) 农村失能老人子女尽孝的社会支持

1. 从社会学与伦理学角度强化子女对老人的家庭照护责任

一方面,要大力弘扬传统的中华孝道行为;另一方面,对于长期不履行自己照护责任与义务的子女,要进行批评,并责令其履行责任。

2. 为子女履行家庭照护责任奠定法律与政策基础

更应当看到的是,大多数子女在老年人照护职责方面缺失的主要原因还是家庭生计所迫。因此,应为照护与生计之间的矛盾化解奠定法律基础,加快就业与照护关系立法,为外出打工的子女返乡尽自己的照护责任提供法律支持;另外,在财税政策方面,对于履行了照护责任的子女也应当给予相应的经济支持。置言之,通过法律与政策方面的支持,使子女各尽其孝,为承担了家庭照护责任的家庭成员分摊压力。

3. 从现代化视角改造农村社区、从适老化角度开发电子产品,加快农村智慧型养老社区的建设步伐

现代化的服务是以现代化的生活方式为前提的,农村智慧型社区的基础是实现社区居民集中居住,而当前农村社区分散居住已经成为农村居家养老服务体系发展的一个障碍,为了推动农村公共设施建设,应当通过宅基地置换等措施加快推进农村居民的集中连片居住。另外,要从适应老年人需求角度开发适用产品,为外出子女远距离关爱老人提供方便。

第九章 研究结论与展望

本章主要概括本研究的几个主要发现与基本结论，并提出相应的对策建议与未来的研究方向。

一 研究结论

（一）照护者的生计与失能老人的家庭照护之间是零和博弈关系

1. 照护者在生计与照护之间存在此消彼长的均衡关系，照护使照护者不能外出务工，从事农业生产、打短工也受到影响，甚至晚上休息、外出娱乐都不安心。因此，照护者常常不得不在照护与生计之间进行两难决策。在当前城市化、工业化快速发展期，子女生计压力有逐渐扩大的趋势，生计压力对照护的挤出效应将更加显著。

2. 照护者的生计压力是影响照护者压力、照护者行为、抱怨以及社会支持需求等问题的最重要因素。尤其是青壮年照护者，生计压力是影响照护压力的首要因素。

（二）照护者现有的外围支持网对照护者的支持作用力度不大

1. 政府管理机构对老年人照护者的支持问题重视程度不够，监管主体责任不明确，致使家庭照护者处于求助无门状态。

2. 照护者资金补偿制度、农村居家养老服务体系、长期照护体系还是空白，《老年人权益保障法》执行力也较差，照护者的照护劳动得不到承认，也得不到正规制度体系的支持。

3. 村委会为照护者提供的支持主要是向镇民政办推荐低保，而在向镇民政办推荐低保的过程中，较少考虑老人的失能因素，并存在比较严重的不公平现象。这种不公平加剧了照护者压力与抱怨、恶化了照护者行为，增强了照护者对社会支持的需求，对照护者的生计活动也没有显著影响。

4. 邻里资源为照护者提供的支持是正向的，邻里资源为缓解照护者压力与抱怨、稳定照护者行为、减轻照护者对社会支持的需求，保护照护者生计等都起到了正面的积极作用，但影响作用力排名靠后，表明邻里资源对照护者的支持作用还有待于进一步挖掘。

5. 失能老人的子女资源为缓解照护者压力与抱怨、稳定照护者的照护行为、减轻照护者对社会支持的需求，保护照护者生计等都起到了正面的积极作用，但影响作用力排名靠后，表明子女资源对照护者的支持作用发挥得不够。

（三）照护者人力资源是影响家庭照护的最重要因素

1. 在照护者压力方面，照护者年龄与照护者健康对照护者压力具有重要影响，年龄越大，照护者承受的压力越大；健康状况越差，照护者压力越大。

2. 在照护行为与抱怨方面，照护者年龄对照护者的照护行为在1%的水平上具有显著的正向影响，照护者年龄越大，照护中越是倾向于积极照护行为；反之，越是年轻的照护者，越是倾向于抱怨与采取消极照护行为。

3. 照护者文化水平对资金帮助在1%的水平上具有显著性负向影响，即照护者文化水平越低，对资金帮助的需求程度越高。对喘息服务在5%的水平上具有显著性正向影响，即照护者文化水平越高，照护者对喘息服务的需求越强烈。对日托服务在5%的水平上具有显著性正向影响，即照护者文化水平越高，对日托服务的需求越强烈。

4. 照护者健康对资金帮助在1%的水平上具有显著性正向影响，即照护者越差，对资金帮助的需求程度越高。对上门服务需求在1%的水平上具有显著性正向影响，即照护者健康状况越差，对上门服务需求程度越高。对日托服务在5%的水平上具有显著性负向影响，即照护者年龄越小，对日托服务的需求越强烈。对养老院服务需求在1%的水平上具有显著性正向影响，即照护者健康状况越差，对养老院服务的需求越强烈。

5. 照护者年龄对上门服务需求在5%的水平上具有显著性正向影响，即照护者年龄越大，对上门服务的需求越强烈。照护者年龄对喘息服务在

5%的水平上具有显著性负向影响,即照护者年龄越轻,对喘息服务的需求越强烈。照护者年龄对日托服务在5%的水平上具有显著性负向影响,即照护者年龄越轻,对日托服务的需求越强烈。照护者年龄对养老院服务需求在5%的水平上具有显著性负向影响,即照护者年龄越轻,对养老院服务的需求越强烈。

(四)家庭照护者无法应对高等级失能老人的长期照护

1. 老人的失能等级对照护者压力的影响作用最强,表明照护者应对高等级失能老人的照护能力比较差。

2. 与部分失能相比,轻度失能、中度失能与重度失能都在1%的水平上对照护者压力有显著的正向影响,优势比分别为2.81倍、11.7倍、17.6倍,表明随着失能等级的提高,照护者压力也逐步增加。

3. 老人失能等级越高,照护者生计破坏、产生抱怨情绪的可能性也越大。

4. 老人失能等级是影响家庭照护者对于上门服务与喘息服务的需求的重要因素。

(五)失能老人年龄是影响家庭与照护的重要因素

1. 失能老人年龄越轻,家庭经济越困难,家庭生计更容易破坏。

2. 失能老人年龄越大,照护者越倾向于抱怨、并采取消极的照护行为。

3. 失能老人年龄对喘息服务在5%的水平上具有显著性正向影响,即失能老人年龄越大,照护者对喘息服务的需求越强烈。

(六)老人的其他子女对照护者提供支持的程度由失能老人特征、照护者特征以及子女自身生存状态共同决定

1. 从失能老人特征看,失能老人年龄越大、失能等级越低,获得子女支持的可能性越小。

2. 从子女自身角度看,子女职业、居住地、家庭经济对子女提供支持具有重要影响。

3. 从照护者特征看,照护者身体状况、性别、照护能力以及职业对子女提供支持具有重要影响。

二 农村失能老人家庭照护者社会支持的对策建议

（一）农村失能老人家庭照护者社会体系的基本思路

1. 构建农村失能老人家庭照护者社会支持体系的目标：破解家庭照护与家庭生计之间的零和博弈关系，在保护家庭发展能力的基础上，通过构建家庭照护者社会支持体系，逐渐提升失能老人的晚年生活质量。

2. 构建农村失能老人家庭照护者社会支持体系的政策抓手：通过构建家庭照护者外围支持网，保护家庭照护者人力资源，避免家庭照护对照护者人力产生过度耗费。

3. 构建农村失能老人家庭照护者社会支持体系的基本策略：实施全面的、普惠型的、发展型家庭政策。实行扶弱与扶强并举，既要扶持老弱病残、鳏寡孤独、经济困难等弱势群体，又要大力支持年富力强的青壮年家庭照护者。在制度设计中，应当充分尊重与顺应家庭生计发展需要，根据青壮年家庭照护者的生计特点，制定有针对性的支持措施，使他们有足够的精力从事生产经营活动。

4. 构建农村失能老人家庭照护者社会支持体系的难点：尽快缩小城乡之间养老照护等社会保障差距，实现城乡一体化。

（二）农村失能老人家庭照护者社会支持体系的构建措施

为构建农村失能老人家庭照护者社会支持体系，提出以下几点建议：

1. 加快农村集中居住区建设步伐、鼓励现代科学技术广泛运用于养老服务产业

农村居民连片集中居住是农村社会化服务体系建设的基础，当前，广大中西部地区农村居民居住分散，这就加大了农村社会化服务体系与公共设施建设难度，应当加快推进中西部地区新农村建设，使农村居民实现集中连片居住，从而，为社会化支持体系建设奠定基础。另外，要加大技术创新力度，从适应老年人及其家庭照护者需求角度开发新型经济适用产品，鼓励现代科学技术与方法运用于养老服务业，既改善老年人生活质量，又便于外出子女对老年人实现远距离关爱与照护。

2. 强化政府职能

家庭照护者发展能力建设事关国家的长远发展与社会的繁荣稳定，应从国家战略高度来完善老年人家庭照护的顶层设计，履行政府在立法、管理与财政等方面的职责：

第一，尽快推动农村居家养老服务、长期照护保险、家庭照护与工作平衡等方面的政策法规出台。

第二，将农村家庭照护者的满意度作为重要指标纳入乡镇政府与村委会的政绩考核，应当明确将扶持老人及家庭作为政府管理机构与村委会的基本职责，开发建立失能老人家庭照护信息管理系统，为家庭照护者建档立卡、动态跟踪，对失能老人及家庭照护者实现信息化管理，提供精准支持。

第三，加大农村公共养老照护设施财政投入力度，新增财政投入要更多向农村倾斜。

3. 建立家庭照护经济补偿制度

建立面向失能老人家庭照护者的经济补贴机制，使农村家庭照护者付出的艰辛的照护劳动得到合理的补偿。失能老人的家庭照护严重影响了家庭经济收入，德国、日本、澳大利亚等国都对老年人家庭照护者实施了相应的经济补偿或者税收减免等优惠措施。但在我国，相关政策还在研究探讨中，这在一定程度上影响了家庭照护者的积极性。因此，应当尽快建立农村老年人家庭照护者的经济补贴机制。在补贴额度方面，可以参照养老院人均床位费、并充分考虑失能老人需要照护程度等因素确定发放金额。在补贴方式方面，考虑到我国农村（尤其是中西部地区）大多数家庭经济收入较低，达不到税收优惠减免的起征点，财税政策的激励作用可能比较少，因此，对农村家庭照护者以直接进行经济补偿更为适宜。

4. 建立城乡一体的失能老人长期照护体系

长期照护体系包括长期照护保险制度与长期照护服务两个方面。

长期照护保险是我国应对老龄化冲击的一项重要制度、也是一项长期而又艰巨的系统工程。考虑到我国实际情况，可以先发展商业保险模式，然后，逐渐过渡到社会保险，首先在上海、广东、江苏、浙江等经济较发达地区试点，在此基础上，渐渐建立起覆盖全民的社会保险。

为家庭照护者提供服务支持比资金支持更为重要，但我国农村长期照护服务体系还没有起步，在今后较长时期内，这都将是我国农村工作的重点与难点。从家庭照护者需求角度出发，为满足不同的老人及家庭照护者的服务需求，长期照护服务体系至少应当提供几种服务形式：照护机构、日间照护中心、居家护理、综合居家照顾、喘息服务等。其中，后面四种属于居家照护模式。"十三五"期间，应转变养老机构职能，实行医养结合，使其成为中重度失能老人长期照护的主体。各地应当根据实际情况，创新养老照护模式，发展各种形式的照护机构。具体而言，每个乡镇都应当至少建立一所失能老人照护中心，每个村庄或者几个村庄，可以尝试设立日托型、月托型托老所，以提高养老照护服务的强度与可及性。

总之，通过建立城乡一体的失能老人长期照护体系，既为失能老人构建一张生命安全网，又为家庭照护者建立起一道生计保护层。

5. 加快农村养老照护基础设施与人力资源队伍建设

农村养老照护基础设施与人力资源队伍匮乏，严重滞后于当前农村老龄化快速发展趋势。

在基础设施建设方面，应当在加大政府对农村养老照护服务公共资源投入的基础上，对现有资源进行整合与改造，建议将乡镇卫生院、村卫生室、乡镇养老院等改造为医养结合服务平台，利用闲置的公用场地与设施兴办便于老人集中照护的养老与托老所，增强农村养老照护公共服务供给能力，使每个行政村（或联村）都有公建配套的养老照护设施。

在人力资源队伍建设方面，针对农村养老服务人员数量不足与素质较低问题，要用职业化、专业化思路对养老护理员进行培训，逐步提高护理员的工资待遇，增强护理员的职业认同感。

6. 强化家庭照护者非正式资源对照护者的支持作用

老人的邻里与直系血亲是照护者可以调动和利用的非正式资源，在传统社会中，这两种非正式资源对家庭照护者生计具有重要的保障作用。当前，农村邻里资源日渐稀疏，直系血亲则面临生计压力与流动性大等问题。传统的非正式资源对家庭照护者的支持作用正在弱化，而正式制度对传统的非正式资源的奖励政策没有及时跟进，非正式资源支持家庭照护者的动力不足。

在邻里资源方面，可制定相应的奖励与补偿措施，鼓励农村低龄老人参与社会化养老服务体系，构建农村"老帮老"与邻里互助服务体系。在直系亲属方面，应当实施孝道支持政策，制定探亲与税收等方面的优惠政策，为失能老人的子女履行照护责任提供便利；另外，严格执行《老年人权益保障法》，强化失能老人子女履行孝道的责任，从而，促进直系血亲为家庭照护者分摊压力。

三 研究展望

农村失能老人家庭照护者的社会支持问题是一个广博而又深奥的课题，本研究对该问题进行了一些较为粗浅的分析，其深度与广度十分有限。笔者在实地调查中发现，以下一些问题值得进一步研究：

1. 少子与独生子女家庭失能老人照护者的社会支持问题。笔者在调查中发现，少子家庭照护者压力更大。而随着我国少子化问题日益严重，"421"型家庭结构将日趋普遍，他们履行失能老人家庭照护的能力更差，如何对他们进行支持，这一问题有待今后进一步研究。

2. 人口流动对家庭照护者社会支持的影响问题。随着我国城市化水平的快速发展，大量农村人口流向城市，但绝大多数老年人根本无法适应城市生活，从而，出现农村老年人与子女亲属空间上的分离。城市化对失能老人的照护影响越来越深远，如何支持外出子女履行照护老年人的职责，实现子女工作与照护之间的平衡等问题，需要今后进行深入研究。

3. 机构养老与家庭照护之间的融合与对接问题。绝大多数失能老人"宁肯死在家，也不愿意上养老院"，而许多农村家庭照护者自身经济能力较差，不愿意花钱送老人上养老院。因此，如何使失能老人心理上接受机构养老、家庭照护者经济上接受机构养老，需要通过制度创新，作进一步研究。

附录一 《农村失能老人家庭照护者的社会支持研究》调查问卷

注：此问卷由项目主持人完成

调查问卷

尊敬的老年朋友及照护者：

您好！

我们是武汉科技大学文法与经济学院教师，为了研究农村失能老人家庭照护者的社会化扶持问题，特地组织了本次调查。本次主要需要了解您在照护老年人过程中所遇到的困境以及一些基本信息。我们的调查结果仅用于学术研究，您的真实姓名与一些敏感问题我们都会保密。

再次感谢您的参与！

编号：_____

县（市）	
镇（乡）	
村（组）	
被调查者姓名	
电话	
调查日期	
调查员签名	

变量定义

A = 失能老人的基本信息	
年龄	
性别	1 = 男，0 = 女
失能等级	1 = 部分失能，2 = 轻度失能，3 = 中度失能，4 = 重度失能
失能时间	
老人是否有病	1 = 是，0 = 否
主要在哪里治疗	1 = 村卫生室，2 = 乡镇卫生院，3 = 县级以及上医院，4 = 药店买药，5 = 放弃治疗
每月医疗费用	
医疗机构是否上门为老人诊疗	1 = 是，0 = 否
是否参加新农合	1 = 是，0 = 否
对报销政策是否满意	1 = 是，0 = 否
老人年收入	
老人是否担任干部	1 = 是，0 = 否
老人与儿女关系	1 = 好，2 = 一般，3 = 差
是否想把老人送养老院	1 = 是，0 = 否
几个儿子	
几个女儿	
配偶是否健在	1 = 是，0 = 否
最近子女距离	
最近子女住宅	1 = 很差，2 = 较差，3 = 一般，4 = 较好，5 = 很好
老人住宅	1 = 很差，2 = 较差，3 = 一般，4 = 较好，5 = 很好

B = 照护者及小家庭信息	
照护者年龄	
性别	1 = 男，0 = 女
文化水平	1 = 文盲，2 = 小学，3 = 初中，4 = 高中，5 = 大专及以上
从事职业	1 = 农林牧渔业，2 = 农业生产性打工，3 = 经商，4 = 缺乏技能的非农务工，5 = 技能型工人，6 = 照护
自评身体状况	1 = 健康，2 = 一般，3 = 不健康，4 = 很不健康
照护时间	
与老人关系	1 = 配偶，2 = 儿子，3 = 儿媳，4 = 女儿，5 = 女婿，6 = 保姆，7 = 孙子女，8 = 其他

续表

户主年龄	
户主性别	1=男,0=女
户主文化水平	1=文盲,2=小学,3=初中,4=高中,5=大专及以上
户主从事职业	1=农林牧渔业,2=农业生产性打工,3=经商,4=缺乏技能的非农务工,5=技能型工人,6=照护
户主与失能老人关系	1=配偶,2=儿子,3=儿媳,4=女儿,5=女婿,6=保姆,7=孙子女,8=其他
户主是否村干部	1=是,0=否
家中人口数	
家庭劳动力数量	
成年劳动力最高文化水平	1=文盲,2=小学,3=初中,4=高中,5=大专及以上
户主子女数	
户主子女职业	1=务农,2、打短工,3=经商,4=在外务工,5=公务员等,6=学生
子女与户主经济联系	1=子女需要户主帮助,2=子女与户主联系不大,3=子女能够帮助户主
户主子女是否提供照护或者帮助	1=不提供,2=偶尔提供,3=经常提供
耕地面积	
住宅价值	1=5万元以下,2=5万—10万元,3=10万元以上
家具设备	1=简陋,2=一般,3=豪华
家庭年现金收入	
家庭收入来源	1=农业生产,2=打短工,3=外出务工,4=经商,5=捐赠
在村中的经济地位	1=富裕,2=一般,3=贫困
获得借款机会	1=容易,2=一般,3=难
每月通信费用	

C=照护者大家庭信息	
老人儿子的最高文化水平	1=文盲,2=小学,3=初中,4=高中,5=大专及以上
老人女儿的最高文化水平	1=文盲,2=小学,3=初中,4=高中,5=大专及以上
老人儿子中,是否有在城市定居	1=是,0=否

续表

老人女儿中，是否有人在城市定居	1 = 是，0 = 否
是否想把老人送城市照护	1 = 是，0 = 否
老人儿子中，是否有人在外打工	1 = 是，0 = 否
老人女儿中，是否有人在外打工	1 = 是，1 = 否
老人的其他儿子分别以什么方式提供照护或者照护帮助	1 = 轮流照护，2 = 资金帮助，3 = 物资帮助，4 = 劳务帮助，5 = 不管，6 = 偶尔照护
资金帮助的频率	1 = 经常，2 = 一般，3 = 较少
若是物资帮助，主要是	1 = 衣服，2 = 食物，3 = 其他
物资帮助的频次	1 = 经常，2 = 一般，3 = 较少
若是劳务帮助，主要是	1 = 洗衣，2 = 洗澡，3 = 做农活
获得劳务帮助的频次	1 = 经常，2 = 一般，3 = 较少
老人的女儿分别以什么方式提供照护或者照护帮助	1 = 轮流照护，2 = 资金帮助，3 = 物资帮助，4 = 劳务帮助，5 = 不管，6 = 偶尔照护
资金帮助的频率	1 = 经常，2 = 一般，3 = 较少
若是物资帮助，主要是	1 = 衣服，2 = 食物，3 = 其他
物资帮助的频次	1 = 经常，2 = 一般，3 = 较少
若是劳务帮助，主要是	1 = 洗衣，2 = 洗澡，3 = 做农活
获得劳务帮助的频次	1 = 经常，2 = 一般，3 = 较少
老人的儿子中，经济条件最好的	1 = 较好，2 = 一般，3 = 较差
老人的女儿中，经济条件最好的	1 = 较好，2 = 一般，3 = 较差
老人的儿子中，是否有人任村干部	1 = 是，0 = 否
老人的女儿女婿中，是否有人任村干部	1 = 是，0 = 否

D = 邻里、亲戚信息	
在本村的亲戚与本家户数	1 = 10 户以内，2 = 11—20 户，3 = 21 户及以上
你家与邻里、亲戚与本家关系	1 = 很好，2 = 一般，3 = 较差，4 = 邻里隔得远
邻里、亲戚与本家是否提供了照护或者帮助	无 = 0，1 = 不管，2 = 偶尔提供，3 = 经常提供
如果提供了，分别以什么方式提供照护或者帮助	1 = 照护，2 = 资金帮助，3 = 物资帮助，4 = 劳务帮助，5 = 问候交流
如果提供了，您认为帮助作用有多大	1 = 较小，2 = 一般，3 = 较大，0 = 无

续表

E = 村委会	
村委会是否关心老人	1 = 是，0 = 否
村委会是否提供了照护或者照护帮助	1 = 是，0 = 否
如果提供了，主要是哪些方面提供了照护或者帮助	1 = 照护，2 = 资金帮助，3 = 物资帮助，4 = 劳务帮助，5 = 办理低保，6 = 问候
如果提供了，您是否满意	1 = 是，0 = 否

F = 家庭照护供给行为与照护能力	
您主要为老人提供了哪些方面的照护	1 = 吃饭，2 = 穿衣，3 = 洗澡，4 = 上厕所，5 = 搀扶室内走动，6 = 搀扶室外走动，7 = 端茶送饭
夏天中，老人几天洗一次澡	
照护过程中，您是否感到为难	1 = 不为难，2 = 比较为难，3 = 很为难
如果感到为难，主要是哪些方面	1 = 体力不济，2 = 经济压力大，3 = 照护技术不够，4 = 长期照护，心情不好，5 = 其他

G = 照护对照护者生计影响	
对农林牧渔业生产的影响程度	1 = 无影响，2 = 有一点影响，3 = 有很大影响
对在附近打短工的影响程度	1 = 无影响，2 = 有一点影响，3 = 有很大影响
对外出务工的影响	1 = 无影响，2 = 有一点影响，3 = 有很大影响
是否因为照护，有家人停止打工，返乡照护	1 = 是，0 = 否
对家庭经济的影响	1 = 无影响，2 = 有一点影响，3 = 有很大影响
对娱乐与社会交往的影响	1 = 无影响，2 = 有一点影响，3 = 有很大影响
对精神与心情的影响	1 = 无影响，2 = 有一点影响，3 = 有很大影响
对健康状况的影响	1 = 无影响，2 = 有一点影响，3 = 有很大影响
对家庭关系的影响	1 = 无影响，2 = 有一点影响，3 = 有很大影响

H = 对儿女等大家庭生计的影响	
对老人其他几个儿女的生计影响	1 = 无影响，2 = 有一点影响，3 = 有很大影响
如果有的话，表现在哪些方面	
是否因为照护，影响兄弟姐妹之间的关系	1 = 是，0 = 否

续表

	I = 对社会支持的需求
照护者是否有怨言	1 = 无，2 = 有一点，3 = 很大
对资金支持的需求程度	1 = 不需要，2 = 有一点需要，3 = 很需要
对户籍迁移的需求程度	1 = 不需要，2 = 有一点需要，3 = 很需要
对护理技术的需求程度	1 = 不需要，2 = 有一点需要，3 = 很需要
对医疗救助的需求程度	1 = 不需要，2 = 有一点需要，3 = 很需要
对喘息服务的需求程度	1 = 不需要，2 = 有一点需要，3 = 很需要
对日托服务的需求程度	1 = 不需要，2 = 有一点需要，3 = 很需要
对送养老院的需求程度	1 = 不需要，2 = 有一点需要，3 = 很需要
对邻里照护扶持的需求程度	1 = 不需要，2 = 有一点需要，3 = 很需要
对子女返乡的需求程度	1 = 不需要，2 = 有一点需要，3 = 很需要

附录二 《子女生计与失能老人的配偶照护》调查问卷

注：此问卷由项目主持人完成

变量定义

一、失能老人的基本信息	
A1. 年龄	
A2. 性别	1 = 男，0 = 女
A3. 失能等级	1 = 部分失能，2 = 轻度，3 = 中度，4 = 重度
A4. 失能时间	
A5. 老人是否有病？	1 = 是，0 = 否
A6. 老人如有病，主要在哪里治疗	1 = 村卫生室，2 = 乡镇卫生院，3 = 县级及以上医院，4 = 药店买药，5 = 放弃治疗
A7. 如果治疗，每月医疗费用	
A8. 老人每年收入是多少	
A9. 老人有几个儿子	
A10. 老人有几个女儿	
二、照护者基本信息	
B1. 年龄	
B2. 性别	1 = 男，0 = 女
B3. 文化水平	1 = 文盲，2 = 小学及以下，3 = 初中，4 = 高中，5 = 大专及以上
B4. 从事职业	1 = 农林牧渔业生产，2 = 农业生产性打工，3 = 经商，4 = 缺乏技能的非农务工，5 = 技能型工人，6 = 养老
B5. 耕地面积	
B6. 您的身体情况	1 = 健康，2 = 一般，3 = 不健康

续表

B7. 住宅（价值）	1＝5万元以下，2＝5万—10万元，3＝10万元以上
B8. 家中家具设备	1＝简陋，2＝一般，3＝豪华
B9. 家庭年现金收入	
B10. 家庭收入主要来源于：	1＝农林牧渔业生产，2＝打短工，3＝外出务工，4＝经商，5＝捐赠
B11. 您在照护老伴过程中，是否感到为难（压力大）？	1＝不为难，2＝比较为难，3＝很为难
B12. 如果为难，主要是哪些方面？	1＝体力不济，2＝经济不济，3＝心情不济，4＝影响生产
B13. 您是否需要儿女帮助？	1＝是，2＝否
B14. 如果需要，希望儿女从哪些方面来帮助？	1＝经济上，2＝物资上，3＝体力上，4＝心情问候上，5＝生产上
B15. 调查员对照护者照护能力评价	1＝很难，但在人生暮年，已经无欲无求，2＝很难，很需要帮助，3＝较难，比较需要帮助，4＝能够对付、不需要帮助
B16. 调查员对照护者行动能力评价	1＝较强，2＝一般，3＝较弱，4＝很弱
三、家庭生计与生计压力	
C1. 性别	1＝男，0＝女
C2. 年龄	
C3. 从事职业	1＝务农，2＝打工，3＝经商，4＝公职人员，5＝照护
C4. 平时工作（务农）是否忙（压力是否大）？	0＝不忙，1＝很忙
C5. 居住地	1＝本村，2＝本镇，3＝本市，4＝本省，5＝外省
C6. 文化水平	1＝文盲，2＝小学及以下，3＝初中，4＝高中，5＝大专及以上
C7. 家中有几口人？	
C8. 家中有几个劳动力？	
C9. 有几个子女	
C10. 子女情况	1＝不能自立，2＝能力一般，3＝能力较强
C11. 家庭经济	1＝差，2＝一般，3＝好
C12. 是否村干部（或公职人员）？	0＝否，1＝是
C13. 该子女的身体情况	1＝健康，2＝一般，3＝不健康
C14. 家庭其他成员身体情况	0＝身体都好，1＝有人身体较差
C15. 近年来，家中是否有一些不好的事情（灾难、祸事）？	1＝有，0＝无

续表

C16. 近年来，家中是否有一些重要事情要做？（子女结婚、盖房子）	1 = 有，0 = 无
C17. 是否有孙子女要照护？	1 = 有，0 = 无
C18. 总评生计压力是否大？	1 = 不大，2 = 一般，3 = 很大
四、照护与照护帮助	
D1. 该子女提供了哪些照护或者照护帮助？	1 = 物资帮助，2 = 资金帮助，3 = 劳务帮助，4 = 偶尔照护，5 不管
D2. 若提供了帮助，帮助频次？	1 = 较少，2 = 一般，3 = 经常
D3. 您对该子女的评价	1 = 很孝顺，已经尽力了，2 = 管得少，但他自己也没有办法，3 = 不孝顺，该管不管
D4. 老人失能对该子女生计的影响	1 = 无影响，2 = 有一点影响，3 = 有较大影响

附录三 《农村失能老人子女对家庭照护者的支持研究》调查问卷

注：此问卷由武汉科技大学文法与经济学院部分优秀本科生与研究生完成

调查问卷

尊敬的老年朋友及照护者：

您好！

我们是武汉科技大学文法与经济学院学生，为了研究农村失能老人家庭照护者的社会化扶持问题，特地组织了本次调查。本次主要需要了解您在照护老年人过程中所遇到的困境以及一些基本信息。我们的调查结果仅用于学术研究，您的真实姓名与一些敏感问题我们都会保密。

再次感谢您的参与！

编号：_____

省（市、自治区）	
县（市）	
镇（乡）	
村（组）	
被调查者姓名	
电话	
调查日期	
调查员签名	

一　失能老人基本信息

A1. 年龄	
A2. 性别	A. 女 = 1　B. 男 = 2
A3. 失能等级	A. 轻度失能 = 1　B. 中度失能 = 2　C. 重度失能 = 3
A4. 失能时间	(　　年)
A5. 老人在世的子女数	

二　直接照护者信息

B1. 您与失能老人的关系	A. 配偶 = 1　B. 子女 = 2
B2. 年龄	
B3. 性别	A. 女 = 1　B. 男 = 2
B4. 文化水平	A. 文盲 = 1，B. 小学 = 2，C. 初中 = 3，D. 高中及以上 = 4
B5. 身体健康状况	A. 健康 = 1，B. 一般 = 2，C. 不健康 = 3，D. 很不健康 = 4
B6. 从事职业	A. 务农 = 1，B. 务农兼打短工 = 2，C. 打短工 = 3，D. 经商 = 4，E. 专职照护 = 5
B7. 家庭经济状况	A. 好 = 1，B. 一般 = 2，C. 差 = 3
B8. 在照护过程中，您是否感到为难？	A. 不为难 = 1，B. 比较为难 = 2，C. 很为难 = 3
B9. 在照护过程中，您是否需要老人的其他子女帮忙？	A. 否 = 1，B. 是 = 2

三　子女的基本信息

子女＿＿＿＿＿＿＿＿

C1. 年龄	
C2. 性别	A. 女 = 1，B. 男 = 2
C3. 文化水平	A. 文盲 = 1，B. 小学 = 2，C. 初中 = 3，D. 高中及以上 = 4
C4. 该子女从事职业	A. 务农 = 1，B. 在外打工 = 2，C. 经商 = 3，D. 公职人员 = 4
C5. 家庭经济状况	A. 好 = 1，B. 一般 = 2，C. 差 = 3
C6. 一年中，主要居住地	A. 本村 = 1，B. 本镇 = 2，C. 本县（市）= 3，D. 本省 = 4，E. 外省 = 5
C7. 该子女的子女情况	A. 不能自立，需要负担 = 1，B. 能够自立，但不能帮助父母 = 2，C. 能力较强，能够帮助父母 = 3

续表

C8. 该子女的身体健康	A. 健康＝1，B. 一般＝2，C. 不健康＝3
C9. 该子女其他家庭成员健康	A. 其他人健康都好＝1，B. 家中有人身体不健康＝2
C10. 前三年以来，该子女家中是否有一些不好的事情发生（灾难、祸事）？	A. 无 ＝1，B. 有 ＝2
C11. 今后三年，该子女家中是否有一些重要事情要做（盖房、子女结婚）？	A. 无 ＝1，B. 有 ＝2

四 该子女对失能老人的帮助与照护

D1. 该子女提供照护情况	A. 无＝1，B. 很少＝2，C. 有时 ＝3，D. 经常＝4
D2. 该子女提供食物情况	A. 无＝1，B. 很少＝2，C. 有时 ＝3，D. 经常＝4
D3. 该子女提供资金情况	A. 无＝1，B. 很少＝2，C. 有时 ＝3，D. 经常＝4
D4. 该子女提供精神问候情况	A. 无＝1，B. 很少＝2，C. 有时 ＝3，D. 经常＝4

参考文献

1. 李建民、杜鹏、桂世勋、张翼：《新时期的老龄问题我们应该如何面对》，《人口研究》2011年第4期。
2. 张秀兰、徐月宾：《建构中国的发展型家庭政策》，《中国社会科学》2003年第6期。
3. 杜鹏：《从六普数据看中国人口老龄化新形势》，《人口研究》2011年第4期。
4. 杜鹏、李兵、李海荣：《"整合照料"与中国老龄政策的完善》，《国家行政学院学报》2014年第3期。
5. 杜鹏、谢立黎：《以社会可持续发展战略应对人口老龄化——芬兰老龄政策的经验及启示》，《人口学刊》2013年第6期。
6. 桂世勋：《构建广义的老年人照料体系》，《人口与发展》2008年第3期。
7. 楼玮群、桂世勋：《上海高龄体弱老人家庭亲属照顾者的生活满意度：照顾资源的作用》，《人口与发展》2012年第3期。
8. 穆光宗：《我国机构养老发展的困境与对策》，《华中师范大学学报》（人文社会科学版）2012年第3期。
9. 穆光宗：《中国在转型过程中的养老挑战及其统筹应对》，《人口与计划生育》2012年第6期。
10. 彭希哲、胡湛：《公共政策视角下的中国人口老龄化》，《中国社会科学》2011年第3期。
11. 吴帆、李建民：《家庭发展能力建设的政策路径分析》，《人口研究》2012年第4期。
12. 杨凡、翟振武：《中国人口转变道路的探索和选择》，《人口研究》2012年第1期。

13. 王跃生：《制度变革、社会转型与中国家庭变动——以农村经验为基础的分析》，《开放时代》2009 年第 3 期。
14. 刘中一：《我国现阶段家庭福利政策的选择——基于提高家庭发展能力的思考》，《党政干部学刊》2011 年第 8 期。
15. 杨团、李振刚、石远成：《融入社区健康服务的中国农村老年人照护服务研究》，《湖南社会科学》2009 年第 1 期。
16. 杨团：《以家庭为本、社区服务为基础的长期照护政策探索》，《学习与实践》2014 年第 6 期。
17. 姚远：《从宏观角度认识我国政府对居家养老方式的选择》，《人口研究》2008 年第 2 期。
18. 姚远：《非正式支持理论研究综述》，《中国人口科学》2003 年第 1 期。
19. 尹尚菁、杜鹏：《老年人长期照护需求现状及趋势研究》，《人口学刊》2012 年第 2 期。
20. 姜向群、刘妮娜、魏蒙：《失能老年人的生活状况和社区照护服务需求研究》，《老龄科学研究》2014 年第 7 期。
21. 姜向群、刘妮娜：《老年人长期照料模式选择的影响因素研究》，《人口学刊》2014 年第 1 期。
22. 姜长云：《第三产业发展中的现实维度：由家庭服务业观察》，《改革》2010 年第 7 期。
23. 党俊武：《长期照护服务体系是应对未来失能老年人危机的根本出路》，《人口研究》2009 年第 4 期。
24. 陈欣欣、董晓媛：《社会经济地位、性别与中国老年人的家庭照料》，《世界经济》2011 年第 6 期。
25. 裴晓梅：《形式多样的长期照护服务应贯穿养老过程的始终》，《人口研究》2009 年第 4 期。
26. 曹艳春等：《基于社会交换理论的中国农村老年人长期照护选择安排实证研究》，《科学·经济·社会》2013 年第 2 期。
27. 陈卫民：《我国家庭政策的发展路径与目标选择》，《人口研究》2012 年第 4 期。
28. 陈友华：《居家养老及其相关的几个问题》，《人口学刊》2012 年第 4 期。

29. 陈卫、杜夏：《中国高龄老人养老与生活状况的影响因素》，《中国人口科学》2002 年第 6 期。
30. 丁志宏：《我国高龄老人照料资源分布及照料满足感研究》，《人口研究》2011 年第 5 期。
31. 董红亚：《我国社会养老服务体系的解析和重构》，《社会科学》2012 年第 3 期。
32. 杜娟、徐薇、钱晨光：《失能老人家庭照料及家庭照顾者社会支持需求》，《学习与探索》2014 年第 4 期。
33. 高建新、李树茁、左冬梅：《外出务工对农村老年人家庭子女养老分工影响研究》，《南方人口》2012 年第 2 期。
34. 高建新、李树茁：《农村家庭子女养老行为的示范作用研究》，《人口学刊》2012 年第 1 期。
35. 顾大男、柳玉芝：《我国机构养老老人与居家养老老人健康状况和死亡风险比较研究》，《人口研究》2006 年第 4 期。
36. 顾和军、刘云平：《照料父母对中国农村已婚妇女健康状况的影响》，《妇女研究论丛》2012 年第 9 期。
37. 贺聪志、叶敬忠：《农村劳动力外出务工对留守老人生活照料的影响研究》，《农业经济问题》2010 年第 3 期。
38. 黄枫：《人口老龄化视角下家庭照料与城镇女性就业关系研究》，《财经研究》2012 年第 9 期。
39. 黄俊辉、李放：《哪些老年人更倾向于入住养老院?》，《西北人口》2013 年第 3 期。
40. 蒋承、赵晓军：《中国老年照料的机会成本研究》，《管理世界》2009 年第 10 期。
41. 景跃军、李元：《中国失能老年人构成及长期护理需求分析》，《人口学刊》2014 年第 2 期。
42. 李小云、董强、饶小龙、赵丽霞：《农户脆弱性分析方法及其本土化应用》，《中国农村经济》2007 年第 4 期。
43. 李晓敏：《贫困地区农户医疗服务需求与利用研究——以湖北省红安县为例》，华中农业大学，博士论文，2009 年。
44. 林耀华：《义序的宗族研究》，生活·读书·新知三联书店 2000 年版。
45. 刘柏惠：《我国家庭中子女照料老人的机会成本》，《人口学刊》2014

年第 5 期。
46. 刘慧君、蔡艳芝、李树茁：《农村老人生存质量与死亡风险中的家庭支持机制》，《西安交通大学学报》（社会科学版）2013 年第 3 期。
47. 刘岚、陈功：《我国城镇已婚妇女照料父母与自评健康的关系研究》，《人口与发展》2010 年第 5 期。
48. 刘岚、董晓媛、陈功、郑晓瑛：《照料父母对我国农村已婚妇女劳动时间分配的影响》，《世界经济文汇》2010 年第 5 期。
49. 刘玉新、张建卫：《家庭友好实践、人格特质对工作家庭冲突的影响》，《中国工业经济》2010 年第 5 期。
50. 刘汶蓉：《孝道衰落？成年子女支持父母的观念、行为及其影响因素》，《青年研究》2012 年第 2 期。
51. 刘晓梅：《我国社会养老服务面临的形势及路径选择》，《人口研究》2012 年第 4 期。
52. 吕红平、李振纲：《孔子孝道观与家庭养老方式》，《人口研究》2008 年第 2 期。
53. 吕群等：《农村老年慢性病病人家庭照顾者心理负担相关因素研究》，《护理研究》2013 年第 8 期。
54. 潘金洪、帅友良：《中国老年人口失能率及失能规模分析——基于第六次全国人口普查数据》，《南京人口管理干部学院学报》2012 年第 4 期。
55. 钱文荣、张黎莉：《农民工的工作——家庭关系及其对工作满意度的影响》，《中国农村经济》2009 年第 5 期。
56. 彭华民：《老人福利》，南开大学出版社 2002 年版。
57. 沈奕斐：《社会政策中的"家庭"概念——以上海市世博大礼包政策为例》，《社会科学》2010 年第 12 期。
58. 石人炳、宋涛：《应对农村老年照料危机——从"家庭支持"到"支持家庭"》，《湖北大学学报》（哲学社会科学版）2013 年第 4 期。
59. 石人炳：《美国远距离老年照料及其借鉴意义》，《人口研究》2008 年第 4 期。
60. 史晓丹：《我国人口老龄化趋势对储蓄率的影响研究》，《南方经济》2013 年第 7 期。
61. 宋健：《"四二一"结构家庭的养老能力与养老风险》，《中国人民大学学报》2013 年第 5 期。

62. 宋璐、李树茁：《劳动力迁移对中国农村家庭养老分工的影响》，《西安交通大学学报》（社会科学版）2008 年第 3 期。

63. 苏薇、郑钢：《家庭照料对照料者心理健康的影响》，《心理科学进展》2007 年第 6 期。

64. 孙鹃娟：《劳动力迁移过程中的农村留守老人照料问题研究》，《人口学刊》2006 年第 4 期。

65. 陶叡、陶学荣：《家庭照顾者的政策支持分析——以广州市脑瘫儿童家庭照顾者为例》，《中国行政管理》2013 年第 8 期。

66. 陶裕春、申昱：《社会支持对农村老年人身心健康的影响》，《人口与经济》2014 年第 1 期。

67. 佟新：《平衡工作和家庭的个人、家庭和国家策略》，《江苏社会科学》2012 年第 2 期。

68. 佟新：《我国的老龄化、性别和养老政策》，《华中科技大学学报》（社会科学版）2008 年第 2 期。

69. 汪忠杰、何珊珊：《社区居家养老服务模式探析——以武汉市为例》，《武汉大学学报》（哲学社会科学版）2014 年 4 期。

70. 王德文：《我国老年人口健康照护的困境与出路》，《厦门大学学报》（哲学社会科学版）2012 年第 4 期。

71. 王萍、李树茁：《代际支持对农村老人生活自理能力的纵向影响》，《人口与经济》2011 年第 2 期。

72. 魏彦彦、孙陆军：《失能老年人获得家庭支持现状》，《中国老年学杂志》2012 年第 16 期。

73. 温静芳：《遥视家庭：漫长后的消失》，《大连海事大学学报》（社会科学版）2007 年第 2 期。

74. 伍小兰、李晶：《中国虐待老人问题现状及原因探析》，《人口与发展》2013 年第 3 期。

75. 伍小兰：《中国农村老年人口照料现状分析》，《人口学刊》2009 年第 6 期。

76. 夏传玲：《老年人日常照料的角色介入模型》，《社会》2007 年第 3 期。

77. 肖金明：《建构完善的老年人社会照料制度》，《浙江学刊》2012 年第

5 期。
78. 肖群忠：《传统孝道的传承、弘扬与超越》，《社会科学战线》2010 年第 3 期。
79. 谢桂华：《老人的居住模式与子女的赡养行为》，《社会》2009 年第 5 期。
80. 熊波、石人炳：《长期失能老人照料决策研究——以个人资本为视角》，《南方人口》2012 年第 5 期。
81. 熊波：《老年人长期照料模式与决策——以个人资本为视角》，华中科技大学，博士论文，2011 年。
82. 熊吉峰、陈以博：《农村失能老人家庭照护者生计的破坏与保护研究》，《开发研究》2015 年第 2 期。
83. 熊吉峰、章姗：《失能老人家庭照护者社会支持研究》，《学理论》2012 年第 1 期。
84. 熊吉峰：《农村失能老人家庭照护对照护者生计行为的影响研究》，《求索》2014 年第 4 期。
85. 熊吉峰：《农村失能老人家庭照护者的抱怨及影响因素研究》，《开发研究》2014 年第 3 期。
86. 熊吉峰：《农村失能老人家庭照护者对社会支持的需求研究》，《统计与信息论坛》2014 年第 2 期。
87. 熊吉峰：《农村失能老人家庭照护者压力：青壮年与老年的比较》，《西北农林科技大学学报》（社会科学版）2015 年第 1 期。
88. 熊吉峰：《农村失能老人家庭照护者压力研究》，《武汉科技大学学报》（社会科学版）2014 年第 6 期。
89. 熊吉峰：《农村失能老人家庭照护者照护行为的理论分析与实证检验》，《农林经济管理学报》2014 年第 2 期。
90. 熊吉峰：《资源、生计与农村失能老人的家庭照护》，《农村经济》2014 年第 4 期。
91. 薛伟玲、陆杰华：《基于性别差异的老年日常健康照料成本研究》，《中央财经大学学报》2012 年第 4 期。
92. 袁小波：《成年子女对父母的照料负担及影响因素》，《南京人口管理干部学院学报》2009 年第 2 期。
93. "苏南外来农民工待遇研究"课题组：《论苏州外来人口的和谐流

动——基于第六次全国人口普查数据的分析》,《苏州科技学院学报》(社会科学版)2013 年第 5 期。

94. 袁小波:《成年子女照料老年父母的积极体验研究》,《人口与发展》2009 年第 4 期。

95. 张伶、李慧:《工作—家庭关系研究:积极视角》,《天津师范大学学报》(社会科学版)2011 年第 2 期。

96. 张文娟:《儿子和女儿对高龄老人日常照料的比较研究》,《人口与经济》2006 年第 6 期。

97. 张务伟、张福明、杨学成:《农村劳动力非农化程度微观影响因素的实证研究》,《统计研究》2012 年第 1 期。

98. 张震:《家庭代际支持对中国高龄老人死亡率的影响研究》,《人口研究》2002 年第 5 期。

99. 赵怀娟:《城市失能老人的资源禀赋与家庭照护质量的关系》,《中国卫生事业管理》2013 年第 9 期。

100. 郑雄飞:《一种伙伴关系的建构:我国老年人长期照护问题研究》,《华东师范大学学报》(哲学社会科学版)2012 年第 3 期。

101. 中国老龄科学研究中心课题组:《全国城乡失能老年人状况研究》,《残疾人研究》2011 年第 2 期。

102. 朱梅:《农村低保中"村委会"道德风险的成因及规避策略》,《农村经济》2011 年第 5 期。

103. 左冬梅、李树茁、宋璐:《中国农村老年人养老院居住意愿的影响因素研究》,《人口学刊》2011 年第 1 期。

104. [德] 马克思、恩格斯:《马克思恩格斯选集》(第 4 卷),人民出版社 1995 年版。

105. [德] 尤尔根·哈贝马斯:《交往行为理论》,上海人民出版社 2004 年版。

106. [美] 加里·S. 贝克尔:《人类行为的经济分析》,上海人民出版社 1995 年版。

107. [美国] 塔尔科特·帕森斯:《社会行动的结构》,译林出版社 2008 年版。

108. 白凯、符国群:《"家"的观念:概念、视角与分析维度》,《思想战线》2013 年第 1 期。

109. 陈向明:《范式探索:实践—反思的教育质性研究》,《北京大学教育评论》2010 年第 4 期。

110. 熊秉纯:《质性研究方法刍议:来自社会性别视角的探索》,《社会学研究》2001 年第 5 期。

111. J. A. Conger, R. N. Kanungo. The empowerment process: Integrating theory and practice. Academy of Management Review, 1988, 13 (3): 471 - 482.

112. G. M. Spreitze. Psychological empowerment in the work-place: Construct definition, measurement and validation. Academy of Management Journal, 1995, 38 (5): 1442 - 1465.

113. R. J. Blitzer, C. Petersen, L. Rogers. How to build self-esteem, Training and Development, 1993, 47 (2): 58 - 60.

114. Stewartdf, Perryc, Jessicad. Work and Life: The End of the Zero-Sum Game [J]. Harvard Business Review, 1998, Nov-Dec; 76 (6): 119 - 129.

115. A rchbold, P. G, 1983. "Impact of parent-caring on women", Family Relations, Vol. 32, 39 - 45.

116. Motenko, A. K, 1989. "The frustrations, gratifications, and well-being of dementia caregivers", The Gerontologist, Vol. 29, 166 - 172.

117. Brody, E. M. 1981. "'Women in the Middle' and family help to older women." Gerontologist 21 (5): 471 - 480.

118. Stone, R, G. L. Cafferata, and J. Sang. l, 1987. "Caregivers of frail elderly: a national profile." Gerontologist 27 (5): 616 - 626.

119. Zarit, S., K. Reever and J. Bach-Peterson. 1980. "Relatives of the Impaired Elderly: Correlates of Feelings of Burden." Gerontologist 20 (6): 649 - 655.

120. Macnicol J. The New Generational Contract. Intergenerational Relations, Old Age and Welfare. Social Policy & Administration [serial online]. March 2000; 34 (1): 136 - 137. Available from: Academic Source Premier, Ipswich, MA. Accessed April 14, 2010.

121. Franco Modigliani. "The 'Life-Cgcle' Hypothesis of Saving: Aggregate Implications and Tests", American Economic Review, Col. 53 (March

1963), pp. 55 – 841.

122. Murdock. G. P, Social Structure, New York: The Free Press, 1975.

123. Stephens W N, The Family in Cross-cultural Perspective, New York: Holt, Rinehart & Winston, 1963, p. 4.

124. Eichler M, Families in Canada today, Toronto: Gage, 1990.

125. Michael, R., & Berit, I. D. 2004. The Costs and Rewards of Care-giving Among Aging Spouses and Adult Children. Family Relations, 53, 317 – 325.

126. The National Family Caregiver Support Act of 2000 [EB/ OL]. [2006 – 12 – 22]. http: //www. age guide. org/pdf/crc-st and ards. pdf. retrieved.

127. The White House Conference on Aging. Care for the family caregiver: A place to start [EB/OL]. [2005 – 11 – 25]. www. caregiving. org.

128. National Family Caregivers Association. Who are American's family caregivers? [EB/OL]. [2006 – 12 – 21]. http: //www. nfcacares. org/who are family caregivers.

129. Anderson C. S., Linto J., Stewart Wynne E. G.. A Population-Based Assessment of the Impact and Burden of Care Giveing for Long-Term Stroke Survivors. Strke, 1995, 26: 843 – 849.

130. Harris, Dan R. Aging Sourcebook. Vol. 3. Detroit, MI: Omningraphics, Inc, 1998.

131. Wan, ChoiK. Jaccard, James and Ramey, Sharon L. 1996. "The relationship between social support and life satisfaction as a function of family structure", Journal of Marriage and the Family 58: 502 – 513.

132. Lin, Nan, Alfred Dean, and Walter M. Ensel 1981 "Social support scales: A methodological note." Schizophrenia Bulletin 7 (1): 73 – 89.

133. Zarit SH, Femia EE, Kim K, et al. BACH-PETERSON J. Relatives of the impaired elderly: correlate of feeling s of burden [J]. Gerontologist, 1980, 20 (6): 649 – 655.

134. Pais, Kapur RL. The burden on the family of a psychiatric patient: development of an interview schedule. British Journal of Psychiatry, 1981, 128 (4): 332 – 335.

135. Robinson BC. Validation of a caregiver strain index. Journal of Gerontology. 1983, 38 (3): 344-348.
136. Novak M, Guest C. Application of a multidimensional caregiver burden inventory. The Gerontologist, 1989, 29 (6): 798-803.
137. McMillan SC, Mahon M. The impact of hospice services on the quality of life of primary caregivers. Oculus Forum, 1994, 21 (7): 1189-1195.
138. Montgomery RJV, Gonyea JG, Hooyman NR. Care-giving and the experience of subjective and objective burden. Family relations, 1985, 34 (1): 19-26.